◀ 陈白沙纪念馆铜像

梁启超故居纪念馆铜像 ▶

▲ 开平碉楼与村落

◀ 司徒美堂故居铜像

陈垣故居铜像 ▶

▲ 五邑华侨广场、江门五邑华侨华人博物馆

▲ 胡蝶

▲ 红线女剧照

▲ 小鸟天堂

▲ 戴爱莲

▲ 台山新宁铁路主要创办人陈宜禧

▲ 江门五邑华侨华人博物馆里的台山新宁铁路“宁”字火车头

▲ 台山新宁铁路江门北街火车站原址

▲ 江门市新会陈皮村创业创新基地

▲ 江门市珠西智谷群华科技园

▲ 中国江门侨梦苑创业创新聚集区

五邑侨乡创新创业文化

Wuyi Qiaoxiang Chuangxin Chuangye Wenhua

主　编　邓复群

副主编　徐文勇　谭喜庆

高等教育出版社·北京

内容简介

本书全面系统地介绍了广东省江门市五邑地区的历史文化，是江门职业技术学院及相关高职院校公共必修课“创新创业教育”系列教材之一和思想政治课实践教学补充读物。全书从明代大儒陈白沙的“江门心学”、戊戌君子梁启超的近代启蒙思想、开平碉楼文化与五邑银信文化、商业和创业文化、民俗与饮食文化、旅游与生态文化、演艺与娱乐文化等方面详细介绍了光彩四射、基奠深厚的五邑文化。特别是从开平碉楼和五邑银信两个世界遗产等角度，图文并茂、深入浅出地展现了粤港澳大湾区背景下的五邑侨乡的历史、现在与未来。

图书在版编目（CIP）数据

五邑侨乡创新创业文化 / 邓复群主编 .-- 北京：高等教育出版社，2020.5（2023.2重印）

ISBN 978-7-04-053796-3

Ⅰ . ①五… Ⅱ . ①邓… Ⅲ . ①侨乡 - 文化 - 江门 - 高等职业教育 - 教材 Ⅳ . ① D634.1

中国版本图书馆 CIP 数据核字（2020）第 043628 号

策划编辑 靳剑辉　　责任编辑 吴佳宁　　封面设计 张 楠　　版式设计 张 杰
插图绘制 于 博　　责任校对 张 薇　　责任印制 存 怡

出版发行 高等教育出版社
社 址 北京市西城区德外大街 4 号
邮政编码 100120
印 刷 大厂益利印刷有限公司
开 本 787mm × 1092mm 1/16
印 张 16
字 数 330 千字
插 页 2
购书热线 010-58581118
咨询电话 400-810-0598
网 址 http：//www.hep.edu.cn
http：//www.hep.com.cn
网上订购 http：//www.hepmall.com.cn
http：//www.hepmall.com
http：//www.hepmall.cn
版 次 2020 年 5 月第 1 版
印 次 2023 年 2 月第 4 次印刷
定 价 39.80 元

物 料 号 53796-00

《五邑侨乡创新创业文化》编委会

序

江门五邑被称为“中国第一侨乡”，拥有优美的自然生态环境和深厚的历史文化积淀，人才荟萃，俊杰辈出。其独特的华侨历史，孕育了绚丽的侨乡文化，丰沛的侨乡文化凝聚了“爱国爱乡、崇文乐善、开放兼容、和谐文明、创业拼搏”的侨乡精神。它与社会主义核心价值观的“富强、民主、文明、和谐，自由、平等、公正、法治，爱国、敬业、诚信、友善”的许多内容在精神实质上是一致的。作为身处侨乡的高职院校，有责任将五邑侨乡文化和五邑侨乡精神进一步挖掘和传承。

《国务院办公厅关于深化高等学校创新创业教育改革的实施意见》(国办发〔2015〕36号)指出：“深化高等学校创新创业教育改革，是国家实施创新驱动发展战略、促进经济提质增效升级的迫切需要，是推进高等教育综合改革、促进高校毕业生更高质量创业就业的重要举措。”江门职业技术学院作为广东省示范性高等职业院校，始终秉承“技术立校，文化育人，开放办学，服务侨乡”的办学理念，创新政校园企侨多元联动的“一会两平台”办学体制机制(即江门市职业教育联合会、“政校园企侨”协同育人平台、“政校园企侨”协同服务平台)。通过加强政校园企侨合作，协同创新，积极推进侨乡文化和企业文化进校园，形成大学文化与科技文明、侨乡文明的良性互动，实现侨乡文化教育与素质培养的融合。将传承侨乡精神与培养高职学生敬业、勤奋、创新、创业的职业精神相互融合，提升学生的综合文化素质与职业精神，增强学生可持续发展能力，实现学院“文化育人”的办学理念和要求。

马克思主义学院邓复群老师及其团队编写的这部《五邑侨乡创新创业文化》，从陈白沙思想文化创新、梁启超思想文化创新、开平碉楼创新创业文化与五邑银信创业文化、邑商创新创业文化、新会陈皮文化与五邑饮食文化、五邑非遗与旅游文化、五邑演艺文化、粤港澳大湾区创新创业规划与五邑创新创业文化九个方面，系统地介绍了粤港澳大湾区视域下的江门五邑侨乡创新创业文化的主要内容和主要特色，在将五邑侨乡创新创业文化体系化、特色化和通俗化方面做了一定的探索。

在侨乡高职院校学生中普及侨乡创新创业文化，大力弘扬侨乡精神，有利于推动创新创业教育，有利于丰富思想政治理论课实践教学的内容，有利于深化社会主义核心价值观的培育，有利于促进学生健康成长成才。

希望继续努力，在江门五邑侨乡创新创业文化的探索研究和推广教育方面作出自己应有的贡献。

是为序。

刘智勇

江门职业技术学院校长、教授、博士

2019年11月10日于江门人才岛

目　　录

绪　论

粤港澳大湾区视域下的五邑侨乡创新创业文化概述

第一节　五邑侨乡文化

一、中国侨都，魅力江门

（一）江门市的城市名片

江门市是广东省珠江三角洲的一座城市（俗称五邑地区），是粤港澳大湾区的组成部分，被称为“中国侨都”“中国第一侨乡”，荣获“全国文明城市”“中国优秀旅游城市”“国家卫生城市”“国家环保模范城市”“国家园林城市”“中国人居环境范例奖”“中国舞蹈之城”“国家信息化试点城市”“全国双拥模范城市”“亚太经合组织中国RISE计划试点城市”“中国绿色经济十佳城市”等称号，拥有优美的自然生态环境和深厚的历史人文积淀，海内外的江门人都为此而自豪。

（二）江门五邑的来历

大江门户，南海明珠——江门，位于珠江三角洲西岸城市中心，东邻中山、珠海，西连阳江，北接佛山、云浮，南濒南海。全市总面积9 506.92平方公里（占广东省陆地总面积的5.32%，占珠江三角洲面积的1/4），常住人口459.82万。

江门市集雨面积超过100平方公里的河流有26条，主要河流西江、潭江径流量位居广东省前列；海岸线长420公里，大小海岛561个，数量居广东省地级以上城市首

位；森林总蓄积量 2 230 万平方米，森林覆盖率达 46.29%。

江门市区地处西江与其支流蓬江汇合处，蓬江北面的蓬莱山与江南的烟墩山对峙似门，故名“江门”。明朝初时，江门已成西江流域商业重镇。1904 年，江门设立海关，成为中国沿海重要的对外通商口岸。1925 年、1951 年曾两次设为省辖市。1983 年，设立地级市，实行市管县体制。

历史上曾有“四邑”的说法，指的是新会（下辖江门）、台山、开平、恩平；后来称“五邑”，指的是新会（下辖江门）、台山、开平、鹤山、恩平；现在的“五邑”指的是江门市，下辖蓬江、江海、新会 3 个市辖区，代管台山、开平、鹤山、恩平 4 个县级市。“江门市”是正式的行政区划名称；“五邑”是包括江门市区在内的基于共同文化的大江门地区的俗称和总称，主要表现为文化称呼、民间称呼、历史称呼和海外华侨华人的习惯称呼。

由于历史上行政区划多次反复变动，现在人们已不再在乎历史上的“四邑”和“五邑”包括哪些地方，也不再在乎行政区划变动，更关注的是大江门地区（五邑地区）的共同发展、共同繁荣和共同文化的传承。基于历史学和文化学视角，本书更多地采用“五邑”或“江门五邑”用语。

蓬江区地处江门市区蓬江河以北，面积 321.97 平方公里，常住人口 76.46 万。

江海区地处江门市区东南部，面积 109.16 平方公里，常住人口 27.16 万。

新会区地处江门市区西南部，隋唐时称冈州，是广东历史文化名城，1992 年撤县设市，2002 年撤市设区。面积 1 354.71 平方公里，常住人口 87.45 万。

台山市原称新宁县，始建于 1499 年（明弘治十二年），1914 年改名台山县，1992 年撤县设市。面积 3 287.8 平方公里，常住人口 95.34 万。

开平市 1649 年（清顺治六年）建县，1993 年撤县设市。面积 1 656.94 平方公里，常住人口 71.54 万。

鹤山市 1732 年（清雍正十年）设置鹤山县，1958 年曾与高明县合称高鹤县，1981 年恢复鹤山县，1993 年撤县设市。面积 1 082.73 平方公里，常住人口 51.15 万。

恩平市 220 年（东汉建安二十五年）建县，1994 年撤县设市。面积 1 693.60 平方公里，常住人口 50.72 万。

（三）江门五邑被称为“中国侨都”“中国第一侨乡”

江门有“中国侨都”“中国第一侨乡”的美誉。祖籍江门的华侨、华人和港澳台同胞近 400 万人，遍布全球 107 个国家和地区，居住在海外和故乡的同胞数量几乎相等。

在这块土地上，无数先民漂洋过海、创业他乡和报效故土的行动，让世界文明的新风，不断地改变着这里的面貌。中西合璧的建筑瑰宝点缀着这片广阔的土地，闪耀在世界文化遗产的典册中。独特的华侨历史，形成了绚丽的侨乡文化。从建筑、饮食、服饰、风俗习惯，随处可见中西交融的痕迹。

华侨爱国爱乡，通过捐助公益、投资兴业等方式帮助家乡发展。截至 2018 年年底，海外华侨为家乡捐资捐物达 77.21 亿港元，回乡投资累计超过 282.17 亿美元。

二、江门五邑文化的品牌体系——“世遗文化，中国侨都”

为更好地推动地方特色文化建设和宣传普及，根据江门学界研究，我们初拟了江门五邑文化的品牌体系。

（一）“文化江门”品牌系列

基于文化视角下的江门五邑总品牌：“中国侨都”“中国第一侨乡”。

基于文化视角下的江门五邑地方特色品牌，具体表现在：

1. “侨文化之乡”：包括“华侨建筑文化之乡”“碉楼之乡”“洋楼之乡”“骑楼之乡”；“银信之乡”；“著名侨领之乡”等。

2. “大师之乡”：包括“思想文化大师之乡”“院士之乡”“艺术大师之乡”。

3. “演艺文化之乡”：包括“明星之乡”“影视之乡”“民间文艺之乡”。

4. “中国舞蹈之城”。

5. “生态休闲之乡”：包括“温泉之乡”“海岛之乡”“山湖水绿之乡”“小鸟天堂”“葵乡”。

6. “武术文化之乡”：咏春拳、蔡李佛拳发源地。

（二）“江门文化”品牌系列

这是指江门五邑的地方特色文化品牌。

江门五邑的地方特色文化总品牌：“五邑侨乡文化”。

江门五邑的地方特色文化系列品牌：

1. 大师文化系列品牌：陈白沙思想文化、梁启超思想文化、陈垣的国学文化。

2. 侨文化系列品牌：华侨建筑文化，包括开平碉楼与村落文化（世遗文化）、台山洋楼文化、五邑骑楼文化；五邑银信文化（世遗文化）；五邑华侨爱国文化；台山陈宜禧新宁铁路创业文化；中国（江门）侨乡华人嘉年华等。

3. 科技文化系列品牌：江门院士文化、冯如航空文化等。

4. 教育文化系列品牌：五邑家教文化（恩平歇马举人村教育文化、梁启超家庭教育思想）；五邑重教文化；新会“学宫文心”文化。

5. 商业文化系列品牌：邑商文化、闯金山（金山伯）文化，五邑当代创业文化。

6. 五邑民俗与饮食文化系列品牌（江门非物质文化遗产）：台山广东音乐、新会葵艺、新会陈皮等。

7. 生态文化与生态休闲文化系列品牌：“小鸟天堂”生态文化、温泉休闲文化、川岛休闲文化、五邑山湖水绿生态休闲文化。

8. 五邑演艺文化系列品牌：五邑民间文艺、五邑籍演艺名人文化（明星文化），影视基地文化。

9. 历史及战争文化：宋朝崖南海战历史文化。

10. 海上丝绸之路史迹文化：台山川岛海上丝绸之路史迹文化。

11. 革命传统文化：鹤山市宅梧镇“广东人民抗日解放军司令部”旧址（图 0–1）；开平碉楼与村落之南楼七壮士纪念园；开平周文雍、陈铁军烈士纪念碑（图 0–2）。

图 0–1　鹤山市宅梧镇“广东人民抗日解放军司令部”旧址（黄冠雄　摄）

图 0–2　开平周文雍、陈铁军烈士纪念碑（邓复群　摄）

三、江门五邑文化名市概览

（一）江门五邑是思想文化大师之乡

江门五邑人才荟萃，俊杰辈出，许多在中国历史上有相当影响力的思想文化大师和国学大师都出自江门，可见江门五邑文化底蕴之深厚。“新会文史三泰斗”陈白沙、梁启超、陈垣就是其中的杰出代表人物。

1. **明代大儒、哲学大师陈白沙**

陈白沙（1428—1500 年），是明代著名哲学家、教育家、书法家和诗人。他开创了中国哲学领域的岭南学派，亦称“江门学派”。陈白沙的学术思想，对中国文化尤其是岭南文化的发展产生了深远的影响和积极的作用，确立了岭南文化在整个中国文化发展中的地位。陈白沙也因此被人们尊称为“大儒”“圣人”，成为中国古代广东唯一从祀孔庙的学者，有“岭南一人”之誉。他凭借独创的“茅龙”书法，在中国书法史上率先奠定了岭南书家的位置。

2. **中国近代维新领袖、启蒙思想家梁启超**

梁启超（1873—1929 年），是中国近代著名的维新领袖、启蒙思想家、教育家、史学家和文学家。梁启超被公认为是中国历史上一位百科全书式的人物，而且是一位在退出政治舞台后仍能在学术研究上取得巨大成就的大师级人物。其《少年中国说》一文的思想与文采，水平之高举世公认。

3. **被毛泽东称为“国宝”的国学大师陈垣**

陈垣（1880—1971 年），是 20 世纪中国著名的历史学家、教育家、国学大师。他担任过京师图书馆馆长、故宫博物院图书馆馆长。担任辅仁大学校长 26 年，担任北京师范大学校长 19 年。陈垣一生著作甚丰，对宗教史、元史、历史文献学等学术领域作出了开拓性的贡献，被毛泽东称为“国宝”。

（二）江门五邑是华侨华人文化（侨文化）之乡

1. **江门五邑是华侨建筑文化之乡**

（1）碉楼之乡——开平碉楼与村落（世界文化遗产）

开平碉楼与村落于 2007 年被联合国教科文组织列入《世界遗产名录》，成为广东省第一处世界文化遗产。开平可以说是“中国碉楼之乡”，大部分碉楼都体现了中西合璧的华侨建筑文化。

（2）洋楼之乡——台山洋楼

洋楼是指 1949 年以前仿照外国建筑风格建造的多层建筑，一般为四面或三面临空，装修精致，备有客厅、餐室，有数套卫生间等结构较好的独立式或复式、别墅式住宅。2002 年台山对碉楼和华侨建筑进行了一次调查摸底，据不完全统计，台山目前碉楼总数超过 1 000 幢，洋楼超 5 000 幢（360 百科网另一种说法：碉楼总数超过 2 500 幢，洋楼超 10 000 幢）。台山洋楼大多分布较分散，也有很多比较集中的，如端芬镇的梅家大院、翁家楼、端芬圩、燕溪碉楼群，斗山的浮石、斗山圩以及台山水步镇冈宁墟等。台山的洋楼大致具有几大特点：建得早、建得多（包括墟镇、学校、民居都有大量洋楼）；建筑特色鲜明，中西合璧，千姿百态。

（3）骑楼之乡——五邑骑楼

骑楼（在粤语中亦可引申为“露台”），是具有浓厚的华南特色的中式建筑设计。建

筑物一楼临近街道的部分建成行人走廊，走廊上方则为二楼的楼层，犹如二楼“骑”在一楼之上，故称为“骑楼”。现时的骑楼一般一楼用于经商，二楼以上住人。骑楼既可防雨防晒，又便于展示橱窗，招徕生意。

（4）江门长堤风貌街

位于美丽的蓬江河畔，全长0.8公里，是江门市老商业区和历史街区。长堤风貌街的商铺是独具岭南特色的“骑楼”建筑群，充满了浓厚的文化氛围和内涵。街内有江门国际青年旅馆、高档的酒吧、咖啡厅以及旅游购物商店等。长堤风貌街的建筑大部分在20世纪二三十年代建成。建筑风格中西结合，数百间骑楼各具特色，是江门的商业老区，鼎盛时期，商业、娱乐、物流等风生水起，高度繁荣，曾有“小广州”之称，也是目前广东省内乃至国内保存较完整且侨乡特色明显的历史文化街区。

（5）开平市赤坎镇骑楼建筑群

绵延300多米的骑楼街、保存完好的600多座古老的骑楼，具有20世纪二三十年代旧广州、旧香港的韵味，被称之为“电影街”。

（6）台山市端芬镇梅家大院骑楼建筑群

大院占地面积5万多平方米，108幢二至三层带骑楼的楼房，呈长方形排列，鳞次栉比，整齐划一。

2. 江门五邑是银信之乡——五邑银信（世界记忆遗产）

含“五邑银信”5万封在内的16万封粤闽华侨华人留下的“侨批档案”于2013年6月被世界遗产大会列入世界记忆名录，成为中国第八项“世界记忆”遗产，这是江门市的第二个世界文化遗产。

3. 江门五邑华侨华人博物馆是全国同类博物馆之首

五邑华侨华人博物馆坐落在五邑华侨广场内，是一个集中展示侨乡历史文化的博物馆，建筑面积近10 000平方米。目前馆藏实物39 000多件，馆藏文物之多、内容之丰富、价值之高为全国同类博物馆之首。

（三）江门五邑是演艺文化之乡

1. 民间文艺荟萃之乡

目前已列入非物质文化遗产的江门五邑民间传统演艺文化项目有：台山广东音乐（国家级民间音乐）、新会大鳌咸水歌（市级民间音乐）、开平民歌（市级民间音乐）、开平卖鸡调（市级曲艺）、恩平木鱼（市级曲艺）、恩平民歌（市级民间音乐）、台山民歌（市级民间音乐）。

2. 影视歌舞艺术家之乡

江门五邑是一个充满艺术灵气的地方，诞生于或祖籍江门五邑的著名艺术家众多，他们在影、视、歌、舞、戏剧、绘画、雕塑、摄影、文学等艺术领域有杰出贡献和重要影响。其杰出代表人物有：

黎民伟、黎北海、黎海山兄弟——中国电影和香港电影拓荒者；

胡蝶——中国第一位电影皇后；

戴爱莲——中国当代舞蹈艺术先驱者和奠基人之一，“中国舞蹈之母”；

红线女——粤剧一代宗师、粤剧红派艺术创始人；

黄宗沾——好莱坞电影首位荣膺奥斯卡金像奖的华人摄影师；

梁思成：建筑大师，担任过中华人民共和国国徽设计组组长，主持天安门广场人民英雄纪念碑的设计；

李铁夫：中国著名油画家，被孙中山誉为“东亚画坛第一巨擘”（图 0–3）；

图 0–3 李铁夫故居雕像（黄冠雄 摄）

沙飞：我国 20 世纪三四十年代著名的摄影家、革命新闻摄影事业的开拓者，中国共产党领导的第一个新闻摄影机构的第一任领导者；

梁晚年：澳门著名画家、雕塑家。

3. **邑籍香港演艺明星之乡**

祖籍是江门五邑地区的现代香港明星总人数有百余位，这些明星不仅人数多，阵容强，而且实力雄厚，横跨影视歌三界，支撑起香港娱乐圈的半边天。例如：周润发、刘德华、梁朝伟、甄子丹、曾志伟、黄秋生、黄百鸣、甄妮、唐季礼、麦嘉、谭咏麟、张可颐、陈启泰、林家栋、林子祥、容祖儿、夏雨、陈豪等。

图 0–4 开平市赤坎镇司徒美堂先生铜像（黄冠雄 摄）

4. **影视基地之乡**

由于江门五邑独特的碉楼群、洋楼群、骑楼群等近代建筑众多，华侨华人文化深厚，这里成了影视拍摄基地，特别是开平赤坎古镇（爱国侨领司徒美堂的家乡，图 0–4）和赤坎影视城、台山端芬镇梅家大院、台山水步镇冈宁墟等地，有 60 余部影视剧在这些地方拍摄取景。

（四）江门五邑是科技创新院士之乡

出生于或祖籍是江门五邑的院士有 32 人。其中：中国科学院院士 19 人，中国工程院院士 10 人，1949 年前当选的中央研究院院士 3 人。

除院士外，还有航空科技和铁路交通先驱者：冯如：中国第一个飞机制造家、飞行家，中国航空第一人（图 0-5）。陈宜禧：中国早期（清朝末年）民间资本铁路（江门台山新宁铁路）建造者。

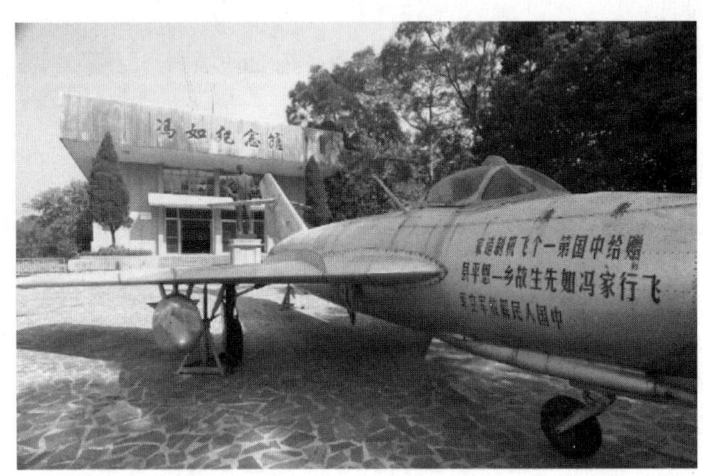

图 0-5 恩平市冯如故居和纪念馆（黄冠雄 摄）

1. 江门籍中国科学院院士

陈焕镛：植物学家。男，1890 年生于香港，祖籍广东新会，1971 年在广州逝世。我国近代植物分类学的开拓者和奠基人之一。1955 年选聘为中国科学院学部委员。

梁思成：建筑学家。男，1901 年生于日本东京，祖籍广东新会，1972 年在北京逝世。主持了中华人民共和国国徽、人民英雄纪念碑的设计工作，对中国建筑学的科学研究工作作出了贡献。1955 年选聘为中国科学院学部委员。

陈国达：地质学、大地构造学家。男，1912 年生于广东新会。于 1956 年发现大陆地壳的新构造单元——地洼区，并在此基础上创建了壳体大地构造学，发展成为地洼（活化）构造理论体系，创立地洼学说。1980 年当选中国科学院学部委员。

薛社普：细胞生物学家。男，1917 年生于广东新会。中国细胞分化调控研究的开拓者之一。首创无核的网织红细胞杂交模型并以此进行转基因核重建细胞的研究，并提出红细胞分化因子是哺乳类红细胞自然排核的产物的假说，此外有关男性节育药研究论文被视为权威论文，对生殖生物学和细胞药理学作出重要贡献。1991 年当选为中国科学院学部委员。

林为干：微波理论学家。男，1919 年生于广东台山（今属江门）。提出关于一腔多模的微波滤波器理论，首先发现一个圆柱谐振腔中有 5 个同谐振频率的简并模可资利用，受到同行们的重视，至今仍广被引用，被尊为“中国微波之父”。1980 年当选为中国科学院学部委员。

余国琮：化学工程专家。男，1922 年生于广州，祖籍广东台山。开拓了以计算传递学为基础的蒸馏过程与设备合一的三维非平衡的模拟放大新途径。提出了较完整的不稳态蒸馏理论和分批蒸馏多变参数新策略及其相应技术。1991 年当选为中国科学院学部委员。

梁思礼：导弹控制专家。男，1924 年生于北京，祖籍广东新会。参加了中国航天事业的创建，被誉为航天 CAD 技术的倡导者和技术带头人。1993 年当选为中国科学院院士。

黄本立：光谱化学家。男，1925 年生于香港，祖籍广东新会，是国内外知名的原子光谱分析学术带头人。1993 年当选为中国科学院院士。

姜中宏：无机非金属材料专家。根据混合键型玻璃形成特性，首次提出用相图热力学计算法，实现了玻璃形成区的半定量预测。采用连续相变方法推导出非对称不溶区。研究玻璃结构的相图模型，提出玻璃是由最邻近的同成分熔融化合物的混合物构成理论。1999 年当选为中国科学院院士。

郭景坤：材料科学家。男，1933 年出生于上海，祖籍广东新会。20 世纪 60 年代初从事陶瓷与金属封接研究，应用于我国电子通讯事业。20 世纪 70 年代从事纤维补强陶瓷基合材料的研究，其材料应用于我国战略导弹和人造卫星及飞船中。20 世纪 80 年代从事陶瓷材料的强化与增韧，复相陶瓷以及陶瓷发动机用材料与部件的研究。20 世纪 90 年代从事复相陶瓷、纳米陶瓷研究，近期进行陶瓷材料的晶界应力设计研究、多相材料研究。1991 年当选为中国科学院学部委员。

蔡睿贤：工程热物理学家。男，1934 年生于汕头，祖籍广东台山。在分析复杂总能系统中，创立了比较法，并由此总结出各种总能系统的多种简明定性规律、建立了强调正确评价准则的热力学分析学说体系；在叶轮机械理论方面，全面发展了中心流线法；首次集体发现了实用机组中内围带对轴流式压气机不稳定性能的影响，对国内后来多种型号机组的调试起了重要作用。1991 年当选为中国科学院学部委员。

张佑启：计算力学、土木工程专家。男，1934 年生于香港，祖籍广东新会（今属蓬江区）。开拓了有限元法在结构力学，特别是板与壳的研究。1999 年当选为中国科学院院士。

麦松威：结构化学家。男，1936 年生于香港，祖籍广东鹤山。在水含包合物的研究中，发现首例具有开口多面体空笼结构，提出阴离子最高配位数的概念等。2001 年当选为中国科学院院士。

叶大年：矿物学家。男，1939 年生于香港，祖籍鹤山。开拓了结构光性矿物学的新领域，著有世界上第一部此领域的专著《结构光性矿物学》，提出“适度过冷结晶”的理论。1991 年当选为中国科学院学部委员。

黄乃正：有机化学家。男，1950 年生于香港，原籍广东台山（今属开平）。合成了多个在有机化学理论中有极其重要理论意义而难度极高的分子，其成绩在世界处于领导地位。1999 年当选为中国科学院院士。

陈新滋：有机化学家。男，1950 年生于广东台山。主要从事手性催化配体和不对称合成研究领域的工作，首次揭示并证明了“主要手段产物来自微量的催化中间体”这一不对称催化反应中的微观自然现象。2001 年当选为中国科学院院士。

叶玉如：神经生物学家。女，1955 年生于香港，祖籍广东台山。运用现代分子与细胞生物学方法，探讨神经营养因子与神经元发育之间的关系，以及它们用于治疗神经性病患的可能性。2001 年当选为中国科学院院士。

任咏华：无机化学家。女，1963 年生于香港，祖籍广东鹤山。系统地设计和合成了新的无机发光分子材料和化学传感器配合物利用各种桥连配体。2001 年当选中国科学院院士。

邝宇平：理论物理学家。1932 年生于北京，祖籍广东台山。从事粒子理论研究。在重夸克偶素物理、TeV 能区物理、有效拉氏量理论等方面做出重要贡献。2003 年当选为中国科学院院士。

2. 江门籍中国工程院院士

黄耀祥：水稻遗传育种专家。男，1916 年生于广东开平，2004 年在广州逝世。他首先开创水稻矮化育种，被誉为“中国半矮秆水稻之父”。他以矮秆为中心分阶段提出有独特见解的“生态育种”“株型育种”“超高产育种”和杂交育种的“组群筛选法”，并在实践上获得了成功，丰富和发展了水稻育种学。1995 年当选为中国工程院院士。

黄翠芬：微生物、免疫及遗传工程专家。女，1921 年生于广州，祖籍广东台山，2011 年在北京逝世。中国生物工程的创始人之一，创立了我军首个分子遗传中心，填补了相关研究领域诸多空白。1996 年当选为中国工程院院士。

黄志强：普通外科学专家。男，1922 年生于广东新会，被称为我国胆道外科的奠基人。在国际上首次系统论述了我国常见疑难病症“肝胆管结石病”，拓展了肝胆科学领域。编著我国第一部《外科手术学》《胆道外科》《肝脏外科学》。1997 年当选为中国工程院院士。

陈灏珠：心血管病学家。男，1924 年生于广东新会，是我国心血管病介入性诊断和治疗的奠基人之一。在研究心血管病的流行病学、电起搏和电复律治疗危重心律失常、冠心病中西医结合治疗、心肌梗塞的危险因素和急性期中血栓形成与溶栓机制等方面做出重要贡献。1997 年当选为中国工程院院士。

史轶蘩：临床内分泌专家。女，1928 年生于广东江门（今属蓬江区），原籍江苏溧阳，2013 年在北京逝世。在国内首先总结及报告了甲状腺功能亢进、库欣综合征、嗜铬细胞瘤、特发性甲状旁腺功能亢进、原发性甲状旁腺功能低减等症的诊治经验。在国际上最先设计鉴别下丘脑性和垂体性 IGHD 的 5d 生长激素释放兴奋实验，证实多数患者伴有垂体轴功能损害。1996 年当选为中国工程院院士。

汤钊猷：肿瘤外科专家。男，1930 年生于广州，祖籍广东新会。为小肝癌的研究，在国际上首次提出“亚临床肝癌”的理论，建立起第一个裸鼠人肝癌转移模型和高转移潜能人肝癌细胞系。1994 年当选为中国工程院院士。

甄永苏：微生物药物与细胞工程学专家。男，1931 年生于广东台山（今属开平）。从事微生物来源的药物研究，主持研制平阳霉素、争光霉素、光辉霉素、博安霉素等抗肿瘤抗生素。创建“精原细胞法”并应用于药物筛选，发现新型抗癌抗生素 C1027（力达霉素）。研制抗肿瘤抗体靶向药物并开展分子小型化研究。1997 年当选中国工程院院士。

李绍珍：眼科学专家。女，1932 年生于广州市，祖籍广东台山，2001 年在广州逝世。她在白内障的发病机制和防治方面有很高的造诣。她与美国国立眼科研究所合作，首次对人类从胚胎到老年的主要晶体蛋白及其亚基进行研究，发现成人 α 晶体蛋白的聚集体较胚胎者大；首次发现人透明晶体中 γ－蛋白各亚基量随年龄的不同而有变化，但总量恒定，在白内障晶体中则减少。1999 年当选为中国工程院院士。

李椿萱：空气动力学、航空航天飞行器设计、高速碰撞力学专家。男，1939 年生于昆明，祖籍广东新会。早年参与美国航天飞机、导弹等型号及相关预研工作，并涉及超高速碰撞力学等领域的研究工作。所取得的成果已在我国航天技术的发展中发挥了重要作用。1997 年当选为中国工程院院士。

冯培德：飞行器导航、制导与控制专家。男，1941 年生于天津，祖籍广东恩平。作为总设计师主持了航空惯性导航系统国家专项的研制工作，为国家填补了该领域的研究空白。他还在捷联式惯导、组合导航、激光陀螺、微机电系统方面做了很多开创性、奠基性的工作。2001 年当选为中国工程院院士。

3. 1949 年以前当选的江门籍中央研究院院士

陈垣：历史学家、宗教史学家、教育家。男，1880 年生于广东新会，1971 年于北京逝世。1948 年当选为中央研究院院士。

梁思成：建筑学家。1948 年当选为中央研究院院士。

梁思永：考古学家。男，1904 年生于日本横滨，祖籍广东新会，1954 年在北京逝世。他是中国现代考古学和现代考古教育的开拓者之一，于野外发掘后冈中发现了“三叠层”，第一次从地层学上明确了仰韶文化和龙山文化两种新石器时代依存的先后顺序以及它们和商代文化之间的关系，这在中国考古学史上是一次划时代的重大发现。1948 年当选为中央研究院院士。

（五）江门五邑是生态休闲旅游文化之乡

1. 温泉休闲之乡

江门地热资源分布广，流量大，水质好，环境美。新会区有古兜温泉；开平市有香江温泉；台山市有康桥温泉、富都温泉、喜运来温泉、颐和温泉；恩平市有锦江温泉、金山温泉、帝都温泉、温泉乐园、山泉湾温泉、恒大泉都等。其中，恩平市有全国唯一的国家地热地质公园和六大温泉，获得中国矿业联合会授予的全国首个"中国温泉之乡"的命名。

2. 海岛休闲之乡

台山的上川岛海滨休闲、下川岛海滨休闲、浪琴湾海滨休闲、铜鼓海岸的海滨休闲等。

3. 山湖水绿休闲之乡

圭峰山国家森林公园休闲、北峰山国家森林公园休闲、凤凰峡生态休闲、叱石山登山休闲、白水带风景区休闲、东湖公园休闲、银湖湾湿地公园休闲、江门绿道休闲等。

4. 小鸟天堂之乡

新会"大榕树——小鸟天堂"生态文明观赏文化。

5. 蒲葵之乡（葵乡、葵艺之乡）

新会葵乡南坦岛葵树林观赏文化与新会葵艺文化。圭峰山所建的葵树博览园是反映葵乡新会葵文化的主题公园。

四、江门市文化建设战略——从"文化名市"到"文化强市"

（一）找准文化定位

经过研究论证，江门市在2003年提出了"文化名市"战略，在2016年进一步提出了"文化强市"战略。

江门市的文化发展该怎么定位，当时曾有4种提法：文化大市、文化强市、文化先进市、文化名市，最后才定位于"文化名市"。所谓"名"主要就是指与众不同的特色，比较偏重于历史文化底蕴，江门五邑文化底蕴深厚，特别是侨乡文化，可以说是岭南文化的特色所在，而侨乡文化在五邑地区表现得最为突出。所以江门虽在广东省称不上"强""大"，但称"名"是不为过的。

江门市经过十二五规划"文化名市"的发展，取得了一系列进步。在此基础上，2016年又适时地提出了"文化强市"建设战略。

（二）确立江门文化核心竞争力

文化竞争力可以分为一般竞争力和核心竞争力，只有核心竞争力才能够使自己立于不败之地。江门的文化核心竞争力就是"侨乡文化"。文化名市最有特色的就是侨乡文化，打造“第一侨乡”城市品牌，树立“第一侨乡”城市形象，是江门市委市政府近年来在经营城市中的一个重要创意。经过多方面实实在在的工作，“第一侨乡”的内涵逐渐充实，知名度逐渐提高，城市形象的特色越来越鲜明。

（三）十二五规划期间江门文化建设发展战略——“一个中心、两条主线”“十个文化圈”（2011—2015年）

1.“一个中心”

以江门市区北新区为江门五邑的文化中心，加强文化重点项目和标志性项目建设，形成具有侨乡特色的文化示范区域。目前，华侨博物馆、院士路、美术馆、文化广场、会展中心、广播电视中心、明星园等已成为江门市文化标志。另外投资达20亿的滨江体育中心已经动工，投资4个多亿的江门演艺中心即将完工，缤果动漫周边产品研发中心已动工，橙天嘉禾影视城项目正在洽谈。今后这一区域还将建设图书馆、科学馆、大剧院、报业大厦、购书中心、江门文化中心等一批文化设施。

2.“两条主线”

侨乡文化主线：突出“侨文化”品牌，打造“文化侨都”。树立“影视明星之乡”“院士之乡”“建筑之乡”的城市形象。

生态文化主线：遵循经济和城市发展规律，体现“人与自然的和谐文化观”，重视生态文化建设。依托原中心城区，利用沿江优势，建设宜居现代化综合性滨江城市，拓展城市空间美，提升绿化、美化水平，引水入城，形成有侨乡特色的显山露水的园林城市。

3.“十个文化圈”

（1）世遗文化圈。建设以“开平碉楼与村落”为核心的旅游业和以赤坎影视城、梅家大院等为代表的影视制作业文化圈，深度挖掘侨乡旅游文化和影视制作文化内涵，增进游客的体验值，提升世界文化遗产的社会效益和经济效益。

（2）温泉文化圈。依托古兜、康桥、锦江、帝都、金山等温泉资源，打响“中国温泉之乡”的品牌，打造侨乡特色的现代休闲娱乐文化圈。

（3）海洋文化圈。加强上、下川岛的规划与开发，重视对崖门炮台和古战场宣传推介，体现以海洋历史文化为主题，以海滨旅游为特色的海洋旅游文化。

（4）名人故里文化圈。以陈白沙、梁启超、陈垣、陈少白、冯如等名人故居为依托，打造名人故居文化圈。

（5）华博文化圈。以华侨博物馆、李铁夫美术馆、华侨广场、明星公园等为重点，大力弘扬侨乡文化精神，提升江门侨乡文化形象。

（6）民俗文化圈。进一步挖掘和弘扬五邑民间民俗文化，传承发展蔡李佛拳、咏春拳、台山广东音乐、荷塘纱龙、新会鱼灯、台山浮石飘色、开平泮村花灯、茅龙笔、古典红木家具等民间传统工艺。

（7）会展文化圈。扩大摩博会、农博会、古典家具博览会和牛仔服装节等会展影响，扩大江门的城市影响。

（8）水乡生态文化圈。以小鸟天堂、古劳水乡、新会银州湖湿地为重点，建设桑基、鱼塘、湿地，小桥、流水、人家为特色的风光旖旎的南国水乡。

（9）兼容文化圈。加大对宗教文化古迹的修缮与保护。

（10）创意产业文化圈。做大做强缤果、蔡李佛等原创动漫品牌。吸引动漫影视企业进驻，形成产业聚集。

如何推动社会主义文化大发展大繁荣，中共中央《关于深化文化体制改革 推动社会主义文化大发展大繁荣若干重大问题的决定》指出：加强文化典籍整理和出版工作，推进文化典籍资源数字化。加强国家重大文化和自然遗产地、重点文物保护单位、历史文化名城名镇名村保护建设，抓好非物质文化遗产保护传承。深入挖掘民族传统节日文化内涵，广泛开展优秀传统文化教育普及活动。发挥国民教育在文化传承创新中的基础性作用，增加优秀传统文化课程内容，加强优秀传统文化教学研究基地建设。

（四）十三五规划期间江门文化建设发展战略——文化强市“3+9 行动计划”

《江门市文化强市建设工作纲要（2016—2020 年）》（以下简称《纲要》）提出：实施“3+9 行动计划”，即打造 3 个城市文化品牌，大力推进 9 项文化建设工作。

《纲要》提出，到 2020 年江门市要逐步构建起侨乡文化品牌建设体系、现代文化产业体系、现代文化传播体系、现代公共文化服务体系和完善的文化管理体制。《纲要》明确了今后 5 年内江门市文化强市建设的指导思想和具体目标，围绕幸福“中国侨都”建设，详细制订了“3+9 行动计划”；同时还配套制定了四大行动方案，分别从文化事业发展、文化产业发展、文艺精品创作、文化体制改革四个方面，进一步细化了工作计划，使《纲要》更具可行性和可操作性。

何谓“3+9 行动计划”？“3”即打造“中国侨都”“岭南儒城”“文化惠民”3 个城市文化品牌；“9”即大力推进 9 项文化建设工作，分别是：侨乡文明城市建设、侨乡公共文化服务体系建设、侨乡文化产业发展、侨乡文化遗产保护、侨乡文艺创作繁荣、侨乡文化传播能力提升、对外文化交流、侨乡宣传思想文化人才高地构建、侨乡文化体制改革。

1. 打造 3 个城市文化品牌

（1）打造“中国侨都”城市文化品牌

申报国家级“华侨文化生态保护实验区”；完善“江门五邑华侨华人博物馆”建设；努力申报国家“海上丝绸之路”世界文化遗产项目；争创“中国华侨国际文化交流基地”；完善五邑大学广东侨乡文化研究中心建设；在全市营造侨文化氛围；打造广东侨乡武术文化研究传承中心；结合中国（江门）侨乡华人嘉年华品牌，打造江门五邑华侨活动周；开展“邑商文化”的研究和宣传。

（2）打造“岭南儒城”城市文化品牌

打造陈白沙文化展示的文脉大道，形成岭南文脉大道的整体感；办好“陈白沙文化节”，推进陈白沙小学、陈白沙中学的特色文化教育建设；抓住重大节庆节点，宣传梁启超、陈垣等思想家的文化理念。

（3）打造“文化惠民”城市文化品牌

开展“唱一唱”“舞一舞”“走一走”“踢一踢”“游一游”活动。

2. 推进 9 项文化建设工作

（1）大力推进侨乡文明城市建设

形成具有侨乡特色的人文精神；构建有侨乡特色的学习型城市，建立社会化学习网络；弘扬侨乡慈善文化，打造志愿者文化标杆。

（2）大力推动侨乡公共文化服务体系建设

完善城乡一体的公共文化设施网络，推动基层文化场馆的资源整合及业务联动；落实重点建设项目，加快开平市博物馆等项目建设；继续实施文化惠民工程，继续实施公共文化设施达标升级工程；积极搭建群众文化活动平台，深入开展公益性群众文化活动；引进社会力量参与公共文化服务和建设。

（3）大力推进侨乡文化产业发展

重点发展文化旅游、工艺美术等八大主体产业；建设涉及三区四市的“一圈三区九大基地”。

（4）大力推进侨乡文化遗产保护

为侨乡文化遗产保护提供更加完善的法律保障；以“根”亲文化研究为引领，使江门成为中华“根”文化的重点展示区；加大对海上丝绸之路文化遗产的抢救、研究；以“33 墟街”“南岸印迹”“学宫文心”“岭南鹤武”等为抓手，加大对三区四市全域侨文化遗产和工业文化遗产的保护；加大国家重点文物保护单位的申报工作；加强侨乡非物质文化遗产保护。

（5）大力推进侨乡文艺创作繁荣

推出更多体现时代文化成就、代表侨乡文化形象的文艺精品；大力发展网络文艺；高度重视和切实加强文艺理论和评论工作。

（6）大力推进侨乡文化传播能力的提升

加强侨乡智库建设；提高侨乡主流媒体的文化公信力和文化影响力；加强网络等新兴媒体建设；提升与中央媒体、境外媒体的合作水平；提升区域文化合作水平。

（7）大力推进对外文化交流

搭建两岸四地青少年文化艺术互动交流平台，进一步增进两岸四地青少年的了解和友谊；探索建立江澳两地艺术创作合作机制；江澳两地开展文化旅游互动；通过世界江门青年大会等多种形式将江门丰富的侨文化资源传播到海外。

（8）大力推进侨乡宣传思想文化人才高地构建

完善基层文化队伍建设；扭转宣传思想文化高水平人才队伍薄弱的现状；健全人才激励和保障机制。

（9）大力推进侨乡文化体制改革

健全党委领导、政府管理、行业自律、社会监督、企事业单位依法经营的文化管理体制；推动文化企业形成符合现代企业制度要求、体现文化特点的资产组织形式和经营管理模式；构建以公有制为主、多种所有制共同发展的文化产业格局。

第二节　五邑侨乡精神

2011 年 10 月 18 日，《中共中央关于深化文化体制改革 推动社会主义文化大发展大繁荣若干重大问题的决定》指出：文化是民族的血脉，是人民的精神家园。在我国五千多年文明发展历程中，各族人民紧密团结、自强不息，共同创造出源远流长、博大精深的中华文化，为中华民族发展壮大提供了强大的精神力量，为人类文明进步做出了不可磨灭的重大贡献。

优秀传统文化凝聚着中华民族自强不息的精神追求和历久弥新的精神财富，是发展社会主义先进文化的深厚基础，是建设中华民族共有精神家园的重要支撑。要全面认识祖国传统文化，取其精华、去其糟粕，古为今用、推陈出新，坚持保护利用、普及弘扬并重，加强对优秀传统文化思想价值的挖掘和阐发，维护民族文化基本元素，使优秀传统文化成为新时代鼓舞人民前进的精神力量。

一、如何凝练五邑侨乡精神

（一）从五邑侨乡文化中凝练五邑侨乡精神

1. 文化的涵义和文化表现的基本特征

（1）中外学者对文化定义的认识

最早把文化作为专门术语来使用的是被称为“人类学之父”的英国社会学家泰勒（E. B. Tylor），他在 1871 年发表的《原始文化》一书中给文化下了定义：文化是一个复杂的总体，包括知识、信仰、艺术、道德、法律、风俗，以及人类在社会里所习得的一切能力与习惯。

汉语“文化”一词最早出现于刘向《说苑·指武篇》：“圣人之治天下，先文德而后武力。凡武之兴，为不服也；文化不改，然后加诛。”由此可见，中国最早的“文化”的意义在于“文治和教化”。在古代汉语中，文化就是以伦理道德教导世人。

梁漱溟在其 1920 年出版的《东西文化及其哲学》一书对文化的定义是："文化乃是'人类生活的样法'"。他把人类生活的样法分为精神生活、物质生活和社会生活三大内容，其定义的"文化"涵义十分广泛。

1926 年，胡适在《我们对于西洋近代文化的速度》一文中指出："文化是文明社会形成的生活的方式。"

（2）马克思主义经典作家对文化定义的认识

1876 年，恩格斯在《劳动在从猿到人转变过程中的作用》中指出："文化作为意识形态，借助于意识和语言而存在，文化是人类特有的现象和符号系统，文化就是人化，人的对象化或对象的人化，起源于人类劳动。"

毛泽东对帝国主义文化和封建主义文化作了批判，提出了以无产阶级领导的，反帝反封建的新民主主义文化的科学主张，即民族的、科学的、大众的文化。

邓小平对中国特色社会主义文化也进行了一系列系统而科学的论述，形成了科学的文化观。他提出：中国文化的发展，既非儒学的翻版，亦非西学的照搬，更不是各种文化的简单组合，而是在广泛吸取古今中外一切优秀文化成果的基础上，建设具有民族特色和时代精神的新文化，即中国特色社会主义文化。这种文化的模式是：以马克思主义为指导，以共产主义为核心，以中国传统文化为基础，以外来优秀文化为辅助，以现代化为着眼点的有机整体。

（3）文化的一般涵义和文化表现的一般基本特征

文化有广义文化、中义文化和狭义文化之分。广义的文化指为人类创造的一切物质财富和精神财富的总和。中义文化指为人类的思想道德建设和科学文化发展，主要是指人们改造主观世界的能力和成果，与其对应的是经济和政治。狭义的文化包括语言、文学、艺术及一切意识形态在内的精神财富。

文化表现的基本特征，可以从三个维度看：

第一，文化表现有层次性。以社会评价的角度来看，分为优雅文化与通俗文化；从文化主体的角度，分为精英文化与大众文化；从文化客体的角度，文化表现具有形而上和形而下的层次特征；从结构功能的角度，文化可以划分为物质文化、制度文化、思想文化 3 个层面。

第二，表现形式的多样性。在文学与艺术方面，有着无限丰富的表现形式：诸如音乐文化、戏剧文化、绘画文化、影视文化、神话文化、诗歌文化、曲艺文化等。在社会生活方面，文化渗透其中，道德、政治、宗教、教育、文学、艺术、军事、科技等活动，都是典型的文化表现形式。

第三，特殊文化表现形式。如饮食文化、花鸟文化、体育文化、酒文化、茶文化、丧葬及婚嫁文化、居住文化、园林文化、建筑文化、网络文化、科技文化、服饰文化、节事文化、武术文化等。

中西文化传统在文化表现形式中的差异特征：中国文化重整体、重义、重协调、重内省、重伦理。西方文化重个体、重利、重进取、重外律、重法治。我们对待不同民族的文化，态度应该是：既要认同本民族文化，又要尊重其他民族文化。相互借鉴，求同存异。

2. 五邑侨乡文化在文化体系中的定位

中华文化是由许多地域亚文化圈构成的，岭南文化以其丰富的特性在众多的亚文化圈中独具特色。而岭南文化也同样由许多文化圈构成，如广府文化、潮汕文化、客家文化、海南文化、桂系文化、港澳文化等。现在广东文化一般指广府文化、潮汕文化、客家文化。五邑侨乡文化属于广府文化。

中华文化主要发源于华夏文明，且为多源头文明。华夏文明的直接源头即黄河文明与长江文明，并吸收北方草原文明等。中华文明是三种区域文明交流、借鉴、融合的结果。中华文化是多民族的文化，又是以中原地区汉族文化为主体的文化，它是一体多元的文化。我们应怎样概括中华文化这种多民族文化在精神上的趋向、精神走向与要求？著名作家王蒙概括为 32 个字：敬天积善，古道热肠；尊老宗贤，崇文尚礼；忠厚仁义，太平和谐；勤俭重农，乐生进取。

岭南文化是悠久灿烂的中华文化的重要的有机组成部分，是祖国文化百花园中的一枝奇葩。基于独特的地理环境和历史条件，岭南文化以农业文化和海洋文化为源头，在其发展过程中不断吸取和融汇中原文化和海外文化，逐渐形成自身独有的特点。其中，广东文化具有较强的地方性与区域性。传统广东文化的地方性与过去长期以来的地域独立性与政治边缘性有一定关系。岭南文化具有务实、开放、兼容、创新、进取、重商等特点。

3. 五邑侨乡文化的主要特征

学界对此问题的观点主要有以下几种：

学界观点一（学者王克）：五邑侨乡文化的 5 大特性为：爱国爱乡的“根”文化，扶贫助学的“义”文化，开放兼容的“桥（侨）”文化，天下大同的“和”文化，艰苦创业的“搏”文化。

学界观点二（学者冈虎）：五邑侨乡文化 5 大特征（外在特征）主要表现为：

一是兼容并蓄的多元性。当前，侨乡文化是以马克思主义为指导，社会主义新文化为主体，兼容古代越族遗风、中原传统文化、外来文化、华侨文化、港澳文化、特区文化等多元文化形态。

二是经世务实的重商性。五邑侨乡历来有经商的传统，这一文化特征使得五邑人能在发展社会主义市场经济的过程中，捷足先登，创造出许多奇迹。五邑乡亲旅居海外的成功人士也层出不穷、其中以从事工商业者最多。

三是敢为人先的竞争性。五邑侨乡人民在历史上也是经由北方逐步南迁而至，对艰苦的自然条件，他们强化自主、自强的传统，形成敢作敢为的精神。

四是远儒鼎新的开放性。梁启超认为，中国文化实以南北中分天下，北派之魁厥为孔子，南派之魁厥为老子，孔子之见排于南，犹如老子之见排于北也。但到近代，这种文化的远儒性与资本主义文化的某种契合，也使五邑地区成为资产阶级民主主义思想的策源地之一，辛亥革命时的陈少白、伍廷芳等人都是民国初年的风云人物。

五是直观享乐的世俗性。五邑侨乡的文化传统也是一种感觉型的世俗文化，它注重主体的感受，淡化道德礼教和正统意识的规范。

学界观点三（学者冈虎）：五邑侨乡的文化传统（即内在精神），可以从五邑人的社会实践以及受尊敬的乡贤的嘉言懿行中，概括出以下 5 个特点：一是爱国爱乡的价值取向，这是五邑文化传统的灵魂。二是锐意创新的思维方式，是五邑侨乡文化传统的核心。三是成圣成贤的理想人格，是江门五邑海内外产生众多名人的重要原因。四是兴学重教的传统民风。五是勤劳奋发的国民品性。

（二）凝练五邑侨乡精神的方法维度

本书认为，凝练五邑侨乡精神，应考虑以下方法维度问题。

1. 时间维度

从纵向历史维度看，新江门是由老江门延续、发展而来的。老江门人（包括几百万从江门五邑地区出国谋生的海外华侨及江门五邑地区原住居民）的艰苦创业、开放创新的优秀品格，特别是江门五邑地区历史上的大思想家陈白沙、梁启超、陈垣及著名侨领司徒美堂等名人的思想宝库和优秀美德，很值得今天的新江门人去挖掘、总结、继承和弘扬，这些优秀精神自然是“新侨乡人精神”的重要组成部分。

2. 空间维度

从横向空间维度看，相比同属于珠江三角地区的其他地级市（如东莞、佛山、中山等）的飞速发展，江门显得相对冷清，经济上在珠三角地区排名稍后。有些人固步自封，小富即安，与世无争。针对江门的不足，我们应提出新的目标精神，把包容大气、积极进取、勇于竞争、敢于创业等精神，作为新侨乡人应有的精神，以激励新侨乡人重新焕发“青春和活力”，再创江门大发展的辉煌。

3. 结构与层次维度

从结构与层次维度（时空综合维度和内容逻辑结构维度），五邑侨乡精神由 4 大板块构成，即：华侨精神（特别是老华侨精神）、五邑的国学精神（中国优秀传统文化精神）、五邑生态文明精神、拼搏进取创新精神。

“新侨乡人精神”还应包含对江门五邑地区的企业精神、政风、民风的总结升华和提炼。我们总结、提炼“新侨乡人精神”应走群众路线，广泛发动市民积极参与讨论，鼓励市民各抒己见。我们既要广泛调研、总结、提炼江门五邑地区的成功企业（如大长江公司、嘉宝莉公司等）的企业精神，导入 ISO 质量管理体系的务实高效的政风，诚信

自律的行风，纯朴守法的民风；也要反思、总结过去影响较大的几起案例的教训和数家著名企业由兴至衰的教训，以及某些不思进取的陋习。只有找出不足与差距，才能明确“新侨乡人精神”的真正内涵。

其中，关于“华侨精神”，张国雄教授提出，华侨精神是中华民族优秀品质在海外的结晶，也是带有人类共同价值观的组成部分，华侨的优秀品质如节俭、重视教育、勤劳等值得我们敬仰学习。江门市侨联名誉主席林子芳将华侨的特征概括为“强烈的求生欲望、强烈的创业意识、强烈的‘根’情怀、强烈的爱国精神”。全国政协主席、时任广东省委书记的汪洋视察江门时，对江门提出了“学习华侨精神，发挥华侨优势，争创改革开放新优势”的要求，他用“进取、勤劳、开放、包容”8个字来概括华侨精神的内核，并指出这样的精神正是现阶段我们增创新优势、实现新发展、再上新台阶所必需的精神。

4. **对比维度**

就广东省而言，人们一般认为，广东省共同的城市精神可概括为：敢为人先、务实进取、开放兼容、敬业奉献（例如：广州市的城市精神表述为：“务实、求真、宽容、开放、创新”；深圳市的城市精神表述为：“开拓创新、诚信守法、务实高效、团结奉献”）。江门市作为广东省珠三角的一个组成部分，理应具有广东省的城市精神的一般共同内容，同时也应具有自己独特的表述内容。

（三）江门市凝练五邑侨乡精神大讨论过程

1. **“江门市的侨乡人精神”的早期提法**

早在2004年3月，在江门市十二届人民代表大会第三次会议上，市长所作的《政府工作报告》，对于江门市的侨乡人精神给予了概括：“开拓创新、文明开放、勤劳创业、团结奉献”。

2. **“新侨乡人精神”首次专家学者讨论会**

2009年11月17日，中共江门市委宣传部组织“江门的城市精神”（“新侨乡人精神”）专家学者讨论会。当时新闻媒体报道了以下5种表述：“开放兼容、勤奋进取（张国雄提法）”；“自力更生、艰苦创业、开放自信、兼收并蓄、务实求新（李桂生提法）”；“开放兼容、自主创新、民主法治（冈虎提法）”；“融容大度、崇文尚善、坚韧图强、和谐奋进（厉明勤提法）”；“包容大气、科学发展、务实高效、敬业进取、不断创新（邓复群提法）”。

3. **广泛发动市民开展江门城市精神征集活动**

江门城市精神征集活动在2009年10月开始，主办方通过征文、调查问卷、召开座谈会、短信征集等途径，历时半年时间，共收到各种表述语12 000万条，在此基础上，邀请市内外的10多名专家学者对这些表述语进行汇总、归纳，提炼出4条备选对象：“开拓、兼容、崇文、乐善”；“和善、兼容、尚文、图强”；“和、善、文、强”；“开放兼容、崇文尚善、奋发图强”。4 条表述语的内涵大同小异，基本能够涵括江门的“三种精神”：传统精神、现有精神和应有精神。在第一类表述语中，其中“开拓”意指华侨精神，是侨乡人民不畏艰难、积极开拓的精神写照；“兼容”是侨乡文化中的中西并蓄、相互交融的体现；“崇文”则指江门人杰地灵，文化底蕴源远流长，以及崇尚文化、文明等；而“乐善”则反映江门是一座“爱心之城”，具体体现在华侨对家乡公益事业的捐赠，新时期青年企业家对江门公益事业的扶持等，如五邑慈善会、慈善万人行、一元爱心捐赠等。

4. 江门城市精神（五邑侨乡精神）表述的基本确立

2009 年中共江门市委宣传部组织的“新侨乡人精神”大讨论活动，最受市民青睐的侨乡城市精神的表述语是：“爱国爱乡、崇文乐善、开放兼容、和谐文明、创业拼搏”。尽管这一表述语不能完全成为全体市民绝对一致的看法，但能代表着绝大多数市民的共识。值得一提的是，组织江门的城市精神大讨论，重要的不仅在于结论，更在于大讨论能给江门未来的大发展带来思想观念上的洗礼。

二、五邑侨乡精神的涵义、内容及其侨乡文化体现

2011 年 4 月 25 日，时任江门市社科联副主席的马丹对学界已经基本形成共识的“爱国爱乡、崇文乐善、开放兼容、和谐文明、创业拼搏”的江门市城市精神（又称为“五邑侨乡精神”），在《江门日报》作了一个比较精辟的解说。

（一）“爱国爱乡”是精神动力

“爱国爱乡”是五邑华侨的光荣传统。无论是在孙中山领导的辛亥革命时期，还是在抗日战争时期，乃至中华人民共和国成立以来尤其是改革开放以来，他们都在政治上关心国家的命运，积极投身于反帝反封建的斗争，为祖国的独立和自由，为中华民族的解放做出了巨大的贡献；在经济上大力支持祖国尤其是家乡的各项建设事业，把在国外出卖劳动力或经营工商业所得以侨汇、投资或捐献的方式，源源不绝地送回祖国，在祖国办厂矿企业和文教卫生事业，通过捐建学校、医院、敬老院、图书馆、桥梁、公路等公益设施，为祖国的建设做出了巨大的贡献。

（二）“崇文乐善”是传统美德

“崇文乐善”则指江门人杰地灵，文化底蕴源远流长，崇尚文化文明，乐于行善，喜好施舍等美德。江门五邑有着崇学重教、兴学育才的历史传统，因而孕育了陈白沙、梁启超、陈少白、李铁夫、陈垣等历史文化名人，祖籍江门的两院院士有 32 位之多，这在全国地级市中非常罕见。这种崇尚文化，重视教育，以兴学为乐，以读书为本，以文章为贵，以知识为荣的价值取向是优秀五邑文化的生动例证，也是江门数百年文明发展的重要基石。

“乐善”则体现在五邑华侨对家乡公益事业的捐赠和当代江门人对公益、慈善事业的爱心捐赠等，它反映了江门人乐善好施的传统美德，也说明江门是一座“爱心之城”。改革开放40多年来，江门市共接受慈善公益捐款近60亿元，用以铺桥修路、兴建公共设施、捐资助学等。近年来，全市将慈善事业纳入经济和社会发展规划，以慈善公益万人行为平台，努力打造具有侨乡特色的慈善品牌，进一步促进了我市慈善事业的发展，目前登记成立的慈善组织20多家，逐步建立了政府倡导、全民参与、慈善会管理的独具地方特色的慈善机构运作机制。如有些组织、慈善机构以及个人在江门职业技术学院设立了多种助（奖）学金项目：江门市政协扶困助学金、江门市潮资企业联谊会奖学金、有名氏励志奖学金、五邑慈善会奖学金、香港台山商会助学金、缤果助学金等。

江门市义工联主席、前副市长司徒捷认为，培育奉献爱心、完善自我的义工文化，发扬乐善好施、急公好义的慈善精神，将这二者同江门侨乡文化融合在一起，作为最有效的载体，引导老百姓共建共享文明社会成果。

（三）“开放兼容”方显与时俱进

“开放兼容”是指善于沟通不同的人、群体、集团乃至民族之间的关系，增进不同文化背景、不同价值观念的人们之间彼此认识、彼此接纳、相互理解、相互容忍、相互欣赏，使不同生活经历和不同文化背景的人们在同一社会时空下和谐相处、共同发展。在五邑侨乡这块热土上，岭南文化、中原文化、港澳台文化、西方文化等各种文化相互兼容，形成了五邑人开放、包容的文化品格，其特点是：海纳百川、思维开放、兼容并蓄、接纳八方、博采众长、敢于创新。

（四）“和谐文明”才能全面进步

“和谐文明”是指五邑侨乡经济和社会各项事业全面进步，物质文明、政治文明、精神文明和生态文明建设协调发展，全体市民各尽其能、各得其所而又和谐相处，市民整体素质和城市文明程度较高。

（五）“创业拼搏”再图侨乡腾飞

“创业拼搏”指五邑华侨漂洋过海异国谋生，吃苦耐劳艰苦创业的精神和当代侨乡人奋发图强改革创新的精神，是历代侨乡人民优良传统与精神品质的真实写照。五邑华侨体现的精神，就是我们中华民族的顽强精神、拼搏精神、奉献精神，就是中华民族屹立于世界民族之林的强大精神力量和深厚文化底蕴。然而，与我们的前辈相比，现在有相当一部分侨乡人的创业精神弱化了，创业的欲望没那么强烈了，小富则安、小富则满的心态较为普遍。部分市民无所事事，靠侨汇为生，等、靠、要的懒惰思想严重，更有甚者迷恋六合彩和赌博，出现了所谓的“后侨乡文化”现象，这些都是需要改进的地方。

三、我们应该如何弘扬五邑侨乡精神

“爱国爱乡、崇文乐善、开放兼容、和谐文明、创业拼搏”的侨乡精神与社会主义核心价值观的“富强、民主、文明、和谐，自由、平等、公正、法治，爱国、敬业、诚信、友善”的许多内容在精神实质上是一致的。弘扬五邑侨乡精神是培育和践行社会主义核心价值观的重要途径之一。

江门市社科专家马丹就“如何弘扬侨乡城市精神，提升市民文明素质”问题，提出了以下建议：

（一）如何弘扬侨乡“爱国爱乡”精神

弘扬侨乡“爱国爱乡”精神，就是要不断增进对党的信赖、对人民群众的热爱、对中国特色社会主义的信念，把爱国爱乡之情、报国报乡之志落实到培养践行当代公民核心价值观的实际行动中，自觉把个人的前途命运与祖国的前途命运紧密结合起来，把个人发展进步融入现代化建设的伟大实践中；弘扬侨乡“爱国爱乡”精神，就是要时刻把握侨乡建设的时代节奏，紧紧围绕“加快转型发展、建设幸福侨乡”这一核心任务，努力把自己的本职工作与新时期侨乡建设的需要统一起来，无论从事什么职业，都要认清形势，坚持科学发展，以务实开拓创新的精神做好本职工作，做到真抓实干、兢兢业业、忠于职守、尽职尽责、艰苦奋斗、奉献侨乡；弘扬侨乡“爱国爱乡”精神，就是要进一步发挥侨乡人文优势，自觉传递乡情、促进交流，凝聚侨心、汇聚侨力，进一步弘扬光大华侨华人爱国爱乡精神，使之转化为加快五邑侨乡发展的精神动力，为掀起新一轮海内外五邑乡亲建设家乡的热潮贡献力量。

（二）如何弘扬侨乡“崇文乐善”精神

弘扬侨乡“崇文乐善”精神，就是要明确慈善事业的性质、作用和目的，培养自身的社会责任感，增强对慈善事业的认可、认同，激发对慈善事业的热情，形成参与慈善活动的动力，走进慈善、支持慈善、献身慈善，在为他人送温暖为社会作贡献的实际行动中体验光荣，领悟崇高；弘扬侨乡“崇文乐善”精神，就是要培养扶危济困、扶弱助贫的高尚品德，关心未成年人的教育与成长，关爱弱势群体，树立理性的财富伦理观和良好的财富文化心态，取财有道，用财有度，财尽其用，使慈善成为内在的道德要求，一种生活常态，源于自觉，发自内心，心态平和，自愿而行，在安老、扶幼、助医、助学、济困、赈灾方面慷慨解囊，奉献爱心。

（三）如何弘扬侨乡“开放兼容”精神

弘扬侨乡“开放兼容”精神，就是要面向埠外，广纳兼收域外文明，善取别人之长，以兼容并蓄的眼光、海纳百川的胸怀，自觉跳出自我，融入全局，认清自我优势与差距，扬长补短，努力寻求经济、文化、信息、人才等各类要素的集聚，力争在交流与

合作中获得和谐共赢，以更开阔的国际视野，以更积极、开放的文化心态，迎贤纳能，招揽人才，力建开放侨乡；弘扬侨乡“开放兼容”精神，就是要坚持与时俱进，一切从实际出发，不墨守成规，不因循守旧，自觉地把思想认识从那些不合时宜的观念、做法和体制中解放出来，放眼当今世界发展潮流，紧紧把握时代跳动的脉搏，坦然面对各种新的挑战，研究新情况，解决新问题，从实际出发，大胆探索创新，不断总结经验，在实践中谋发展，在创新中求突破，力建活力侨乡。

（四）如何弘扬侨乡“和谐文明”精神

弘扬侨乡“和谐文明”精神，就是要树立助人为乐、与人为善的道德情操，家庭成员之间、邻里之间、同学之间、同事之间，乃至司机与乘客之间、服务员和顾客之间，都要做到相互尊重、相互理解、互谅互让、互帮互助，多些礼让少些摩擦，多些沟通少些争执。注重人缘和亲情，善于待人接物，有着开明而又理智的平和心态和博大胸怀，做社会和谐的使者；弘扬侨乡“和谐文明”精神，就是要遵守社会公德，注重生活细节，讲求文明礼仪，革除不文明的陋习。不乱扔乱吐，不乱摆乱卖，不违规停放，不乱穿马路，不冲闯红灯，不损坏公物，不乱贴乱画，不粗言秽语，不酗酒赌博，不损坏绿化和侵占绿地等，在家庭做个好成员，在社会做个好公民，在单位做个好职工，做传递文明的使者。

（五）如何弘扬侨乡“创业拼搏”精神

弘扬侨乡“创业拼搏”精神，就是要克服畏难止步、甘于守成、小富即安的思想和习惯，树立创业光荣、创业崇高的理念，有敢于冒险、敢为人先的胆识和魄力，有敢于自我加压、永不满足的进取精神，有压力面前不弯腰、困难面前不低头、失败面前不退缩的心理素质，有自强不息、吃苦耐劳、克勤克俭、艰苦创业的品格，在侨乡大地形成人人想创业、敢创业的良好风气，使五邑侨乡成为越来越多的人所瞩目和向往的创业热土和发展高地；弘扬侨乡“创业拼搏”精神，就是要敢抓机遇，具备抓机遇的胆略和气魄，当机遇来临之时决不放过，在稍纵即逝中把握机遇，同时还要善抓机遇，在抢抓机遇中敏锐观察、善于思考、科学决策，努力降低机会成本，有所为、有所不为，在把握机遇中迸发出最大能量，实现最大绩效；弘扬侨乡“创业拼搏”精神，就是要培养刻苦求知的钻研精神，在科学发展的大背景中思考创业，在市场经济的大舞台上探索创业，凭全面过硬的能力素质投身创业，勤勉奋进，努力钻研，追求卓越，练就过硬的创业本领，在各自的专业领域里建功立业。

第三节　粤港澳大湾区视域下的五邑侨乡创新创业机遇

2019 年 2 月 18 日，中共中央、国务院发布《粤港澳大湾区发展规划纲要》（以下简称《纲要》)。建设粤港澳大湾区是习近平总书记亲自谋划、亲自部署、亲自推动的国家战略，是新时代推动形成全面开放新格局的新举措，是推动“一国两制”事业发展的新实践。

一、《粤港澳大湾区发展规划纲要》对江门的定位

《纲要》指出，支持江门充分发挥自身优势，深化改革创新，增强城市综合实力，形成特色鲜明、功能互补、具有竞争力的重要节点城市。发挥江门产业链齐全的优势，加强大湾区产业对接，提高协作发展水平。支持港澳青年和中小微企业在内地发展，将符合条件的港澳创业者纳入当地创业补贴扶持范围，积极推进中国（江门、增城）“侨梦苑”华侨华人创新产业聚集区建设。支持江门建设华侨华人文化交流合作重要平台。支持江门与港澳合作建设大广海湾经济区，拓展在金融、旅游、文化创意、电子商务、海洋经济、职业教育、生命健康等领域合作。加快江门银湖湾滨海地区开发，形成国际节能环保产业集聚地以及面向港澳居民和世界华侨华人的引资引智创业创新平台。

中央公布《纲要》标志着粤港澳大湾区建设进入全面推开、全面深化新阶段，全省上下要深入学习贯彻习近平总书记关于粤港澳大湾区建设重要论述，全面把握《纲要》要求，深刻认识推进大湾区建设是树牢“四个意识”、坚定“四个自信”、坚决做到“两个维护”的政治要求和具体行动，是落实国家发展战略布局的重大任务，是广东服务“一国两制”实践的光荣使命，是新时代广东改革开放再出发的重大历史机遇，是我们必须担负起的重大历史责任，是切实增强推进大湾区建设的政治责任和历史使命。

广东推进大湾区建设的施工图和任务书：《中共广东省委　广东省人民政府关于贯彻落实〈粤港澳大湾区发展规划纲要〉的实施意见》《广东省推进粤港澳大湾区建设三年行动计划（2018—2020 年）》。

《粤港澳大湾区发展规划纲要》提出，到 2022 年粤港澳大湾区国际一流湾区和世界级城市群框架将基本形成，到 2035 年宜居宜业宜游的国际一流湾区将全面建成。这段时期，将是江门加快发展的重要窗口期和黄金机遇期。江门将把大湾区建设作为全市工作的重中之重，举全市之力推动落实，加快打造珠江西岸新增长极、沿海经济带上的江海门户，创造宜居宜业宜游的优质生活环境，不断提高人民群众的获得感、满足感、幸福感。

随着大湾区交通互联互通格局逐渐完善，江门将直接接受广深港澳四个中心城市辐射带动，更多的人流、物流、信息流、资金流将涌入江门，为江门高质量发展提供要素支撑。江门也将充分利用香港、澳门开放平台优势，高水平参与国际经济合作，提升全球竞争力和吸引力，构建全面开放新格局。

二、江门在融入粤港澳大湾区建设中具有的优势

（一）地理区位优越，合作基础扎实

江门与港澳及珠三角核心城市广州、深圳的陆路距离均在100公里左右，海运距离不到100海里，处于“承东启西”位置。2018年江湛铁路、港珠澳大桥正式通车，未来伴随深中通道、深茂铁路江门至深圳段、深江肇高铁等一系列重大交通基础设施的连通，江门将成为连接大湾区与粤西、大西南及北部湾地区的“枢纽门户”。

（二）与港澳历史渊源深厚，合作愿望强烈

江门与港澳人缘相亲，地缘相近，在港澳780多万常住居民中有五邑籍乡亲约155万人，五邑籍港澳社团多达93个；港资企业已成为江门市最大的外商投资企业来源，占全市外商投资企业投资总额近2/3。近年来，江门与港澳特区政府、行业协会商会等签订了20多个合作指导性文件，涉及平台、产业、金融、旅游、民生等领域，江港澳合作广度深度逐步拓展。

（三）资源优势明显，合作潜力巨大

江门发展空间广阔，土地总面积约占大湾区城市群总面积的1/6，土地开发强度低，可利用建设用地空间大，是大湾区内唯一具备可大规模连片开发土地的城市。同时，海洋资源丰富，具备发展临港经济和高端滨海旅游产业的良好基础。江门是全国少有、广东唯一同时拥有2项世界遗产的城市，即世界文化遗产“开平碉楼与村落”和世界记忆遗产“侨批档案”。丰富的文旅环境资源将为大湾区旅游优势互补、协同发展奠定良好基础。

（四）产业互补性强，合作空间广泛

江门拥有机电、食品、电子信息、纺织服装、造纸及纸制品、精细化工6大传统支柱产业，高端装备制造、新一代信息技术、新能源汽车及零部件、大健康、新材料5大新兴产业发展势头良好。借助江门较好的产业基础，有利于港澳整合内部产业资源，拉长和拓宽产业链及产业发展空间，推动港澳经济多元化。

（五）营商和创业创新便利，合作环境良好

近两年，江门大力推进“放管服”改革，推行“两无两藏”，跨部门“双随机一公开”联合监管、“多证合一”登记制度、企业投资项目承诺制等多项改革工作成效显著，获国家和省肯定。2018年全市新发展市场主体19.29万多户，同比增长200%，市场主体总量达47.5万，同比增长51%，增幅位居全省第一。江门市相继出台了“人才强市十四条”“民营经济十二条”“招商引资激励政策十二条”“实体经济十条”等政策，推动江门营商环境不断优化。

三、江门市将在四大合作平台建设上重点发力

（一）推进澳门与江门跨境合作实验区建设

立足“国家利益、港澳关切、江门优势”，积极探索粤澳合作新模式，依托银湖湾滨海地区与澳门共同谋划建设跨境合作实验区。澳门与江门大湾区建设合作事项写入了澳门《2019年财政年度施政报告》。江门及时抓住2019年是澳门回归20周年的重大机遇，全力争取国家和省的支持，把澳门与江门跨境合作实验区上升为国家平台。

（二）推进江珠高端产业集聚发展区建设

江门将与珠海市共同谋划在珠海西部和江门东南部、南部的广大区域共同打造一个大规模的高端产业集聚发展区。江门将成立工作推进小组，统筹协调推进集聚区发展前期各项工作，特别是加强与省“一核一带一区”发展战略的衔接，争取纳入省级产业转移园区、开发区、高新区名录，中长期打造成为国家级粤港澳合作平台。

（三）推进华侨华人文化交流重大平台建设

作为著名侨乡，江门将发挥世界文化遗产优势，积极争取国家和省的支持，加强与港澳文化旅游部门联系，邀请国家级团队进行策划，以开平、台山为重点，高起点、高标准、高水平谋划建设华侨华人文化交流重大平台。同时，继续发挥侨胞遍布世界各地和熟悉我国与居住国政治、经济、文化和法律的优势，引导海外华侨华人把自身事业发展与大湾区建设相结合，为大湾区建设贡献力量。

（四）推进粤港澳大湾区高质量农业合作发展平台

江门是全省唯一开展“双安双创”的地级市，又是供港鲜活安全农产品的主要来源地和粤港澳大湾区的主要农产品供应基地。江门将发挥好这一优势，整合辖区内“国字号”“省字号”现代农业产业载体，以及“供港标准食品交易中心”等服务平台，加快大湾区农产品交易流通中心规划建设，与港澳共建大湾区高质量农业合作发展平台。

江门一直在推动与港澳开展全方位、多层次的交流与合作，产业发展方面，深度参与、扎实推进珠三角制造业高质量发展国家级示范区创建，培育壮大高端装备制造、新一代信息技术、新能源汽车及零部件、大健康、新材料5大新兴产业，积极打造粤澳（江门）产业合作示范区、珠西新材料集聚区、深江产业园、台山工业新城拓展区、开平翠山湖科技产业园拓展区5大万亩园区，主动承载大湾区新一轮产业转移。

人才创业方面，加快建设江门职业技术学院所在的江门人才岛，打造立足珠西、面向粤港澳大湾区的人才基地。研究制定支持港澳企业、青年到江门市创业创新的有关政策，探索将港澳小微企业、青年纳入我市科技和双创政策扶持体系。依托江门“侨梦苑”、澳葡青年创业园、粤港澳大湾区海外青年创业基地等双创平台，建设面向粤港澳乃至全球华侨华人的创新创业基地。粤港澳大湾区的建设，将为江门五邑侨乡的创新创

业提供重大历史机遇和平台，当代青年创新创业大有可为。

……思考题

1. 谈谈江门五邑侨乡文化的品牌体系构建问题。

2. 谈谈五邑侨乡精神的基本内容。

3. 谈谈粤港澳大湾区视域下的五邑侨乡创新创业机遇与当代青年创新创业的担当精神。

【参考文献】

[1] 中共中央．关于深化文化体制改革 推动社会主义文化大发展大繁荣若干重大问题的决定[N]．人民日报，2011-10-18（1）．

[2] 王晓．文化发展趋势与江门文化建设[R]．江门：江门职业技术学院，2011．

[3] 黎友焕．广东文化强省建设[M]．广州：广东人民出版社，2012．

[4] 白少玉．五邑魂：五邑人与五邑文化精神[M]．珠海：珠海出版社，2008．

[5] 马丹．弘扬城市精神 争当文明市民：侨乡城市精神浅析[N]．江门日报，2011-4-25（A3）．

[6] 邓复群．包容大气 敬业进取[N/OL]．江门日报，2009-12-18．http://www.jmnews.com.cn．

[7] 杨慧敏．江门的城市精神是什么？我市昨展开大讨论[N/OL]．江门日报，2009-11-18（A2）[2019-1-8]．http://www.jmnews.com.cn．

[8] 谭国渠．台山洋楼：侨乡文化的一张名片[EB/OL]．（2006-2-16）[2009-12-18]．http://www.cnts.gov.cn/Disp.Aspx?ID=8359&ClassID=383．

[9] 周春锋，吴惠英．“侨”文化激励“创金山”，《江门日报》[N]．2016-08-02．

[10] 毕松杰，唐达．厉害了！江门在这个国家级赛事上获得金奖！背后原来有这些故事…[N]．江门日报，2019-11-06．

[11] 中共中央国务院．粤港澳大湾区发展规划纲要[N/OL]．人民日报，2019-2-19[2019-2-19]．http://paper.people.com.cn/rmrb/html/2019-02/19/nw.D110000renmrb_20190219_2-01.htm．

[12] 潘晓晨．江门发力四大合作平台 加快融入大湾区建设[EB/OL]．南方网，（2019-3-22）[2019-3-22]．http://economy.southcn.com/e/2019-03/22/content_186213419.htm．

…… 延伸阅读 1

三名香港 90 后创业青年获中国青年创新创业大赛全国赛金奖

《江门日报》记者　毕松杰　唐达　2019-11-06

2019 年 11 月 4 日，由共青团中央、中央网信办、工业和信息化部、人力资源社会保障部、农业农村部、商务部、国务院扶贫办七部委联合举办的第六届“创青春”中国青年创新创业大赛全国赛传来喜讯。

经初赛、半决赛、决赛层层筛选和比拼，江门市选送的鱼菜共生联合气雾栽培植物循环工厂项目（以下简称“鱼菜共生项目”）获农业农村初创组金奖，成为广东省 2 个获金奖项目之一（图 0-6 至图 0-8）。

图 0-6　江门 3 名青年获中国青年创新创业大赛金奖

图 0-7　罗伟特、梁立锋在中国青年创新创业大赛上

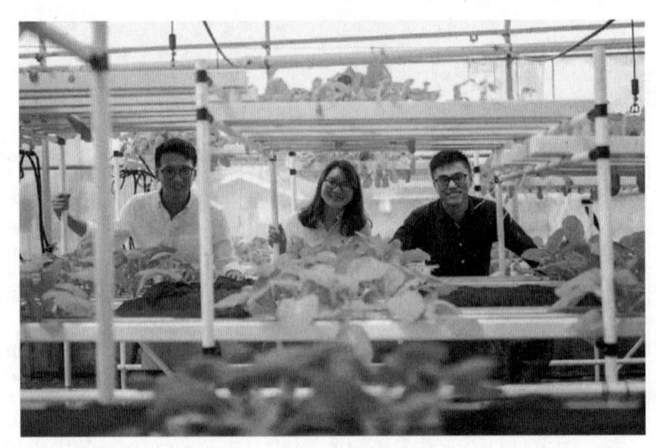

图 0-8 罗伟特、梁立锋和谭慧敏在江门市的鱼菜共生联合气雾栽培植物循环工厂

鱼菜共生创业孵化项目是江门市农业科技创新中心实施的科研型创业创新孵化项目。该项目由江门市农业科技创新中心科研人员与罗伟特、梁立锋、谭慧敏 3 位 "90 后" 香港大学生组成科研团队，共同开展鱼菜共生现代化生态蔬菜生产研究。

据介绍，鱼菜共生是通过集约式循环水养殖鱼类，富营养的水体用于水培蔬菜的种植，而经过蔬菜吸收净化的水体又返回鱼池，从而实现养鱼不换水、种菜不施肥，一种典型的循环绿色农业。

毕业于香港中文大学的罗伟特是香港人，他表示团队来到江门创业创新主要有两个原因：首先，江门是粤港澳大湾区的农业大市，农业发展成就显著；其次，江门是著名侨乡，与香港联系密切、文化相融，营商环境开放自由，这为农业科创营造了良好的条件和氛围。

经过 3 年的创业创新，鱼菜共生项目采集水质数据超过 3 000 组，实验培育蔬菜品种超过 220 种，申请国家发明专利 7 项，国家实用新型专利 3 项，并已成为国内研究时间最长，科研成果最丰富，知识产权完全自主的鱼菜共生项目。

创新是乡村全面振兴的重要支撑，而创新的关键在人。近年来，江门大力实施乡村 "人才战略"，强化政策倾斜，开展技能培训服务，搭建干事创业平台，重视培育乡村人才，引导人才要素下沉，以人才振兴带动农业科技创新，以科技创新驱动现代农业高质量发展，打造联通港澳、辐射全省的粤港澳大湾区高质量农业合作发展平台。

…… **延伸阅读 2**

"侨" 文化激励 "创金山"

《江门日报》记者　周春锋　实习生　吴惠英　2016-08-02

江门拥有 "自得" "自然" 的陈白沙思想，自强不息的 "侨" 文化，也有一大批富于激情、勇于创新的人物，如陈白沙、梁启超、陈垣、李铁夫等，以及 "明星现象”“院士现象”。江门也有承载历史记忆的“窗口”，如33墟街，作为城市发源地，记录了江门600年的历史发展记忆。还比如，于20世纪初建成的一批当代奠基性的工业厂房，域在“南岸”，核在“印迹”。

受访的创业者们爱上江门，就是从接受这座城市的文化底蕴和居住在这座城市里的人开始的。

一、“侨”文化是江门的“魂”之所在

“江门文化底蕴深厚，是出大家的地方。”广东省文联主席许钦松曾评价说。

江门作为中国侨都，深厚的“侨”文化更是江门的“魂”之所在。

2016年4月30日，国内首部华侨历史题材大型音乐作品《闯金山》在江门演艺中心震撼首演，该剧声情并茂地讲述了百年华侨历史：五邑乡民漂洋过海，历经磨难，扎根异乡，抗战救国……

华侨先民留下的宝贵的、丰富的精神遗产，不断激励着后来的创业者。

以文融城，文化先行。在推进文化融城的过程中，江门作出了不少探索。比如，在全省创新性开展“四馆联合”项目，积极盘活文化遗产资源，在东部，蓬“商”、江“厂”、新“文”、鹤“武”让人充满遐想。在西部，开“遗”、台“岛”、恩“泉”，美景醉人。

二、创业者爱上江门的人文氛围

今年32岁的梁景峰，2006年从五邑大学毕业，工作一年多之后去了深圳，于三四年前回到江门，目前是江门市珠西云谷智慧产业园总经理，谈及他“抛弃”一线城市的原因时，他说：“自己在江门读书，对江门人比较了解，觉得江门人比较和善。”

与梁景峰不同，川妹子阿茜与江门结缘则是误打误撞。11年前，她来到广州流花车站，本想着去往深圳，没想到，由于语言问题，竟买错了车票，稀里糊涂地来到了这个她此前一点儿都不知道的城市——江门。令她没有想到的是，此后不久，她遇到了一些朋友、贵人，再遇到了现在的老公，如今发展得不错。

阿茜说，自己是一个文艺青年，会常去陈白沙故居、梁启超故居，并不止一次地在思考一个问题，是怎样的一个地方，孕育了陈白沙、梁启超？后来，她找到了答案：江门的平凡之下蕴含着“爱”和“善”。同时，江门又是中国第一侨乡，可以“睁眼看世界”，所以，格局比较大。

如今，阿茜读懂了江门、爱上了江门，她不想过安逸的生活，而是努力打造智慧物流公共服务平台。她说，此举最主要不是为了自己，而是为了进一步提升江门物流行业的水平，为了回馈这座城市以及江门人。

湖北蕲春人蔡宝生的经历与阿茜的经历有些相似，因为参军，他与江门结缘。10年前他放弃了公务员身份而踏入商海，从事过通信工程等生意，目前做得有声有色。在蔡宝生看来，自己之所以能取得成绩，一方面保持了退伍不褪色的军人作风。另一方面

则在于江门具有良好的创业“土壤”，这包括江门人的热情、宽容，以及侨乡名人敢想敢闯的精神激励。

作为江门市湖北商会常务副会长兼秘书长，蔡宝生观察到，该商会的会员大多于一二十年前来江门打工，学习了一定的技术、管理经验后，跳出来创业。一开始，他们或许没有考虑太多和江门相关的因素，但到了安家落叶时，他们便会掂量，自己是否喜欢这个地方？这个地方是否值得自己留下来？最终，他们留下了，这说明他们真正认可这座城市的文化和这里的人。

三、从过去的闯金山，到如今的创金山

“良好的商务环境、自然环境、文化环境构成一个好的创业环境，三者缺一不可。”市文联主席尹继红认为，地方文化和创业氛围有着密切关联，一方面，创业是需要土壤的，而文化就是这个土壤的核心内容。另一方面，地方文化会吸引创业者，如果这里是文化荒漠，吸引力可想而知。具体到江门，它有海洋文化的胸怀，可以兼收并蓄。同时，它与港澳地区、海外市场有着天然的连接，有助于创业者走向世界。另外，江门有着丰富的名人资源，能吸引创业者。

“过去，华侨要闯金山，今天，我们要创金山，要用华侨精神吸引更多的人来到江门发展。”尹继红进而讲到，江门的创业文化可以进一步完善，首先要大力传承华侨精神，华侨文化。同时要重视文化建设，无论是硬件还是软件，比如，演艺中心虽然建起来了，但节目的安排、演出市场的培养等都需进一步完善。另外，希望江门要种好“梧桐树”，引进更多优秀人才。

“文化、文物是一座城市的金色名片，也是城市的魅力所在。一座城市能够吸引人，是因为它的文化。一座城市能够将人留住，也是因为它的文化。”市文广新局副局长刘利元举例说，他老家的文化遗存较少，带人参观不知该去哪里。两边对比，让他更加感觉到江门文化资源的珍贵。

在他看来，文物是不可再生的文化资源，是文化资源中最重要的组成部分，应加强保护、研究。此外，江门的知名度有待提高，所以，应时不时走出去，通过展览，借助国家级媒体，讲好侨都故事。

四、专家声音

“二世祖”现象待改观

市委政策研究室原主任李超奇：我们不能忽视历史遗存对创业环境的影响，但当下的人文氛围无疑更为重要。我们看到，江门还存在一些不利于创业的因素，如不思进取、“二世祖”现象等，这跟华侨先民的拼搏精神是相反的，有待改观。同时，江门应强调协同创新，更加主动地去对接先进地区的资源。

第一章 陈白沙思想文化创新

陈白沙又名陈献章（1428—1500 年），字公甫，号石斋，别号碧玉老人、玉台居士、江门渔父、南海樵夫、黄云老人等。与新会近代的两位乡贤梁启超、陈垣，合称“新会文史三泰斗”。

陈白沙于 1428 年诞生于广东新会圭峰山下的都会村，后举家迁到今江门市蓬江区的白沙乡，故后人尊称为“白沙先生”。陈白沙是明代著名理学家、教育家、书法家和诗人，一生淡泊名利，退隐田园，在“既买锄头又买书，半为农者半为儒”的恬淡生活中。他开创了中国哲学领域的岭南学派，亦称“江门学派”。陈白沙以“宗自然”“贵自得”的思想体系，打破程朱理学沉闷和僵化的模式，开启明朝心学先河，在宋明理学史上是一个承前启后、转变风气的关键人物。白沙学说高扬“宇宙在我”的主体自我价值，突出个人在天地万物中的存在意义，宛若明代学术界的一股清新空气，对整个明代文人精神的取向产生了深刻影响，也催发了明末清初学术界的繁荣。陈白沙学术思想，对中国文化尤其是岭南文化的发展产生了深远的影响和积极的作用，确立了岭南文化在整个中国文化发展中的地位。他的学说被誉为“独开门户，超然不凡”“道传孔孟三千载，学绍程朱第一支”。陈白沙也因此被人们尊称为“大儒”“圣人”，辞世后被追谥为“文恭公”，成为中国古代广东唯一从祀孔庙的学者，有“岭南一人”之誉。同时，他凭借独创的“茅龙”书法，在中国书法史上率先奠定了岭南书家的位置（图 1-1）。

陈白沙一生的成就是多方面的，下面我们主要从陈白沙的心学思想、学习方法、诗歌和书法 4 个方面对陈白沙思想中的创新精神进行简要介绍。

图 1-1　陈白沙故居、白沙祠、白沙纪念馆（黄冠雄　摄）

第一节　陈白沙心学思想创新

陈白沙乃一代大儒，他结合自己求学、为学的经历，大胆提出“心学法门”，教人“静坐”，在高扬人的主体精神中，引导人进入“作圣之功”，以追求与道合一的境界。

陈白沙在《复赵提学佥宪》一书中，对自己的思想发展过程进行了一番梳理：27 岁时，师从当时著名大儒、崇尚朱子学的吴与弼，发愤读“古圣贤垂训之书”，但收获甚微。于是半年后，自江西返回故里，闭门读书，但几年下来仍感觉未有所得，所谓“未得”，也就是“吾此心与此理未有凑泊吻合处也”。在这种情形下，陈白沙决定改弦更辙，一扫旧习，“舍彼之繁，求吾之约，惟在静坐”。通过一番静坐工夫，反求内省，终于有所领悟，“然后见吾心之体隐然呈露，常若有物”，一切都变得随心所欲，顺理成章，“如马之御衔勒也”“如水之有源委也”。于是陈白沙确信自己找到了“作圣”的门径，“作圣之功，其在兹乎？”从此以后，凡是求学于他者，陈白沙首先教以“静坐”。可以看出陈白沙的修学经历了由朱子之学的读书穷理，到反省自悟、“发明本心”的过程。正是在“发明本心”的过程中，陈白沙摸索出一种“作圣之功”的自得心法，即“静坐”。因此，陈白沙主张“为学须从静中坐养出端倪来，方有商量处”。陈白沙对“作圣之功”产生的这种焕然自信的悟解，进入了一种心之本体呈露的直观的体悟境界。“以静生功夫而养生出为学好的开端”，并由此而提出他的“心学法门”：

“……为学求诸心必得。所谓虚明静一者为之主，徐取古人紧要文字读之，庶能有所契合，不为影响依附，必陷于徇外自欺之弊，此心学法门。……此理洞如，然非涵养至极，胸次澄彻，则必不能有见于一动一静之间。纵百揣度，只益口耳。所谓何思何虑，同归殊途，百虑一致，亦必不能深信而自得也。”

这“心学法门”，是一个“静坐”为主，以“读古人书”为辅的修养方法，同时也是认知途径和方法。其宗旨是要通过“涵养至极”“胸次澄彻”，而能“见于一动一静之间”，也即与道求得相“吻合”。他认为，对道的体认，可以不通过“物”的中介，而直接地反求于自身，从静中养出以道为本体的心来。可见，陈白沙的“静坐”，既是认知方式，又是修养功夫。

必须指出的是，陈白沙的“静坐”之所以成功，是建立在丰富的感性材料基础之上的一次理性飞跃。如果没有他那二三十年的耕读生活，特别是在江西从学吴康斋时读了大量的儒家典籍，以及各种的平凡生活所积累的极其丰富的感性材料是很难取得成功的。可见，陈白沙的“静坐”，只是他的认识链条中的一环，其认识只能是：践履——静坐——践履。他无疑是体会到了在静坐之后一切得心应手、随心所欲，品尝到了由理性再回到践履这一飞跃的甜头。

陈白沙的心学在中国哲学的发展历程中尤其在宋明理学中占有不可或缺的位置。学术史家黄宗羲曾评价陈白沙说：“有明之学，至陈献章始入精微。”而《明史·儒林传序》论明代学术思想之演化说：“原夫明初诸儒，皆朱子门人支流余裔，师承有自，矩秩然。……学术之分，则自陈献章、王守仁始。”揭出明代学术走上与朱学相背驰之路，陈白沙乃是首开其宗的。

总而言之，陈白沙在中华民族文化发展史上的贡献是多方面的，尤其是心学思想体系的建立，上承程朱理学，下开王阳明心学的先河，在中国思想史上具有承前启后、继往开来的意义，占有很重要的地位。

陈白沙所创立江门学派，其学说开启了明代心学之先河，开启了岭南学术新的风气，使岭南学术思想在中华文化的大殿堂中占有一席之位，自明清以来岭南文化的发展迅速，不仅仅是由于陈白沙之学的影响，最重要的是由于陈白沙对岭南理想人格的塑造。他本人所倡导个人人格的完善，突出表现为人生的“为己”而“无累”。“为己”就是保持自我的独立人格，“无累”即不受外在的名利、权势的束缚，不受世俗物欲的诱惑。

陈白沙的精神使岭南读书人学风发生了根本的改变，使他们从程朱理学的僵化教条中挣脱出来，摆脱功名利禄的束缚，以弘扬道德精神为己任。

陈白沙精神是岭南文化精神的重要部分，他的人格魅力凝聚为岭南进步人士的人格形象，激励着后人，使岭南历史上的后继者为弘扬陈白沙精神，树立陈白沙人格而奋斗、前进；他的精神铺垫了岭南文化的光辉历程，哺育了千千万万岭南优秀儿女，是岭南人宝贵的文化遗产。

第二节　陈白沙学习方法创新

陈白沙早年颇有功名之志，尽管在学问上有“真儒”之誉，但科举却屡试不第，始终没有获得出仕机会，从而促成了他逐渐走向潜心学术的道路。综观陈白沙的一生，学术研究和教育活动成为他社会实践的最主要一面。陈白沙在长期的教育实践中，积累了不少经验，提出了很多精辟独到的见解，比如：先静坐，后读书；多自学，少灌输；勤思考，取精义；重疑问，求真知；诗引教，哲入诗等。这些教育经验和方法对明代中后期的学术教育界产生了巨大影响，对我们今天的教育工作创新也有重大的借鉴意义。

一、“以自然为宗”的修养目标、为学宗旨

陈白沙主张的教育宗旨或修养目标与他的心学哲学体系息息相关。陈白沙的心学认为“天地我立，万化我出，宇宙在我”，由此出发，他提出“以自然为宗”的修养目标或为学宗旨。他说：“人与天地同本，四时以行，百物以生，若滞在一处，安能为造化之主耶？古之善为学者，常令此心在无物处，便运用得转耳。学者以自然为宗，不可不著意理会。”所谓的“自然”，是指万事万物本然的存在状态，即一种无异同、无得失、无生死，无任何负累的、本然的绝对自由自在的精神状态，陈白沙又称之为“浩然自得”。这种“以自然为宗”或“浩然自得”的修养目标，实际上乃是企图从自然（如生死）和社会（如得失）的束缚中超脱出来，达到泯除生死得失界限的心理状态，只能是充分扩充主观自我的结果。这种思想运用到为学时，即形成了“学贵乎自得”的新学风，对促进当时的教育思想解放，起到了一定的积极作用。

那么，如何达到以“自然为宗”，即求得无任何负累的“浩然自得”的为学宗旨或目标呢？这就要谈到陈白沙提倡的“静坐”法。陈白沙早年按朱熹的方法，读书求理，但终觉无所收益，心与理总不能相合，于是舍去书册，专意静坐。他在静坐中觉得有大收获，那就是“体见到了心的本体”。于是，他后来教人说：“为学须从静坐中养出个端倪来，方有商量处。”在他看来，静坐的过程，即“去心之蔽”的过程。他认为，道德之善与认识之真均具于吾心，行为上的静坐可以达到内心的“静”，而内心的“静”的外化则是行为上的静坐，两者互为表里。通过静坐，使主体暂时从外界以及人自身的种种困扰中解脱出来，保持心之本然状态，完成道德涵养与价值体认。静坐法对于缺乏沉稳心理气质的学习者而言，不失为一种好方法；只有具备了不慌不忙，从容不迫的心理气质，才能有条不紊，踏实有得。陈白沙虽然认为“静坐”是求“心”的主要方法，但

他并不否认需要读书，而是强调读书在于明了其精神实质，而不是为了博闻强记，增加内心的负担。

以静坐作为做学问的一种方法是陈白沙教学方法的重要特点。陈白沙认为，书籍繁芜，学道繁琐，初学者往往无所适从，容易走上岔道。因此，他主张采用静坐的方法，去审识、度行，培养坚定的意志和独立思考的精神。当然，陈白沙强调静坐，但并非单纯依靠静坐；他的静坐是把自己所见闻的道理，加以思考，消化成为自己的东西，是“养出端倪”的方法，有了这个头绪（端倪）为学才有商量。可见，静坐是治学和“致虚立本”的涵养方法之一，是心学法门（心理锻炼）的入门方法，而绝不是脱离社会实际的刻意静坐。

二、强调自得的学习方法

陈白沙提倡的学习方法，强调自得，重视学习者的独立思考和首创精神，反映了学习过程的规律性。他说：“自得者，不累于外物，不累于耳目，不累于造次颠沛，鸢飞鱼跃，其机在我。知此者谓之善学，不知此者虽学无益也。”其实就是要人不做古人书本的奴隶，不依附各种门户之见，独立思考，是一种得之自我的创造性的学习方法。具体而言，陈白沙主张的学习方法包括以下几个方面：

第一，脚踏实地，专心致意。陈白沙在《与贺黄门书》中曾提出颇有见地的“为学”纲领，即四要：“心地要宽平，识见要超卓，规模要阔远，践履要笃实，能是四者，可以言学矣。”所谓“心地要宽平，就是说，学者不能心境狭隘，要有心平气静，兼收并蓄的气魄。所谓“识见要超卓”，是不要满足于时见，要看得高远，有所创造。所谓“规模要阔远”，就是为学范围不可狭小，要放眼世界，不能坐井观天。所谓“践履要笃实”，就是对学得的真理，须付诸实践，脚踏实地去干。如果能做到上述 4 点，才可以说做学问。可见陈白沙的要求是极其实际的，也是颇为严格的。

第二，勤奋学习。陈白沙专门写了一篇《戒懒文示诸生》，他说：“仲尼不寝终夜思，圣贤事业勤而已。未闻懒者留其名……官懒吏曹欺，将懒士卒离，母懒儿号寒，夫懒妻啼饥，猫懒鼠不走，犬懒盗不疑，细看万事乾坤内，只有懒字最为害。”强调勤奋与懒惰是学业成败与否的关键。

第三，学贵自觉、自我鞭策。陈白沙认为，学贵知觉，之后才能自我鞭策，勤奋学习，而教师的督促只居于次要地位。他给学生湛若水的信中说：“学无难易，在人自觉耳。才觉退，便是进也。”这里他指出了思维过程的辩证法：“才觉退便是进也”，是说主观意识上能够自我认识到自己进步或落后，就是前进了一步。如能“认识错误”，本身就是一个进步。“才觉病便是药也”，这是说能知道自己缺点或毛病之所在，就能医治并加以改进。可以看出，陈白沙倡导的学习方法，是符合客观规

律的。

第四，主张独立思考。陈白沙治学，不喜欢抄袭古人，不依傍哪一门户，主张直抒胸臆，契合自然。他认为古人留下的千卷万卷书中，有不少是弃余的糟粕，不能当作圣贤真传。依靠人心的"自得"，就可以清除糟粕，契合"自然"。他主张抛弃表面、零散的知识，在抽象系统的水平上把握学习的对象，强调学习者对知识的消化和发明。在他看来，自得、自觉是学习的根本，学习离不开积累，积累总会导致自我解悟，所谓"厚积薄发"。

要注意的是，尽管陈白沙说过"观书博识不如静坐"，但那只是就涵养功夫而言，并不是说他主张不要读书。谈到读书方法，陈白沙认为："读书非难，领悟作者之意，执其机而用之，不泥于故纸之难也。"陈白沙强调"领悟作者之意"，不可"泥于故纸"，就是指要注重独立思考，不可迷信书本。

第五，学贵知疑和善择。在学习时如何自得的问题上，陈白沙提出了两点，一是"贵疑"，就是在学习过程中要善于提出问题、分析问题。他说："学贵在疑，小疑则小进，大疑则大进，疑者，觉悟之机也，一番觉悟，一番长进。"陈白沙主张读书要敢于质疑。为什么疑问是自得的关键呢？因为人有了疑难，就会求解，然后就会有所知。如果确使疑问获得了解决，便是真实可靠的，自然也就变成了自己的知识。这是许多学者的学习经验总结，是符合学习规律的。不开动脑筋，人云亦云，势必无所进步，无所创新。陈白沙指出"疑者觉悟之机"，就是强调独立思考、强调发现问题、分析问题的意思。二是"善择"。陈白沙认为，学习与其说是接受知识，不如说是选择知识，这正是学习者主观能动性的表现。然而，选择并不是随意的，而应有一定的标准，这就要求对学习对象有深入透彻的了解，不为"大体如是"的表面类同所迷惑，同中求异，掌握细微判别方可抓住要害。这样经过审慎选择所获得的知识，才是精确细致、真实切己的。

第六，学习必须循序渐进。陈白沙认为学习过程是由简到繁、由粗到精、由低级到高级的发展过程，反对好高骛远的不务实做法。他说"学者须循次而进，渐到至处耳"。所谓"登高必自卑""行远必自迩"，这就是循序渐进的学习规律。朱熹论读书方法已提出循序渐进主张，陈白沙又强调了这个要求。他认为"求道者有先后缓急之序"，意即求道或学习都须遵循先后缓急的次序，不可践越等。因此，好高骛远违背实事求是精神，效果适得其反。所以又说："求诸高远，不得其门而入。"

三、重视诗教

陈白沙赞同孔子关于诗有4大功能的说法，认为"诗能载道"。诗教，成为陈白沙教学的重要内容。陈白沙把传统的"以诗为教"应用于书院教学，重视诗歌在抒发情感、陶冶情操方面的作用。在其诗文中，很喜欢用“鸢飞鱼跃”这个词，水阔凭鱼跃，天高任鸟飞的自然生态，确使人有生意盎然的感受。他常常同学生一道游山览水，让他们触景生情，因情为诗，一唱一和，情趣盎然。他还通过书信往来，批阅学生的诗作。在诗的习作上，他提出了如下要求：第一，要因情而发，顺乎自然，不可无病呻吟，亦不可应付差事；第二，词随情转，不刻意求工，只要顺乎自然，未必尽效格律；第三，诗文初成，要不断地加以修改。陈白沙的诗教不仅把诗当作陶冶情感的工具，而且作为创造性学习的一个重要方面，这为今天语文教育改革中的作文教学法提供了一个宝贵的参考。

四、注重启发式教学，有教无类，因材施教

陈白沙对学术研究，不主张人云亦云，他谆谆告诫学生，不要盲从附和，包括对自己的老师在内。他教学的方法是给学生指出方向，并与他们一起研讨，启发他们去思索、寻求。为鼓励学生发表自己的见解，他很注重启发，作为老师，谈问题他并不先作结论。如他和学生李世卿曾相处数日，耳闻目见，上下古今可谓无所不谈，但没有作出评价和判断，他之所以这样做，理由是处理问题要根据各人情况作出判断，别人是无法越俎代庖的。教学的展开，必须以学习者的主动求教为前提，只有这样，教才能有益于学，促进于学。陈白沙的这种开放式、启发式的教育思想给后人以启迪。

陈白沙贯彻因材施教、有教无类的原则，他很了解每个学生的个性，平日每每坦率诚恳地给学生指出不足之处，“随其资品高下，学历浅深，而造就之，循循善诱”，使之较全面地认识到自己的缺点或错误。同时，他也很注重在下层群众中开展教育工作。跟随陈白沙先生学习的，既有达官显贵，也有许多社会底层的普通群众，他的学生张诩回忆说：“先生教人，随其资品高下，学历深浅而造成之，循循善诱。其不悟者，不强也。至于浮屠羽上、商农仆贱来谒者，先生悉倾意接之，有叩无不告，故天下被其化者甚众。”在家乡讲学之余，他还常到附近地区巡回讲学，使其学说不仅在士大夫阶层颇受青睐，且在民间亦有广泛的影响。当时民间流传着这样一首歌谣：“白沙先生归故乡，我送先生路远长，但愿先生长福寿，年年教我写文章。”

陈白沙的教育活动是卓有成效的。从教数十年，从学者数千人，仅新会县，就有百余人之多。他的学生或登科第，担任国家显要职务，或成为教育家、思想家、文学家、艺术家，对国家政治与文化、教育产生了巨大影响。其中比较有名的有：增城湛若水、顺德梁储、南海张诩、东莞林光、辽东贺钦、湖北李承箕、浙江姜麟、福建陈茂烈、四川邹智等。

陈白沙先生无愧于一代宗师，由于陈白沙及其学生的努力，岭南学术、教育界的面貌为之一变，陈白沙及其学生为明清时期广东文化教育事业的大发展作出了重大贡献。

同时，陈白沙一生安教乐业，淡泊无私，积累了丰富的教学经验，他的教育思想，是留给后人的一笔巨大而宝贵的财富。

第三节　陈白沙诗歌书法创新

一、陈白沙的诗学

陈白沙学宗自然，不喜著述，独钟情于诗歌，他的弟子湛若水说："白沙先生无著作也，著作之意寓于诗也。"他的族人陈炎宗也说："白沙先生以道鸣天下，不著书，独好为诗。""诗即先生之心法也，即先生之所以为教也。"陈白沙的诗歌留存至今有2 000多首，有四言诗、五言古诗、七言古诗、五言律诗、七言律诗以及排律、绝句等。他的诗歌数量众多，诗论不多，但这些诗论向世人阐述了其诗歌创作理论，如《认真子诗集序》《夕惕斋诗集后序》《次王半山诗韵跋》《批答张廷实诗笺》等。

（一）诗缘情的诗歌本质论

陈白沙的诗歌具有鲜明的个人特色，他认为诗歌不外是人的内在情志通过言语而向外的流露和表达。作为明代理学家，他的诗歌在艺术形象中渗透哲理思辨，他主张"诗贵平易、洞达、自然"，认为"作诗尚平淡，当与风雅期"，平淡中见风雅，才是诗歌的真境界。他的诗歌也确实从来都以平易、自然、率真著称。

陈白沙认为，人人都有七情六欲，诗歌是人的"七情"所发，性情便是诗歌的"本真""本体"，也即诗歌的本质，如若迷失了"本真"而片面地追求文字的奇巧，或发空洞苍白的议论，又或徒有形式，就不能称为诗歌，那只不过是文人无聊的文字游戏。那种毫无"性情"可言，一味"拘声律、工对偶"的诗歌创作是陈白沙非常反对的。陈白沙坚持以诗缘情的诗歌本质论指导诗歌创作，追求真情实感，没有任何的矫揉造作，其诗缘情的本质论不仅影响其门人，而且影响了后代的诗人。

（二）"雅健而平易"的审美观

在诗歌欣赏方面，陈白沙以雅健平易为审美原则。在陈白沙眼里，"雅健"既是其作诗的第一原则，也是其审美的第一原则，杜甫、陈师道的诗歌是陈白沙所喜爱的，喜爱的原因就是"雅健"。陈白沙在《次王半山诗韵跋》中阐述了自己"雅健"的审美观："作诗当雅健第一，忌俗与弱。予尝爱看子美、后山等诗，盖喜其稚健也。若论道理，随人深浅，但须笔下发得精神，可一唱三叹，闻者便自鼓舞，方是到也。"

陈白沙在强调以"雅健"为第一原则的同时，又主张"平易""自然"。他在《批答张廷实诗笺》说："大抵诗贵平易，洞达自然，含蓄不露，不以用意装缀，藏形伏影，如世间一种商度隐语，使人不可摸索为工。"陈白沙在这里所说的"平易"，指不刻意修饰、雕琢，不“藏形伏影”故弄玄虚，既含蓄又通俗、自然。

诗人追求奇特来炫耀自己的才能，就会迷失“本真”，本真就是事物自然的形态。过分追求声律、对偶，过多粉饰，就会使诗歌难懂、拗口，难以平易，对世人阅读没有好处。于是，陈白沙在《认真子诗集序》中鲜明提出：“诗之工，诗之衰也，——饰巧夸富，媚人耳目，若俳优然，非诗之教。”

（三）崇尚平淡、自然的诗风

在陈白沙哲学中，“自然”境界是其为学的归依，即“学宗自然”，这个哲学思想同时体现到其诗风上，崇尚平淡、自然。诗歌的自然风格之美，是一种具有深层意蕴的艺术美，这种自然之美不事雕琢，少有人工痕迹，为我国历代许多著名诗人和诗论家所推崇和追求。陈白沙在《认真子诗集序》中鲜明地提出他崇尚自然之美的诗论见解：“古文字好者，都不见安排之迹，一似信口说来，自然妙也；其间体制非一，然本于自然不安排者便觉好。”

陈白沙把平易、自然，含蓄不露看作是平淡诗风的重要条件，反对那些语言生硬、隐晦，使人难以揣度的诗作。他甚至认为“我疑诗巧是诗魔”，诗歌以明道为宗旨，认为有德必有言，对诗之技巧不看重。他追求平淡自然的诗风，不追求雕琢，读来清新自然，这在当时一片绮靡之风笼罩下的诗坛格外引人瞩目，亦得到后代诗人的首肯、称赞。

（四）教化天下的诗歌功用论

陈白沙寓教于诗，《白沙子全集》诗篇过半，谓之诗教。除了用诗歌阐述哲学思想外，他十分重视诗歌教化天下的社会功用，认为诗歌有“大用”与“小用”之分。“大用”就是诗歌有教化天下的社会作用，即“明三纲，达五常，徵存亡，辨得失”。“三纲五常”是儒家伦理文化中的重要思想，儒教通过三纲五常的教化来维护社会的伦理道德、政治制度。而所谓的“小用”是就诗人本人而言，就是创作和吟咏诗歌可以陶冶性情，达到“完养心气，臻极和平”的审美境界。

陈遇夫在《岭海诗见序》中总结明代岭南诗歌创作时指出：“有明三百年，吾粤诗最盛，比于中州，追过之无不及者，宋元以前岭南文献的内容多是介绍岭南地理物产、风俗民情、历史掌故，……明代出现了邱浚、霍韬、海瑞、潘浚、袁崇焕等一批作者，他们都是政治人物，其著作以奏疏为主，论及国家大计、社会发展、民间忧患等内容。陈献章、湛若水是宋明理学史上的重要人物，他们创作了大量的诗文和学术著作，对岭南学风的改造，对岭南学术思想的发展都作出了重要贡献。”

陈遇夫的这段描述，对岭南文学的发展进行了总结，纵观岭南文学的发展，明代以前，张曲江等岭南文学家大多描写山水风光、风俗人情等现实表层的作品，海瑞、袁崇焕等政治人物大多描写国家政治层面的作品，而陈白沙及其弟子湛若水所作的诗文、著作，是哲学层面的作品，具有形而上方面的思考与探索，这些思考指导着岭南学风的转

变与发展，同时亦对岭南学术思想的形成打下极好的基础。此后，康有为、梁启超等在国内外具有较大影响力的学术大家纷纷涌现，因此，陈白沙是岭南文化形成后走向深入的过程中一个重要的转折点。

二、陈白沙的书法

陈白沙的书法数百年来独步书坛，继者不绝，甚至比他的儒学成就还要出名。据专家介绍，由汉代到元代，广东留存下来的作品绝少，也没有出现过具有全国影响的书法家。到了明清时期，第一位使广东书法获得全国认可的便是陈白沙。

陈白沙以“熙熙穆穆”为书法上的毕生追求。而何谓“熙熙穆穆”呢？就是一种自然的境界，是一种唯其疏野才能达到的自然境界。陈白沙书法以欧阳询为基底，得其端庄公谨，同时辅以苏黄笔法；其中《篮仕示张诩》《新年稿》等作品参差错落、风流烂漫，与苏轼《黄州寒食诗》有神似之处，这些作品都有光明正大、雄强端庄的风范（图 1–2）。

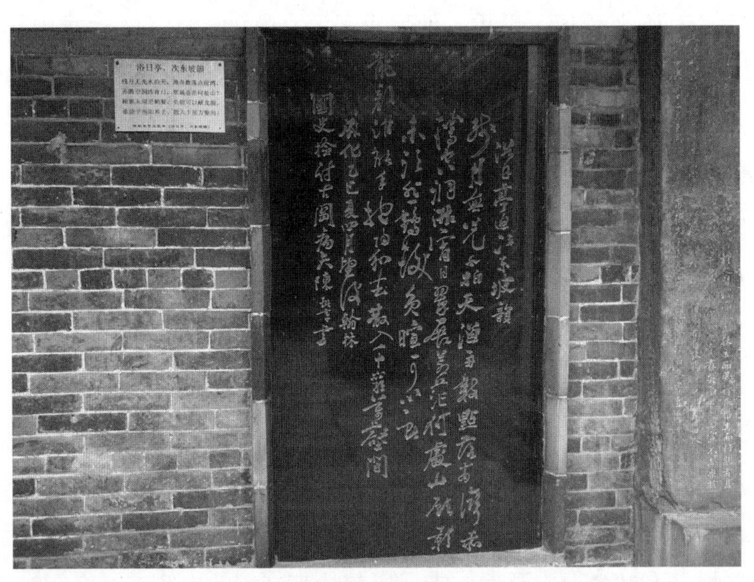

图 1–2　陈白沙书法碑文

陈白沙的书学与他的哲学诗学互为表里，其哲学诗学观溢于翰墨之间。陈白沙先生书学的形成其实正是他哲学诗学观于书法实践上的映射。作为“江门心学”一代宗师，陈白沙以静坐养出端倪的心学要旨，与佛教静坐禅定以明心见性的修养方法有相同之处，都包含了无欲思静，止息杂念，专注心境的意思。明初皇室加强封建体制，无论是公文还是举子试帖，均以台阁体为范本。故要考取功名利禄就必修“台阁体”一课。陈白沙从哲学的高度认识到功名利禄之小，独自以书法“游于艺”，将书学作为“正心”“陶情”“调性”的功课，一心钻研心学。故以“茅君”之雄逸疏野一扫当时呆板拘谨的台阁书风。

陈白沙在哲学上肯定“心”和精神的先导作用，他对于物质条件更是一种随遇而安的心态。当时文房四宝非一般人所能拥有，加之陈白沙住在乡间，毛笔供应不上，而新会山野多长茅草，于是陈白沙就地取材，以茅草捆扎制作成茅龙笔。这一大胆的尝试正是他不囿于成规，以本心为上的观念的反映，也体现出他不为世人以独为耻的思想所束缚，而是独来独往、静悟自得，在书学上一心追求熙熙穆穆的自然境界。

陈白沙书风个性鲜明、气度不凡，达到了很高的境界，“以生涩医甜熟，以枯峭医软弱，世人耳目为之一新，岭表书风为之复振”。一洗元代以来柔弱萎靡的书风。他独创的“茅龙笔”由于没有笔锋，每划中留有空隙，即“飞白”，而别具一格，其书法雄浑挺劲，挺健雄奇，融灵活、飞动与刚劲、沉着、内敛两种截然不同的风格于一体，这符合中国人追求中庸的传统审美理想，也是历代书法家努力的方向。他提倡的“法而不囿、肆而不流、拙而愈巧、刚而能柔”的书写原则，被后人尊为金科玉律。

陈白沙的其他书法代表作还有《自书诗卷》《种蓖麻诗卷》等，在江门陈白沙祠东面的展览中心保存了陈白沙的大量墨宝拓片，还有他生前使用过的名为“沧海龙吟”的古琴，以及碧玉圭、砚田等。这里还展出了数管后人仿造的一尺来长的“茅龙笔”。据介绍，“茅龙笔”现在新会等地还有生产，而且需求量还不少，在市面上的售价一支可逾百元。

……思考题

1. 谈谈陈白沙心学的主要观点。
2. 谈谈陈白沙的诗学特色。
3. 谈谈陈白沙的书法特色。

【参考文献】

[1] 陈献章．陈献章集（上下册）[M]．北京：中华书局，1987．

[2] 卢延光．陈白沙 [J]．读书学习，2005（8）．

[3] 杨荣春．广东理学家陈白沙的教育思想 [J]．教育论丛，1983（3）．

[4] 崔大华．江门心学简述 [J]．中州学刊，1986（2）．

[5] 杨卓兴．陈献章和他的教育思想 [J]．开放时代，1986（9）．

[6] 章沛．陈白沙哲学的范畴体系 [J]．五邑大学学报：人文社会科学版，1988（3）．

[7] 章沛．关于陈白沙哲学思想的讨论 [J]．广东社会科学，1988（4）．

[8] 何国华．陈白沙教育思想初探 [J]．五邑大学学报：人文社会科学版，1988（3）．

[9] 蒋祖缘，饶展雄．略论陈献章的社会政治思想 [J]．广东史志，1994（8）．

[10] 刘平. 陈献章的教育活动及思想[J]. 湖南大学学报：社会科学版，2000（4）.
[11] 刘兴邦. 论江门学派[J]. 五邑大学学报：人文社会科学版，2004（1）.
[12] 刘之静. 论陈白沙哲学思想的渊源[J]. 青海师范大学学报：哲学社会科学版，2006（5）.
[13] 刘兴邦. 论陈白沙的政治思想[J]. 五邑大学学报：人文社会科学版，2007（4）.
[14] 蔡灼暖. 陈白沙诗歌研究[D]. 广州：暨南大学，2010.
[15] 宁宁. 陈献章哲学思想研究[D]. 西安：西安电子科技大学，2010.
[16] 秦有朋. 白沙文化精要[M]. 广州：广东教育出版社，2013.

第二章
梁启超思想文化创新

梁启超（1873—1929 年），字卓如，一字任甫，号任公，笔名主要有：过哀时客、饮冰子、饮冰室主人、新民子、中国之新民、自由斋主人、曼殊室主人、少年中国之少年等，广东新会人（图 2–1）。他是中国近代著名的政治活动家、启蒙思想家、资产阶级宣传家、教育家、史学家和文学家。他的一生，经历了晚清与民国两个时期；他的业绩，并包了政治和学术两个方面。

图 2–1　广东省江门市梁启超故居（黄冠雄　摄）

梁启超被公认为是中国历史上一位百科全书式的人物，而且是一位能在退出政治舞台后仍能在学术研究上取得巨大成就的少有人物。辛亥革命前，他在与革命派的论战中开创了一种新文体，介乎于古文和白话文之间，使得士子们和普通百姓都乐于接受。同时，梁启超是中国第一个在文章中用到“中国民族”（即“中华民族”的早期用语）一词的人，他还从日文汉字中吸收了很多新词，像现在我们常常挂在嘴边的“政治、经

济、科技、组织、干部”等词汇，皆始于梁启超。

梁启超一生不论从政抑或学术研究，均充满创新精神，本章主要从梁启超的生平、新民思想和教育思想，了解其创新思想及成就。

第一节　梁启超生平

1873年2月23日，梁启超出生于今广东省江门市新会区熊子乡茶坑村，祖父名维清，字镜泉，父名宝瑛，字莲涧。梁启超自幼聪颖，4岁开始学习四书五经，9岁即能写出上千言的八股文章，12岁中秀才，1889年16岁时即中举人。梁启超少年所学，主要以乾嘉以来正统派“汉学”及词章之学为主，即所谓传统教育，又称“旧学”。

1890年，梁启超赴京会试，不中。回粤路经上海，看到介绍世界地理的《瀛环志略》和上海机器局所译西书，眼界大开。同年结识康有为，投其门下，并于1891年就读于万木草堂，开始系统学习经世致用之学，包括今文经学、史学、西学，乃至佛学，思想为之一变，由此走上改革维新的道路。

梁启超第一次投身政治运动，是1895年再次赴京会试时，协助康有为，参与“公车上书”。甲午战争中国惨败，中日签订《马关条约》，举国悲愤，康有为联合十八省举人与数千市民上书请求变法，作为康有为最得力的弟子，梁启超积极参与了这桩震动中国的大事。维新运动期间，梁启超表现活跃，曾主办北京《中外日报》和上海《时务报》，他的“废科举，兴学校，民权论”等许多政论在社会上有很大影响。公车上书第二年，黄遵宪在上海办《时务报》，梁启超任主笔，撰写了大量呼吁变法的文章。两湖总督张之洞很欣赏《时务报》，说这是“中国创始第一种有益报纸”。1897年，梁启超应湖南巡抚陈宝箴、督学江标之聘，主讲长沙时务学堂，极力宣扬变法救亡的思想，每日讲学4小时，晚上则批改学生课业札记，往往彻夜不眠。他的讲学产生了广泛的影响，对湖南的学风和士气的激励，资产阶级改良主义运动的发展，起了极大的推动作用。1898年年初，协助康有为组织保国会。6月11日，光绪帝颁布《明定国是诏》，开始了“百日维新”运动。7月3日，光绪帝召见梁启超，赏给六品衔，命他办理译书局事务。9月21日，慈禧太后宣布再出“训政”，随即捕杀维新志士，谭嗣同等“六君子”殉难，变法失败。梁启超当日避入日本公使馆，次日化装到天津，东渡日本。

在日期间，梁启超先后游历夏威夷、南洋、大洋洲、美洲各地，与康有为建立保皇会（1899—1900年），一度与孙中山为首的革命派有过接触，创办《清议报》《新民丛报》《新小说》等期刊，坚持改良主义立场，主张开明专制，宣传君主立宪，反对资产阶级民族民主革命。但梁启超同时以开通民智、改造国民思想品德为己任，集中外历史文化于一身，致力于传播“新学”即西方社会科学，中国传统的学术思想的整理和历史文化的研究，在当时的知识分子中影响很大，对动摇旧思想、旧文化，也起到了广泛影响和积极作用。1906年，清政府下诏预备立宪，梁启超与熊希龄、蒋观云、徐佛苏等进行组党活动，1907年成立“政闻社”，出版《政论》杂志，1910年主办《国风报》，“专从各种政治问题，为具体之研究讨论，思灌输国民以政治常识”。

1911年武昌起义爆发后，1912年1月1日，中华民国成立。3月，袁世凯就任临时大总统，窃取辛亥革命的果实。梁启超由日本回国，备受各界欢迎，但他对袁世凯抱有不切实际的幻想，以为通过袁世凯的统治可以实现他的改良主义的政治思想。他热心从事政党活动，先参加黎元洪为首的共和党，又合并“共和”“民主”“统一”三党为进步党，黎元洪为理事长，梁启超和张謇等为理事，与孙中山领导的国民党争夺政治权力。1913年，进步党组建所谓“第一流人才内阁”，熊希龄为国务总理，梁启超先后出任司法总长、币制局总裁等职。1915年年底，袁世凯称帝之心日益暴露，梁启超撰《异哉所谓国体问题者》一文，反对袁氏称帝，并与蔡锷策划武力反袁。1916年，梁启超赴两广地区参加反袁斗争。1917年，梁启超出任段祺瑞北洋政府财政总长兼盐务总署督办，同年，参与冯国璋、段祺瑞讨伐张勋复辟之役。1917年年底，由于冯、段内部矛盾，国务总理段祺瑞被迫下台，梁启超也随之辞职，从此，他退出政坛而致力于著述。

1918年，第一次世界大战结束，同年年底，梁启超与蒋方震、丁文江等启程赴欧，游历了英、法、比、荷、瑞、意、德等国20多处名城。1912年自欧洲归国后，梁启超完全放弃政治活动，专门从事文化教育事业，除在天津南开大学、北京清华学校任课和在各地巡回讲演外，以全力从事学术著作。《墨经校释》《清代学术概论》《墨子学案》《中国历史研究法》《大乘起信论考证》《梁任公学术讲演集》《陶渊明》《朱舜水年谱》等相继出版。梁启超和清华学校关系较深，1922年即开始在清华兼课，1925年正式就聘清华国学研究院导师，所开课程有《中国文化史》《儒家哲学》《历史研究法》等。在清华时期，写成了《历史研究法补编》《古书真伪及其年代》《儒家哲学》《要籍解题及其读法》等书。1927年，梁启超离开清华研究院，1929年1月19日，梁启超病逝于北京协和医院，享年56岁（图2–2）。

图2–2　青年梁启超及其手书

第二节　梁启超新民思想创新

梁启超作为近代政界、文学、法学界、史学界的百科全书式人物，学术研究范围极其广泛，可以说如今社会科学各门类，几乎无不涉猎，其广度在同辈学者中少有可堪比肩者。作为我国民族思想启蒙第一人，也是我国近代坚持向西方寻找救国真理的政治家，他对如何改造、拯救中国的问题进行了长期、深入的探索。新民思想是梁启超思想光谱中突出的一极，贯穿其一生，他发表的《新民说》被人们称作我国 20 世纪初的“人权宣言书”，在我国近代思想启蒙和道德革命中发挥了巨大的作用。

一、梁启超新民思想的形成

任何思想都不可能自然生成，它需要一定的社会背景作基础。也就是说，任何思想的产生都是对社会问题的直接反映，是应社会现实问题而生成的。同理，梁启超的新民思想也是在相应的时代背景下产生和形成的。

戊戌变法失败后，梁启超逃亡日本，东渡后的梁启超，通过日本这块“西学东渐”的跳板，看到了一个前所未闻的有关西方政治、经济、历史和伦理等学说的新天地。近代中国为什么落伍，中国封建社会为什么长期延续等这些在今日仍属未解之谜的难题，梁启超在 19 世纪末就开始思索并试图予以解答，并寻求诊断和疗治之术。

1898 年 12 月 23 日，梁启超在日本横滨创办《清议报》，在此期间，撰写了大量文章，探讨了中国落后挨打的社会历史根源。他认为，国家的强弱兴衰，取决于国民志趣品格的高低，而国民的志趣品格，又是由国民大众的“理想”“风俗”决定的。他大量批判了导致中国积弱落伍的“误而当改者”，并深入剖析了普遍存在于中国人的文化心理结构中的所谓“奴性”“愚昧”“好伪”“无动”“旁观”“保守”等国民劣根性以及产生上述国民劣根性的社会历史根源。

1901 年 12 月，梁启超概述《清议报》自出版以来的四大主要宗旨是：“倡民权”“衍哲理”“明朝局”“厉国耻”。“一言以蔽之，曰广民智振民气而已。”可见，“开发民智”是贯穿创办三年之久的《清议报》的全部宣传内容的基本特色。在此期间，梁启超的新民思想初步形成。但是，梁启超只是较为笼统地提出新民理论的某些思想，并未就这些思想作出具体细致的剖析，也没有直截了当地正面揭示新民理论内在的逻辑结构，诸如“为什么要新民”“新民理论与近代政治革命的关系”“如何新民”“理想的新民是什么”等一系列问题，他均未能作出回答。

1902 年 2 月，梁启超于日本横滨另办《新民丛报》，到 1907 年 11 月停办，这是梁启超主办的报刊中历时最久、影响最大的刊物。《新民丛报》时期是梁启超一生最重要的时期，也是其新民思想理论的形成时期。在该报创刊号宣称的办报宗旨中，梁启超第一次直截了当地把"新民"当作一切问题的根本来对待："本报取大学新民之义，以为欲新吾国，当先维新吾民。中国所以不振，由于国民公德缺乏，智慧不开，故本报专对此病而药治之"。并进一步声称"新民为今日中国第一急务"；明确提出了新民理论的三大基本命题："鼓民力""开民智""新民德"；指出新民的方式及其途径要从教育入手，通过"开民智"造就新民，再进行政治结构的变革，走温和的改良道路；明确宣示《新民丛报》的创办就是为实现"新民"的理想而特地开辟的一个启蒙宣传阵地。总之，该报的思想内容，均是围绕如何实现"新民"的理想而展开的。

从《新民丛报》创刊号起，梁启超连续发表了较系统而全面阐发其新民思想、集新民理论之大成的《新民说》专论。这篇长达 11 万余字的文章，塑造出富有公德、私德、国家思想、进取冒险、权利思想、自由、自治、进步、自尊、合群、生利分利、毅力、义务思想、尚武、政治能力等典型的资产阶级的"新民"形象，鞭挞了与这些品德不相符合的一切落后陈腐的封建价值观念、伦理道德规范、行为准则和情感意向，提出了近代化主体——人的近代化必须先于政治结构和经济结构近代化的思想，奠定了新民思想的理论基础。《新民说》是梁启超新民思想的系统总结，标志着新民理论的最后形成。

二、梁启超新民思想的主要内容

（一）为什么要"新民"？

英国社会学家斯宾塞关于"民力""民智""民德"决定一国兴衰存亡的社会有机体论是梁启超新民思想的理论出发点。用社会有机体论的观点对照中国国情的实际状况，梁启超从实践上回答了为什么要"新民"的问题。《新民说》第二节《论新民为今日中国第一急务》指出："吾今欲极言新民为当务之急，其立论之根底有二：一曰关于内治者，二曰关于外交者。"梁启超认为，从国内情势而言，中国国民的智、力、德的水平极为低下，不够共和条件，不要过多责备政府，"当务之急"是"新民"。这是因为，人的近代化是社会近代化的先决条件，"苟有新民，何患无新制度，无新政府，无新国家"。从国际形势来看，他认为世界已进入"民族帝国主义"时代，国家之间的竞争实乃国民竞争，国民强则国强。

通过对中国国情与"近代化"内涵的全面理解和把握，梁启超指出，中国社会的政治结构、经济结构和文化意识结构还停滞于数千年以前，不适应时势的需要，振兴中华，必须从根本上着眼，必须改造与近代化不相适应的落后陈腐意识，不能头痛医头，脚痛医脚，只治"近因"，不治"远因"。由此，他提出了改造中国人的文化心理结构问

题，视培养一代资产阶级公民为当务之急，要求以思想革命为政治革命之先导，以人的近代化为社会近代化的先决条件。

（二）怎样“新民”？

梁启超提出“新民”的两条途径，即“新民之义有二：一曰淬厉其所本有而新之，二曰采补其所本无而新之。二者缺一，时而无功。”可见，西方资产阶级的伦理学说和中国固有的修身养性之法，都被梁启超有选择地移植过来。梁启超要求理想中的“新民”具备与近代化相适应的资产阶级伦理观念，并自觉自愿地遵奉它，同时，他又认为中国固有的道德修养原则可以用作造就“新民”的重要手段。梁启超在如何“新民”、如何对待中西文化问题上有他自己的辩证统一的方法论原则：既要发扬光大固有的优良传统，又不能墨守成规，固步自封；既要用近代资产阶级意识形态改造固有的文化心理素质，又不能完全摒弃传统而全盘西化。用他自己的话来说：“吾固所谓新民者，必非如心醉西风者流，蔑弃吾数千年之道德、学术、风俗，以求伍于他人，亦非如墨守故纸者流，谓仅抱此数千年之道德、学术、风俗，遂足以立于大地也。”从理论上讲，在如何接受西方文化以及传承传统文化的问题上，这种方法论无疑是难能可贵的。

固守与革新是梁启超新民的总原则，设计国民的人格特征时，他主张保存国民品性中优良的部分，根除劣性。同样，在培育新民时，他主张剔除我国传统文化中的糟粕，继承并弘扬其中的优秀部分，我国文化中一些不存在或不利于发展的内容，他倡导向国外借鉴。他倡导通过树立新道德、创作新小说、办报刊、开学校等途径达到新民的目的。

（三）什么是“新民”？

理想中的“新民”应具备哪些基本素质？梁启超认为，培养和造就资产阶级“新民”，即变农业社会的封建臣民为工业社会的资产阶级公民，变传统人为近代人。“新民”的涌现，有一个“破”与“立”的过程。“破”，指破除一切与近代化不相协调的文化心理素质；“立”，指按近代化对人的要求，促使传统人具备近代人所当具备的基本素质，构建近代意义上的文化心理结构，实现人的近代化。早在《清议报》时期，梁启超就开始了“新民”模式的构想与塑造。他指出封建专制统治者所推行的“驯之之术”“役之之术”和“监之之术”是导致中国落伍挨打的根本原因，将斗争的锋芒直指封建统治制度及其意识形态。“破”的同时，梁启超还认为资产阶级“新民”应富有冒险性、忍耐性和别择性，必须具备独立与合群、利己与爱他、破坏与成立、自由与制裁等既矛盾对立又辩证统一的“相反相成”的所谓“德性”。

《新民说》进一步总结和发展了这一思想，提出了资产阶级公民的理想模式。在梁启超眼里，公德、私德、国家思想、权利思想、义务思想、政治能力、生利分利能力、毅力和自由、自治、进步、自尊、尚武以及进取冒险精神，均是近代意义的“新民”不可或缺的基本素质。梁启超理想中的“新民”形象大体就是由上述要素构成的。

梁启超在中国近代思想史中起到了先驱者作用。20世纪初，在救亡图存的背景下，梁启超把新民作为振兴民族、富强国家的有效途径，深刻剖析了中国国民劣根性的根源和弊端，形成了系统的新民思想。尽管其新民思想瑕瑜互现，但瑕不掩瑜，他提出改造国民性，提高国民素质，弘扬民族精神，增强民族凝聚力，受到了人们的普遍关注，成为思想领域的焦点话题，在一定程度上影响了人们的思想和社会文化的发展。

尤其是梁启超对“国民”的认识已接近于现代“公民”的涵义，他的新民理论，在中国近代教育由人才教育向国民教育的转变过程中，起到了重要的启蒙作用，也为我国公民教育提供了理论支撑和思想基础。几千年来，中国一直推行以科举为中心的封建主义教育，依照“学而优则仕”的教育方针，为国家培养从政人才。鸦片战争后，中国进步人士争先从西方学习先进技术知识，引进西方先进的教育理论和教育管理制度。但当时的洋务教育仅能培养少数的洋务人才，在后来的戊戌变法运动中，严复提出了“开民智”“鼓民力”“新民德”的教育救国论，把中国的近代教育重点转到了提高国民素质的国民教育上。梁启超吸收了严复的教育思想，并从理论方面论证了国民素质在国家发展中的重要意义。他提出新民是振兴民族、富强国家的主要力量，并提出新民是建立新政府、新制度，甚至是新国家的坚实基础。从此，在中国历史进步的语境中开始逐步引入了诸如“君主”“民主”“共和”等以及稍后的“公民”“公民教育”的概念。梁启超的新民理论让国民认识到了提高国民素质的重要意义，启发了国民的教育思想，为中国公民教育的发展奠定了思想基础。

第三节　梁启超教育思想创新

教育大致可分为三类：一为广义教育，即无目的的学习、自习、家庭与社会的辅导；二为中义教育，即联合国《国际教育标准分类》确定的教育；三为狭义的教育，即正规的学校教育与大学教育。作为百科式的学者，梁启超在中国近代学校教育领域里有着丰富的教育实践和教育思想，而且其形成和发展紧跟时代，对中国近代学校教育的发展具有重要的影响。下面从兴学思想、学习管理思想和教学思想三个方面对梁启超学校教育思想创新简要介绍。

一、兴学思想

1861年，清政府创办的京师同文馆是近代中国创办最早的一所新式学校，也是中国近代学校教育兴起的标志。此后，洋务派在各地陆续建立了一些实业学堂，企图建立中国重“艺”的教育系统。但1895年甲午战争的惨败，宣告了洋务教育的破产，在中

国寻求建立一种近代化的学校教育体系仍然是任重道远。梁启超正是在认识到这一严峻事实的基础上，从“变法之本在兴学校、育人才”的角度，提出兴办新式学校的主张。他说：“今日所最切要而最易行者，自当以兴学为主义。”针对当时中国“瓜分割裂”的危亡之势，梁启超从多方面阐述了“兴学”的意义：

首先，兴学是“潮流”所趋。“开民智”是国家自强，顺应世界发展潮流的“第一义”。但怎样“开民智”？梁启超提出“开于学和立于教学校之制”的主张。其次，兴学是普及教育所需。梁启超认为单纯培养专门“人才”是不够的，不足以救中国，更不能使国家富强。他认为国家的兴亡与国民的整体素质密切相关，国家应该大力发展小学教育，提高国民素质。复次，兴学是巩固和发展“孔教”的需要。梁启超主张发扬“孔子之教”，把发扬孔子的学说定为最高的宗旨。他认为中国受儒家思想熏陶了两千多年，但由于封建教育范围的狭隘，“妇女、农、工、商、兵不知学，去其十之八九矣”。真正受孔子教化而通孔子教义的人少之又少，况且即使通四书五经者又往往拘泥于科举的圈子里，对科举取试内容之外的儒家经义的精华部分弃置不顾。因此，必须通过变法兴学来继承、巩固“孔教”真义。再次，兴学是对洋务学堂革新的必然。中国的近代学校教育在洋务时期刚刚起步，洋务派尽管办了诸如同文馆、广方言馆、水师学堂、武备学堂、自强学堂、实学馆等各类学校，但重“艺”而不重“政”与“教”，所以，洋务派并不能建立起真正意义上的学校教育，推广学校教育，必须革新洋务时期的单一的“艺”的教育。最后，兴学是改革科举取士的关键。梁启超认为国家选拔人才应取之于学校。国家建立各级各类学校，国民循序渐进，接受教育，梁启超建议清廷改革科举取士，兴办学校，在学校中选拔人才，并给予一定的功名。这样一方面“人才盈廷”，另一方面迎合了历史上养成的热衷功名的习惯。

梁启超兴学的重点是以建立各类各级的学校体系为依托，广泛推行师范教育、基础教育、专门教育、大学教育。他从变法和国家发展的需要出发，指出师范教育是学校教育的“母机”，强调了发展师范教育的紧迫性，指出只有培养出中国自己的教师，人才之兴，学校之立，变法之行，国家之盛方可实现。梁启超还十分重视女子教育，他认为“欲强国必由女学”，主张男女平等接受学校教育，这种思想可以说是开风气之先。

二、学校管理思想

（一）学校体制改革

戊戌维新期间，梁启超主张建立一种由小学、中学、大学构成的三级等级式的学校体系。此体系以行政级别和地域位置为依据。在这种学制中，每个省都应该有一所大学堂（由省所属的书院转变而来），同时各县的书院则应变成中学堂，同样，最低级别的乡属书院则变成小学堂。

流亡日本后，梁启超更认识到实行新学制的重要性。他依照日本当时的学制，列出详细的图表，倡导清廷及早实行。该学校教育系统具备以下特点：① 纵有阶段，横有类别。从纵向看，学校系统主要分三段设置。第一阶段为初等教育，分为幼稚园（2 年，5 岁以下）、小学校（8 年，6—13 岁）两个层次；第二阶段为中等教育，设中学（8 年，14—21 岁）；第三阶段为高等教育，设大学校（3 年或 4 年，22—25 岁）、高等学校。大学毕业后进入大学院，自由研究，不拘年限。（后来，梁启超拟办文化学院在清华实现后改成一年。）从横向看，又有不同类别的专门教育。与中学平行设置的有寻常师范学校（8 年），各种高等实业学校、海陆军学校、政治法律学校、美术学校和各种简易学校（4—5 年），与大学校相平行设置的有高等师范学校（4 年）以及理、工、农、商、文、法、医等 7 课专门学校。② 中学校以上实行分轨制、分科制。普通学校分文、实两科，进行普通教育和实科教育。③ 普通教育分初等、中等两个阶段。专门教育分中等、高等两个阶段。各阶段、各类别的教育均独立设置。这一纵有层次，上下承接；横有类别，自成系统的教育系统与 1904 年清政府正式颁布的“癸卯学制”在层次和结构上大致相同。在这个新式的教育体制中，一些新的实用性科目，包括多门西方传入的学科，最终在儒学经典笼罩的教育体系中占据了位置，推动了中国近代学校教育的近代化进程。

在学习西方并对中国学校教育体制的改革进程中，梁启超反对盲目照搬。1922 年学制改革后，他针对当时出现的“美国化”的教育倾向提出了批评，认为学习西方必须取舍有当。中国近代学习外国的学校教育制度中，实践过日本、德国、美国、苏联等多种不同的模式，经验与教训均极为丰富。今天在进一步改革开放的形势下，要建设中国特色的社会主义学校教育，学习外国的先进办学经验是必然的。梁启超提出的要有选择地学，反对袭取皮毛，要重其本质，要结合中国的实际，防止过分西化等观点，无疑有指导和借鉴意义。

（二）教育独立

首先是教育经费的来源以及教育经费独立。在中国推广学校教育，急需解决的不仅有师资缺乏的问题，而且还有办学经费短缺的问题，这很大程度上制约了中国学校教育的发展。梁启超认识到这种现状，对政府加大对学校教育的投资非常重视，并根据中国的实际情况提出了一些颇有见地的学校经费解决方法，比如国家调拨教育专项资金；通过设学校税和由学生家长承担部分学费；拓宽办学经费的征集渠道，寻求多方支持等。梁启超在分析各国教育经费收支状况的基础上提出“经费独立使用”的观点，他认为国家应调拨专项资金办教育。他非常赞同日本政府调拨专项教育经费的做法，强调教育经费独立使用。经费独立，学校教育的普及工作方可开展，从而为学校教育独立运作提供一个发展的空间。

其次，梁启超还依据西方国家的教育制度，谋求学校教育行政机构的独立运作。他

希望建立符合近代教育发展且独立于封建官僚行政体系之外的教育行政机构。为此，他非常推崇在国内建立私立学校，认为这是谋求教育独立的极好途径，因为“不受政策所左右，校风得分途自由发展”。梁启超主张地方教育行政机构应具有较大的自主权。中央教育机关以要求或建议的形式，对重要政策进行指示和引导，地方官吏不得干涉，给地方学校教育提供一个自由发展的空间。梁启超对学校教育行政独立的有益探索，无疑对推进中国教育行政机构改革带来深远影响。

（三）学科建设

梁启超对学校课程的设置十分重视。随着西学东渐之风愈演愈烈，引进汲取外国先进课程管理思想以促进中国学校教育的近代化早已提上日程。在探索和改革学校课程建设的过程中，梁启超认识到学校学科建设的重要性，他多次撰文介绍日本和欧美等国各级各类学校的课程设置状况，并在此基础上提出了课程设置原则。梁启超提出的课程改革，涉及面极广，几乎涵盖了学校教育的整个体系。在介绍外国学校课程结构的同时，梁启超还设计了自己的课程体系构想。早在时务学堂时，他就把学堂的功课分作普通学和专门学两大类。普通学设有诸子学、经学、公理学、中外史志及格算诸学，专门学则包括公法学、掌故学及格算学。另外，梁启超对课程结构中一些学科建设结合他本人的学识优势，也发表了独到的见解。20 世纪 20 年代，北洋政府教育部曾多次进行课程改革，在课堂讲授中大力推广语体文。由于人们反封建意识的强烈，对文言文往往采取了偏激的做法，新文化运动中的钱玄同等人甚至主张废除文言文。梁启超对这种“一刀切”的做法，颇有异议。他主张“中学以上国文科以文言为主”，梁启超并不反对推广白话文，认为两者兼并，相互补充。这种观点无疑要比新文化运动中完全抛弃文言文教育的激进做法理性得多。

教材作为课程的载体和教学的主要依据，与教师一样，都是教学过程中的关键问题。梁启超极为关注教材的改革和建设：一是主张从清末学堂“上之无师，下之无书”的实际出发，从最基础的工作做起，按各门学科逐个编写统一教材，颁发到各校使用；编写学生喜读又能读的通俗普及性书报，作为辅助性读物。二是要求教材反映现代化的先进水平，注意教材内容的客观性。针对当时学校历史教材内容狭窄，不足以清晰地反映出历史全貌的情况，梁启超提出教材要顺应时代新要求，公正、客观地反映历史事实，并提出了总体的改革思路：以文化史代政治史；以纵断史代横断史。梁启超认为获得先进教材最便捷的方法是翻译西书，学习西方，首先是借鉴，然后是创造，从这一点上可以看出梁启超高瞻远瞩的发展眼光。

（四）师生管理

1. 培养教师

教师是培养人才的专业人员，其作用是不言而喻的。梁启超认识到教师地位的重要性，提出了系统地培养教师的观点：第一，广泛建立师范院校，培养合格师资。第二，加强师德建设。在不同的历史时代，尽管社会制度、教育内容不同，但对教师的道德要求，如教师要严以律己、以身作则、为人师表，在教育过程中以模范的道德行为起好表率作用等始终未发生变化。梁启超作为教育理论家和改革家，深刻认识到在学校教育中，教师是学校教育的关键所在。为此，他要求教师首先要做“人师”，必须敬业爱岗，热爱本职工作。第三，不断提高学识水平。现代苏联教育家苏霍姆林斯基曾经说过：“教师的知识越多，他的学生掌握基础知识越容易。”梁启超要求教师注重学问知识的修养，强调“教育家日日做的，终身做的不外两件事：一是学，二是诲；学是自利，诲人是利他”。

2. **学生管理**

梁启超认为近代学校学生普遍存在两大缺点，“一曰无活泼进取之力，二曰无自治纪律之理”，针对此问题学校应该从道德、品行、纪律等方面对学生实行严格的管理。其中，学风建设是不容忽视的主要问题，他多次向广大学生和教职员工倡导学风建设。梁启超把优良的学风概括为 3 个方面：其一，朴素之风。要求学生立志苦学，以求学有所成，而为世用。其二，“静穆”的学习态度。告诫学生忌狂躁、轻率，必须沉静、踏实、刻苦。其三，强调“服从”，养成严格纪律。当然，梁启超强调“服从”其意是“以养成其忍耐、习劳、纪律之性而已。”并非是民国以后的学校片面要求学生服从北洋政府和学校的禁令。为养成以上优良学风，梁启超建议加强学校管理，提出如下建议：一是学校做好价值观念的引导，使学生树立正确的学习态度，形成持久不衰的动力。二是教职员工要深入学生中，熟悉学生的动态，于精神上鼓舞其自由，于规则上养成其秩序。他介绍欧美学校教师与学生共食宿，不仅能及时了解学生的需求，使学校管理能迅速采取有效的措施，而且这种与学生“彼此平等，甘苦与共”的做法，更易使学生产生共鸣，从而接受学校的管理。三是培养学生的团体意识。最主要的是在教员监督指导之下建立学生“自治会”。梁启超关于加强学生管理教育的观点，能从整个社会政治、文化思潮大背景出发，把握青年学生的思想和心理实际，言之凿凿，切中要害，某些观点和精神在今天仍有相当的借鉴价值。

三、教学思想

（一）学校教育目的

学校教育作为教育的核心，它担负的教育功能相当大。梁启超非常重视学校教育，对学校教育的价值取向作了深刻的探讨。梁启超批判了洋务教育的偏颇性和盲目性，只注重科技知识的积累，而没有从精神气质上去塑造学生，其结果是与封建教育体制下养成的“烂名士或书呆子”毫无两样。

教育的目的是一切教育活动的出发点和归宿点，其基本内涵是培养什么人的问题。

梁启超对古今中外教育的整理、吸收、内化，以及对当时社会的深刻认识，提出近代学校教育目的。首先，梁启超指出了明确学校教育目的的重要性，指出“教育无宗旨，则寸毫不能有成”。他甚至认为即使是错误的反动的宗旨，也比没有立定宗旨的教育好得多。其次，梁启超提出学校教育培养“现代人”的目的论。梁启超认为“教育是教人学做人——学做现代人”。他心目中的“现代人”是具有新民的品质，有参与“物竞天择”的斗争能力，完全抛弃了封建教育下的旧习气、旧品质和懦弱的性格。实际上就是资产阶级的新一代，具有资产阶级政治信仰、观点和道德修养的人。随着从事教育实践活动的增多，梁启超对“现代人”评判的标准转向教育规律的角度。在他看来，现代人应该是“知、情、意”3方面全面发展的。“知育要教到人不惑，情育要教到人不忧，意育要教到人不惧”。最后，梁启超特别强调学校教育发展学生的“群性”。梁启超认为学校教育在发展“现代人”个性的同时，更要重视如何培养学生的团体意识、国家意识，在学校养成“组织严格、完备、坚固之团体”的习惯非常重要。历史证明，青年学生在内忧外患国难当头之时，结成团体，奔走呼号，走在救国救民的前列，这种同仇敌忾的民族团体凝聚意识是何等重要！梁启超提出的学校教育目的无疑是符合时代要求的。

（二）学校教学的内容

在教育活动中，对受教育者实施德育、智育、体育，并使诸方面得到均衡发展，是人类社会发展及自身繁衍的需要。梁启超把学校教学的内容分为德育、智育、体育以及美育4个方面。

1. 德育

梁启超的学校德育教育内容可分成3个层面：一是对学生的政治方向教育；二是对学生的道德品质教育；三是对学生的人生观和世界观教育。

梁启超认为学校教育中应该加强学生政治意识的培养。根据学校类别的不同实施政治教育的程度也不同。政治意识的培养，可以采取政治教学的手段，政治习惯的养成，往往取决于学校在实施教学中组织学生对社会政治、经济、文化等问题的考察。这在西方的教育中被广泛地采用。所以，梁启超认为中国的学校教育中“除却书本教育外，最少要分出一小半时候做实生活教育”。实际上，梁启超希望中国的学校教育要放弃那种要求学生“一心只读圣贤书”的做法，强调学生在学校要关心事实，养成良好的政治判断力。他在教学中，让学生以札记的形式评论时政，无形中提高了学生的政治教养。

梁启超认为最普遍最易遵守的道德公准，不外乎下列4条：“（一）同情——反面是嫉妒；（二）诚实——反面是虚伪；（三）勤劳——反面是懒惰；（四）刚强——反面是怯弱。”在学校中，教师以这四个标准严格要求学生。1905年，梁启超著《德育鉴》一文，该文可以看作是梁启超德育思想的集大成者，也是梁启超进行德育建设的总纲。梁启超认为道德品质教育可归结成以下几个方面：“一曰辩述”，即分辩善恶真伪；二曰

"立志"，即树立远大理想；三曰"知本"，即通晓修身养性的基本原理；四曰"存养"，指养浩然之气，坚强不屈，逆难而战，奋斗不息；五曰"省克"，指自我省察检束，克服缺点，改过除恶；六曰"应用"，强调学生毕业后，扩而充之，"以身为教，因以养成一世之风尚，造出所谓时代的精神者"。

青年学生进入学校系统地接受教育，不仅仅收获智识，而且要学会做人。为做成一个对社会有价值的人，梁启超强调加强对学生的人生观和世界观教育。首先，树立爱国的人生观。爱国主义是人们热爱自己的祖国、自己的人民、自己的民族文化及优良传统的思想感情。这种思想感情是鼓舞人们为祖国的独立和富强而英勇奋斗，流血牺牲的强大动力。而当国家危亡之际，爱国主义的人生观更具有特殊的意义。梁启超对一些学生抱着"如何可以入学？如何可以中举"的求学态度痛心疾首。他认为，西方学校对学生进行爱国主义的教育方法得当，效果不错，值得借鉴。其次，树立对人类社会的责任观。人是社会的分子，社会的发展延续是靠人类的推动。所以梁启超认为"人生在世，常要思报社会之恩"，青年学生应该审时度势，担负起对社会的责任，应该深入地了解社会，了解自己的境遇，做一个有价值的人。最后，正确对待就业。进行就业教育，梁启超认为要从根本上消除旧观念的影响，用新的人生观对待这一问题。他对学生的就业指导可以概括为两个方面。一是"敬业"，"凡职业没有不是神圣的，所以凡职业没有不是可敬的。"二是"乐业"，实际上就是树立对从事职业的责任心，形成一种长久的趣味。他说："人生能从自己职业中领略出趣味，生活才有价值。"梁启超力图通过树立学生正确的人生观，清除"一心只为个人功名利禄"这种置国家民族利益不顾的极端落后的个人择业观，从而跳出"读书享高官，受厚禄，发大财"的封建陈腐教育观念的迷圈。

2. 智育

梁启超在秉承传统教育重视德育的基础上，丝毫不放松对学生智识的灌输。他反复声明，"欲国富、国智、国强"，必须"少年智、少年富、少年强"。青年的成才是靠智育建设来推动的，青年的成才对民族的复兴国家的富强至关重要。所以，梁启超把培养"少年的智"作为救国救民的要素之一。

梁启超把对学生的智育建设设计成 3 个互为补充的方面：首先是读书。学生除在课堂上听讲授外，他认为还要广泛阅读书籍，这些书籍既包括声、光、化、电等西学，又包括经史子集等中国传统文化。其次是"穷理"，即读书要思考，明白事物的原理。"读书"和"穷理"是相辅相成的，多"读书"才能"穷理"，反之，为了"穷理"才能多"读书"。梁启超紧紧抓住这两个问题的关系，鼓励学生在学习和生活中发现问题并解决问题。他认为中国近代科技落后，实在于中国学校教育中缺乏"穷理"精神的教育。最后是"学文"，即训练学生能写出"觉世之文"。他反对学生作那种空泛议论的论事文，主张写言简意赅，能准确表达见解，条理清晰，内容真实，且能针贬时弊的叙事文。

梁启超的学校智育体系可归纳为 3 个部分：① 基础教育的普通学教育。他要求学

生在此阶段必须全面打好基础。所学课程主要借鉴日本基础学校的课程，即国语、外国语、历史、地理、数学、博物、物理、化学、法制、经济。② 专门学校的智育。指工、农、商、医、政、美等单科性的专门学校所进行的专业教育。专门学校的智育要充分体现“实际之应用”这一根本精神。③ 大学校的科学教育。梁启超认为如北京大学这样的学校，文理兼有，学术氛围浓厚，这类大学的学生主要任务是“研究高深之学理”。

3. **体育**

梁启超非常重视学校的体育教育，他认为在小学阶段，学校安排给学生文化学习的时间要适当，尽量使儿童多从事体育锻炼等有益的活动。在实际的体育训练中，学生可以养成体魄和胆力，而且可以养成团结协作的精神。梁启超这种重视体育的思想，并不局限于学校这个小范围，而是扩展到整个社会的国民；他认为体育并不仅仅是强身健体，还可塑造民族气节，造就民族团结。他曾写过《论尚武》《中国武士道》两篇文章来宣扬尚武的精神和勇敢的精神。

4. **美育**

梁启超认为“爱美本是人生目的的一部分”。人们爱美，生活离不开美，凡执着于生活的人，都会对美产生兴趣、渴望和追求。梁启超既承认我国古代文化之为美，更从美和实际生活接轨，积极提倡通俗文化之为美。美育须注重审美情感和道德修养的教育。梁启超提出用艺术、文学、美术等进行情感教育，弘扬民族文化。情感教育的目的是要发扬善的、美的情感，淘汰丑的、恶的情感，发挥民族文化的长处，补救其短处。梁启超把情感教育称之为“趣味教育或审美教育”。他力图从审美的角度去培养民族的精神，培养高尚的趣味，提倡教育家要趁儿童或青年“趣味正浓而方向未决定的时候，给他们一种可以终身受用的趣味”。通过培养高级的、好的趣味，去除低级的趣味来扬善弃恶。梁启超认为情感教育的利器是艺术、文学、美术，他呼吁：“要把美育的基础，筑造得巩固，把美育的效率，发挥得加大。”

（三）学校教学的方法

任何教学过程的展开都离不开一定的方式、方法，在学校教育方法的创新改革上，梁启超有不少精辟的见解。

梁启超主张在教学中要贯彻因材施教的教学原则，发展学生个性。例如，梁启超对于儿童教育，就十分关注。儿童因为年龄小，身心发展不健全，所以，自五岁至十岁为一种教法，自十一岁至十五岁为一种教法。他的二女儿梁思庄在美国读书时，因求学中的困惑曾求教于梁启超，他建议女儿不妨利用自己整理力的长处，专攻图书管理学。后来，梁思庄遵从了父亲的建议，通过自身的努力最终成为我国著名的图书目录学家。

梁启超强调要根据课程性质的不同采用不同的授课方式。他认为教师在上课时应讲求培养学生的能力，而不是机械地灌输知识，他说教师注重的是在教他们懂得研究这门学问的方法，倘若受着旧式的注入教育，这种效果便永远不能发生了。梁启超以文史见长，他在传授文史类课程时非常注意这类课程的广博性。既突出重点，又引导学生广泛涉猎。除了系统教授具体知识外，他要求学生用更多的时间读中外名著，师生共同探讨研究。注意培养学生独立思考、独立研究的能力。

梁启超提倡教学的启发性和趣味性。他从生理学的角度，把人脑分为大脑和小脑，他认为二者各有不同的分工，因此，他主张根据学生头脑的特点，采用以理解为主的教学方法，这种教学方法借助启发性和趣味性的教学可以加强学生的记性和悟性。梁启超认为教师应该让学生认识到不可将学问当作进入仕途的“敲门砖”，要因觉得有趣才去做学问。所以，他认为教育家最要紧的是教学生知道是为学问而学问，为活动而活动，学生的趣味，自然终身不衰了。教师在授课时注意诱导学生，举一反三，在教学过程中，知识的传授和掌握固然重要，但更重要的是培养学生的好奇心、求知欲，启发学生如何学习，如何创造性地学习。

梁启超学习和借鉴了杜威“从做中学”的教育方法，主张要“从做上学”。为了能使学生真正掌握实际本领，到社会上发挥作用，他反对把学校变成单纯的知识仓库，提出要采用多种途径发展学生的智能，“在学校养成一种活动之能力”，学用结合，说做结合。他要求教师在组织教学中力求使教学过程成为培养学生能力的过程，教导学生做课外学问的方法。梁启超强调学校教育要让学生用手去做，用眼去观察，用脑去思考，立足于做，动手解决实际问题。为此，他进一步指出专门学校的教学更应该加强学生的实践锻炼，如水师学堂学生必出海操练；矿业学堂学生必入山勘察；政法学堂学生要经常应用学理解决政治、经济、法律上的现实问题等。

梁启超把学校教育分成两类，一类为一般平民教育，另一类为高级人才教育。在他看来，培养少数高级人才并非难事，而是普及平民的文化教育则是相当困难的，因此梁启超对基础教育阶段学校教法相当重视。他介绍了一些先进的教学方法，与旧的教学法相比较，不仅具有很大的优越性，更重要的是它在某种程度上符合了基础教育阶段的客观规律：第一，教学要循序渐进，由浅到深，由易到难；第二，要重视实物教学，直观教学，使学生容易接受知识；第三，学外语最好从小学抓起；第四，提倡素质教育，培养德、智、体全面发展的人才；第五，学校教育与家庭教育相结合。以今人的眼光来评判梁启超介绍的这些教学方法是合乎现代教育规律的，不仅为中国近代学校教育发展注入了一股新鲜的空气，即便是现在，仍然值得我们借鉴。

中国是在资本主义列强的大炮轰击下被迫进入近代社会的。中国近代学校教育正是在西方资产阶级教育思想的冲击下引起变化的。梁启超的学校教育思想是封建传统学校教育思想和西方资产阶级学校教育思想矛盾冲突、融合的产物。它既继承了前者的合理部分，又对西方的教学理论作了甄别取舍，蕴含着丰富而可贵的创新特色。梁启超不但虑及了学校教育的政治功效，注意教育在人才培养和舆论宣传方面的作用，而且对于学校教育理论本身也有相当建树。尤其是在课程编制、教材建设、教育方法的选择等方面

拓宽了旧时代维新教育思想家的创新思路，在推动中国学校教育近代化的进程中，梁启超的成就是令人瞩目的。诚如黄敏兰所言："他在每项事业中都卓有成效，其中任何一项成就都足以令人景仰，足以使一个人功成名就，足以奠定一个人的历史地位。"用此来评价梁启超对中国近代学校教育创新发展的贡献是不足为过的。

…… **思考题**

1. 请谈谈你对梁启超新民思想的理解。
2. 梁启超学校教育思想对当今中国学校教育创新有什么启示？

【参 考 文 献】

[1] 梁启超. 饮冰室合集[M]. 上海：中华书局有限公司，1944.

[2] 季镇淮. 梁启超简论[J]. 文献，1985（3）.

[3] 胡代胜. 论梁启超新民思想的形成[J]. 中州学刊，1987（5）.

[4] 李华兴. 梁启超与中国近代化[J]. 历史研究，1991（3）.

[5] 杨晓梅. 梁启超的教育思想研究[J]. 学术交流，2004（5）.

[6] 赵永进. 梁启超的学校教育思想和实践[D]. 长沙：湖南师范大学，2004.

[7] 马凤莲. 梁启超新民思想及其意义[D]. 哈尔滨：黑龙江大学，2009.

[8] 张怀宇. 论梁启超教育思想的价值与现代意义[J]. 理论月刊，2010（1）.

[9] 张珍. 梁启超新民思想及其对我国公民教育的启示[D]. 郑州：郑州大学，2011.

…… **延伸阅读**

少年中国说

梁启超

（1900 年）

日本人之称我中国也，一则曰老大帝国，再则曰老大帝国。是语也，盖袭译欧西人之言也。呜呼！我中国其果老大矣乎？梁启超曰：恶是何言，是何言，吾心目中有一少年中国在！

欲言国之老少，请先言人之老少。老年人常思既往，少年人常思将来。惟思既往也，故生留恋心，惟思将来也，故生希望心。惟留恋也，故保守；惟希望也，故进取。惟保守也，故永旧；惟进取也，故日新。惟思既往也，事事皆其所已经者，故惟知照例；惟思将来也，事事皆其所未经者，故常敢破格。老年人常多忧虑；少年人常好行乐。惟多忧也，故灰心；惟行乐也，故盛气。惟灰心也，故怯懦；惟盛气也，故豪壮。

惟怯懦也，故苟且；惟豪壮也，故冒险。惟苟且也，故能灭世界；惟冒险也，故能造世界。老年人常厌事；少年人常喜事。惟厌事也，故常觉一切事无可为者；惟好事也，故常觉一切事无不可为者。老年人如夕照，少年人如朝阳；老年人如瘠牛，少年人如乳虎；老年人如僧，少年人如侠；老年人如字典，少年人如戏文；老年人如鸦片烟，少年人如泼兰地酒；老年人如别行星之陨石，少年人如大洋海之珊瑚岛；老年人如埃及沙漠之金字塔，少年人如西伯利亚之铁路；老年人如秋后之柳，少年人如春前之草；老年人如死海之潴为泽，少年人如长江之初发源。此老年与少年性格不同之大略也。梁启超曰：人固有之，国亦宜然。

梁启超曰：伤哉老大也。浔阳江头琵琶妇，当明月绕船，枫叶瑟瑟，衾寒于铁，似梦非梦之时，追想洛阳尘中春花秋月之佳趣。西宫南内，白发宫娥，一灯如穗，三五对坐，谈开元、天宝间遗事，谱霓裳羽衣曲。青门种瓜人，左对孺人，顾弄孺子，忆侯门似海珠履杂沓之盛事。拿破仑之流于厄蔑，阿剌飞之幽于锡兰，与三两监守吏或过访之好事者，道当年短刀匹马，驰骋中原，席卷欧洲，血战海楼，一声叱咤，万国震恐之丰功伟烈，初而拍案，继而抚髀，终而揽镜。呜呼！面皴齿尽，白发盈把，颓然老矣。若是者，舍幽郁之外无心事，舍悲惨之外无天地，舍颓唐之外无日月，舍叹息之外无音声，舍待死之外无事业。美人豪杰且然，而况于寻常碌碌者耶！生平亲友，皆在墟墓，起居饮食，待命于人，今日且过，遑知他日，今年且过，遑恤明年。普天下灰心短气之事，未有甚于老大者。于此人也，而欲望以拿云之手段，回天之事功，挟山超海之意气，能乎不能？

呜呼！我中国其果老大矣乎？立乎今日，以指畴昔，唐虞三代，若何之郅治；秦皇汉武，若何之雄杰；汉唐来之文学，若何之隆盛；康乾间之武功，若何之煊赫！历史家所铺叙，词章家所讴歌，何一非我国民少年时代良辰美景、赏心乐事之陈迹哉！而今颓然老矣，昨日割五城，明日割十城；处处雀鼠尽，夜夜鸡犬惊；十八省之土地财产，已为人怀中之肉；四百兆之父兄子弟，已为人注籍之奴。岂所谓老大嫁作商人妇者耶？呜呼！凭君莫话当年事，憔悴韶光不忍看。楚囚相对，岌岌顾影；人命危浅，朝不虑夕。国为待死之国，一国之民为待死之民，万事付之奈何，一切凭人作弄，亦何足怪！

梁启超曰：我中国其果老大矣乎？是今日全地球之一大问题也。如其老大也，则是中国为过去之国，即地球上昔本有此国，而今渐澌灭，他日之命运殆将尽也。如其非老大也，则是中国为未来之国，即地球昔未现此国，而今渐发达，他日之前程且方长也。欲断今日之中国为老大耶？为少年耶？则不可不先明“国”字之意义。夫国也者，何物也？有土地，有人民，以居于其土地之人民，而治其所居之土地之事，自制法律而自守之；有主权，有服从，人人皆主权者，人人皆服从者。夫如是，斯谓之完全成立之国。地球上之有完全成立之国也，自百年以来也，完全成立者，壮年之事也；未能完全成立而渐进于完全成立者，少年之事也。故吾得一言以断之曰：欧洲列邦在今日为壮年国，

而我中国在今日为少年国。

夫古昔之中国者，虽有国之名，而未成国之形也，或为家族之国，或为酋长之国，或为诸侯封建之国，或为一王专制之国。虽种类不一，要之其于国家之体质也，有其一部而缺其一部，正如婴儿自胚胎以迄成童，其身体之一二官支，先行长成，此外则全体虽粗具，然未能得其用也。故唐虞以前为胚胎时代，殷周之际为乳哺时代，由孔子而来至于今为童子时代，逐渐发达，而今乃始将入成童以上少年之界焉。其长成所以若是之迟者，则历代之民贼有窒其生机者也。譬犹童年多病，转类老态，或且疑其死期之将至焉，而不知皆由未完全、未成立也，非过去之谓，而未来之谓也。

且我中国畴昔，岂尝有国家哉？不过有朝廷耳。我黄帝子孙，聚族而居，立于此地球之上者既数千年，而问其国之为何名，则无有也。夫所谓唐、虞、夏、商、周、秦、汉、魏、晋、宋、齐、梁、陈、隋、唐、宋、元、明、清者，则皆朝名耳。朝也者，一家之私产也；国也者，人民之公产也。朝有朝之老少，国有国之老少，朝与国既异物，则不能以朝之老少而指为国之老少明矣。文、武、成、康，周朝之少年时代也；幽、厉、桓、赧，则其老年时代也。高、文、景、武，汉朝之少年时代也；元、平、桓、灵，则其老年时代也。自余历朝，莫不有之。凡此者谓为一朝廷之老也则可，谓为一国之老也则不可。一朝廷之老且死，犹一人之老且死也，于吾所谓中国者何与焉？然则吾中国者，前此尚未出现于世界。而今乃始萌芽云尔。天地大矣，前途辽矣，美哉我少年中国乎！

玛志尼者，意大利三杰之魁也，以国事被罪逃窜异邦，乃创立一会，名曰“少年意大利”。举国志士，云涌雾集以应之，卒乃光复旧物，使意大利为欧洲之一雄邦。夫意大利者，欧洲第一之老大国也，自罗马亡后，土地隶于教皇，政权归于奥国，殆所谓老而濒于死者矣。而得一玛志尼，且能举全国而少年之，况我中国之实为少年时代者耶？堂堂四百余州之国土，凛凛四百余兆之国民，岂遂无一玛志尼其人者？

龚自珍氏之集有诗一章，题曰《能令公少年行》。吾尝爱读之，而有味乎其用意之所存。我国民而自谓其国之老大也，斯果老大矣；我国民而自知其国之少年也，斯乃少年矣。西谚有之曰：有三岁之翁，有百岁之童。然则国之老少，又无定形，而实随国民之心力以为消长者也。吾见乎玛志尼之能令国少年也，吾又见乎我国之官吏士民能令国老大也，吾为此惧。夫以如此壮丽浓郁、翩翩绝世之少年中国，而使欧西日本人谓我为老大者何也？则以握国权者皆老朽之人也。非哦几十年八股，非写几十年白折，非当几十年差，非捱几十年棒，非递几十年手本，非唱几十年诺，非磕几十年头，非请几十年安，则必不能得一官，进一职。其内任卿贰以上、外任监司以上者，百人之中，其五官不备者，殆九十六七人也，非眼盲，则耳聋，非手颤，则足跛，否则半身不遂也。彼其一身饮食、步履、视听、言语，尚且不能自了，须三四人在左右扶之捉之，乃能度日，于此而乃欲责之以国事，是何异立无数木偶而使之治天下也。且彼辈者，自其少壮之时，既已不知亚细、欧罗为何处地方，汉祖、唐宗是那朝皇帝，犹嫌其顽钝腐败之未臻其极，又必搓磨之、陶冶之，待其脑髓已涸，血管已塞，气息奄奄与鬼为邻之时，然后将我二万里山河，四万万人命，一举而畀于其手。呜呼！老大帝国，诚哉其老大也！而彼辈者，积其数十年之八股、白折、当差、捱俸、手本、唱诺、磕头、请安，千辛万苦，千苦万辛，乃始得此红顶花翎之服色，中堂大人之名号，乃出其全副精神，竭其毕生力量，以保持之。如彼乞儿，拾金一锭，虽轰雷盘旋其顶上，而两手犹紧抱其荷包，他事非所顾也，非所知也，非所闻也。于此而告之以亡国也，瓜分也，彼乌从而听之？乌从而信之？即使果亡矣，果分矣，而吾今年既七十矣八十矣，但求其一两年内，洋人不来，强盗不起，我已快活过了一世矣。若不得已，则割三头两省之土地奉申贺敬，以换我几个衙门，卖三几百万之人民作仆为奴，以赎我一条老命，有何不可？有何难办？呜呼！今之所谓老后、老臣、老将、老吏者，其修身齐家治国平天下之手段，皆具于是矣。西风一夜催人老，凋尽朱颜白尽头。使走无常当医生，携催命符以祝寿。磋乎痛哉！以此为国，是安得不老且死，且吾恐其未及岁而殇也。

梁启超曰：造成今日之老大中国者，则中国老朽之冤业也；制出将来之少年中国者，则中国少年之责任也。彼老朽者何足道，彼与此世界作别之日不远矣，而我少年乃新来而与世界为缘。如僦屋者然，彼明日将迁居他方，而我今日始入此室处，将迁居者，不爱护其窗栊，不洁治其庭庑，俗人恒情，亦何足怪。若我少年者前程浩浩，后顾茫茫，中国而为牛、为马、为奴、为隶，则烹脔鞭棰之惨酷，惟我少年当之。中国如称霸宇内、主盟地球，则指挥顾盼之尊荣，惟我少年享之。于彼气息奄奄、与鬼为邻者何与焉？彼而漠然置之，犹可言也；我而漠然置之，不可言也。使举国之少年而果为少年也，则吾中国为未来之国，其进步未可量也，使举国之少年而亦为老大也，则吾中国为过去之国，其澌亡可翘足而待也。故今日之责任，不在他人，而全在我少年。少年智则国智，少年富则国富，少年强则国强，少年独立则国独立，少年自由则国自由，少年进步则国进步，少年胜于欧洲，则国胜于欧洲，少年雄于地球，则国雄于地球。红日初升，其道大光；河出伏流，一泻汪洋；潜龙腾渊，鳞爪飞扬；乳虎啸谷，百兽震惶；鹰隼试翼，风尘吸张；奇花初胎，矞矞皇皇；干将发硎，有作其芒；天戴其苍，地履其黄；纵有千古，横有八荒；前途似海，来日方长。美哉我少年中国，与天不老！壮哉我中国少年，与国无疆！

（“三十功名尘与土，八千里路云和月。莫等闲白了少年头，空悲切！”此岳武穆《满江红》词句也，作者自六岁时即口授记忆，至今喜诵之不衰。自今以往，弃“哀时客”之名，更自名曰“少年中国之少年”。）

（选自：梁启超．饮冰室合集 [M]．北京：中华书局，1989．）

第三章 开平碉楼与五邑银信文化

2007年6月28日，在新西兰基督城召开的联合国教科文组织第31届世界遗产委员会大会上，“开平碉楼与村落”申报世界文化遗产项目顺利通过表决，被正式列入《世界遗产名录》，成为中国第35处世界文化遗产，广东省第一处世界文化遗产。

2013年6月19日，在韩国召开的世界遗产大会上，16万封粤闽华人华侨留下的珍贵记忆遗产（含“五邑银信”5万封）——《侨批档案》通过大会投票表决，正式被列入世界记忆名录，成为中国第8项“世界记忆”遗产。这也是继开平碉楼与村落之后，在江门市产生的又一世界遗产。

开平碉楼文化和五邑银信文化是江门五邑的两项世界遗产，也是五邑侨乡创新创业文化的两项范例。

第一节 开平碉楼文化

一、开平——当之无愧的“中国碉楼之乡”

（一）碉楼

碉楼作为一种防御性建筑，在不同的国家或地区、不同的民族中很早就有兴建。

中国的碉楼主要用作乡村或住宅的防卫建筑，民间对它的称呼是“炮台”，或“炮楼”。同时，不同地区、不同民族又有很多不同的称呼。

作为比较正式的学术名词——“碉楼”，在中国的古文字中“楼”字出现得最早，在汉代许慎的《说文解字》中就有了记载，是9 543个常用字之一。其字义为“重屋也”，也就是多层的房屋。这种多层建筑有一定的高度，比较壮观。居住型、储藏型、警卫型等各种功能的楼普遍出现，这应该是“楼”字得以成为汉代日常用字的社会基础。

“碉”字出现在唐朝。“碉”字中文意思是指军事上防卫或瞭望的建筑。而在英文中，主要用单词“Tower”来表示“楼”，建筑形体上指多层的“塔”或“塔楼”，与单词“Watch”组合成“Watch Tower”来表示“碉堡”的含义，即不仅突出了建筑的形体而且也增加了建筑功能的内容。但中文的“碉楼”实际上比英文“Watch Tower”的内涵更丰富。

（二）开平碉楼

在众多不同的碉楼建筑中，开平碉楼因其中外多元文化融合的内涵和价值，以及防匪、防洪、居住、办学等综合性的功能，而在世界同类建筑中独树一帜，成为一种独特的类型，具有唯一性（图3-1）。在现有的英文中没有能够恰当表达的词汇。西方常用的Tower或者Watch Tower都不能准确地涵盖开平碉楼的功能。于是，在申报世界文化遗产的过程中，经过国内外遗产专家们的认真讨论，直接用汉语拼音注音的方式翻译“开平碉楼”为：KaiPing DiaoLou。

图3-1 “开平碉楼与村落”之自力村（黄冠雄 摄）

开平所在的五邑侨乡，是广东乃至全国目前保存碉楼最多的地区。五邑侨乡三区四市都有碉楼广泛分布。以开平为中心，东边以江门市棠下镇（原属新会市）为界，西边到恩平市的那吉镇，南面抵台山市的原上川镇，北缘达鹤山市的鹤城镇，基本上覆盖了整个开平侨乡。

开平现有18个镇，不论山区还是丘陵、平原，镇镇有碉楼。据说历史上开平有3 000多座碉楼，民间一直流传着“无碉不成村”的俗语。经过调查，现存的碉楼还有1 833座，其中，集中分布在中部潭江冲击平原的塘口镇（536座）、百合镇（385座）、

赤坎镇（200座）、蚬冈镇（155座）、长沙镇（145座），这5个镇的碉楼数量就达到1 421座，占开平碉楼1 833座总数的77.5%。开平是当之无愧的“中国碉楼之乡”。

（三）开平碉楼的分类

开平碉楼的类型可以从多个角度去划分，这种分类是认识开平碉楼的一个重要的方面。

1. 从建筑材料划分

可以分为石楼、夯土楼、砖楼、钢筋混凝土楼4大类。

石楼主要分布在开平北部的低山丘陵地区，大沙镇最多。

夯土楼是用三合土，即黄泥、沙子、石灰按比例混合拌成，运用的是中国古代的夯土技术。当地民众把它称作“泥楼”。夯土楼目前主要分布在丘陵地带，以南部的赤水镇和北部的龙胜镇为多。

砖楼分红砖和青砖两种，明朝的碉楼以红砖材料为多，清朝则以青砖为主。砖楼主要分布在开平东北部的月山镇、水口镇和水井镇。

上述3种碉楼内部的抬梁和楼板都是采用木材，除迓龙楼外，多数碉楼的梁板已经毁坏，只留下了一座空空的楼体。

开平碉楼最多的还是清末民国时期建造的钢筋混凝土楼，俗称“石米楼”“石屎楼”，这类碉楼主要分布在平原丘陵地带的塘口镇、百合镇、蚬冈镇、赤坎镇，是目前开平碉楼中保存最完整的一类碉楼。主要的建筑材料水泥、钢筋等都是舶来品，至今很多碉楼内还保存有进口水泥的包装桶（“红毛泥桶”）。在中国乡村采用进口的钢筋混凝土材料和建筑技术建造乡土建筑，在全国其他地区极其少见，开平首开先河。钢筋混凝土楼造型复杂多样，楼体高大，成为表现国外不同建筑文化特征的主要载体。

根据2001年的普查，开平现有石楼10座，夯土楼100座，砖楼249座，钢筋混凝土楼1 474座。

2. 从使用功能划分

开平碉楼又可以分为众人楼、居楼和更楼3类。

众人楼，顾名思义，就是由村中多户或全村集资兴建的碉楼，产权属于集资户共同拥有。出资者在楼里有自己的房间，有权使用。一有匪袭警报，人们就从老屋中走出，进入碉楼内躲避。

在各村中，最漂亮的碉楼往往是居楼。居楼是以家庭为单位独资建造的，投资成本高，楼体比众人楼高大，造型复杂讲究，内部房间比较宽敞，卧室、书房、卫生间、厨房等功能用房齐全，有的居楼还安装有供水系统、消防系统，它既有碉楼的坚固安全，又有舒适的生活设施，因此使用频率比众人楼要高得多，有的楼主一家老小就在居楼里生活起居。这类碉楼的大量出现，改变了碉楼过去功能的单一性，增加了居住的实际作用，碉楼由此成为防御与居住功能兼而有之的乡土建筑。

更楼，分两种。一种在村口，又叫“门楼”“阁楼”。它控制着进出村落的关键要道，由全村成年男人昼夜轮班值勤，白天负责检查进出人员的身份，夜晚关上闸门，按时敲锣报更报警。村外山冈上、交通要道旁和田野间的更楼，又叫“灯楼”，是由附近几个村落有了共同防御的需要后合伙出资建造的。它是乡村自治团防的基地，由参加联防的各村出人出钱，轮流值班防卫，一般都配备有探照灯、报警器、铜锣、响鼓和枪支。其作用主要在预警，发现有土匪的动静后，提前向各村拉响警报，探照灯指向土匪来的方向，使各村的防卫做到心中有数。它还参与对土匪的阻击，凄厉的警报声、锣鼓声和枪声划破寂静的夜空，对土匪也可以形成很大的心理震慑。

从建造时间划分，村口的门楼应该是开平碉楼中兴建最早的一类，其次是众人楼，居楼的建造时间多数都在众人楼之后，而村外灯楼修建的时间最晚。开平各类碉楼兴建的先后过程，反映了开平碉楼所经历的由各村各户单独防御向数村成片联防的转变，由单纯的防卫向防卫兼居住的转变。

在开平现存的 1 833 座碉楼中，众人楼有 473 座，居楼有 1 149 座，灯楼有 221 座。

（四）开平碉楼的功能

开平人为什么要建这么多的碉楼？防匪盗确实是开平碉楼的重要功能，但这不是它的全部。开平碉楼的功能是多方面的，具有防匪、防洪、居住、办学等综合性的功能。

1. 防匪功能

开平碉楼是顺应社会需要而产生的，是清朝、民国时期开平当地极不安全的险恶社会环境的产物。为了躲避土匪贼盗的侵扰，人们建造墙厚、楼高、开有各式各样的射击孔的碉楼。开平碉楼在建筑上的各种考虑，能够满足楼主人对防御安全的要求，保障了防御功能的实现。

除了单个碉楼造型的特殊要求外，不同类型的碉楼又组成了比较完整的防御体系。村外的更楼主要是发挥预警作用，它依靠自己占据的有利地势可以提前发现匪盗，向周围的村落发出警报，为村民躲进碉楼争取了时间。村口的闸楼同样具有报警的作用，同时它又承担了阻击匪徒进村的任务。村后的众人楼和居楼四周的射击孔形成了向前、向后、向下的交叉火力网，楼与楼之间可以相互保护、相互支援。这就大大提高了村民的安全系数。开平各类碉楼的兴建过程，也是乡村防御体系的形成过程。

2. 防洪功能

开平素有“六山一水三分田”之称，南、北部多低山丘陵，东部和中部是丘陵平原，潭江穿过开平中部与主要支流苍江在三埠相汇，两岸是肥沃的冲积平原，构成了中部地区一马平川，江河交错，河网密布的自然地貌。潭江和苍江常年河面宽阔，水量充沛，每年夏秋，一遇台风暴雨便洪水泛滥，江水漫堤，河湖一片，很多村落就会被浸淹。历史时期洪水灾害更是经常出现在开平中部平原的村落，积水久久难退。这些村落的民众兴建碉楼也就有了又一层实际的考虑——逃避洪水。

3. 居住功能

开平碉楼在实际使用中，除了防御功能外还有居住的作用。在现存的 1 833 座碉楼中，居楼达 1 149 座，占开平碉楼总数的 62.7%，直到 20 世纪 80 年代，这类碉楼仍然在继续发挥其居住作用。

4. 办学功能

有一小部分碉楼是学校的教学建筑用房，或为教室，或为宿舍。前者如塘口镇潭溪村的宝树楼，后者如塘口镇安荣村的强亚楼和百合镇儒良学校的安定楼。

近代开平侨乡注意发展教育，学校突破私塾教学，采用西式现代教育，中小学的课程设置比较完整，学生多住校学习。能够读书者多为华侨后代，有一定的经济条件，也正是匪盗瞄准的目标。在社会治安环境不理想的状态下，学校不能不考虑加强自卫防御能力，以免学生、教员成为匪盗绑架的对象。开平乡村一些学校的校长、教员、学生被掳掠为人质的教训沉痛而深刻。碉楼成为主动保护师生的有效手段。

二、开平碉楼的传统文化魅力

开平碉楼首先是一种乡土建筑，它包含着丰富的传统与民族文化因素。主要体现在：匾额（楼命）、楹联、祭台、外墙装饰等方面。

（一）匾额

在 1 833 座开平碉楼中，有一个突出的现象，即绝大多数碉楼上部的正中嵌入匾额。匾额是传统塔楼建筑的一种装饰手段，楼必有匾，而这些楼、塔多是名楼名塔。但是，像开平乡村这样普通的碉楼也悬嵌匾额，则是一个独特的文化现象。匾额里书写的楼名对碉楼起到了画龙点睛的作用，借这一方之地表明碉楼的名称、建造的年代，寄予建造者的希望，也给村民以精神上的振奋和慰藉，同时还表现出建造者的文化程度和情趣爱好。

上千个碉楼命名大致分为以下种类：

1. 以人名命名

蚬冈镇锦江里的瑞石楼就是以楼主人黄璧秀的字“瑞石”命名的。瑞石即美玉，美玉为璧。蚬冈东和村的“焕然楼”、百合镇中洞村的“焕福楼”和“爱仁楼”，也是以楼主人名字命名的。

2. 以数字命名

有的碉楼为数户集资兴建，楼名就直接告诉你有多少户。1925 年赤坎镇虾村的旅居加拿大华裔关华德、关国安、关定俊、关涛 4 位富豪出资在村头建了一座众人楼，取名“四豪楼”。同年塘口镇卫星村的张氏四兄弟合伙建楼，命名为“四份楼”。同镇石滩村的黄柱父子三人出资建的居楼取名“三星楼”，不仅自诩三星，也有“三星拱照”之意。像这样巧用数字的楼名还有一枝楼、两宜楼、五福楼、万兴楼等。

3. 以方位命名

赤坎镇的司徒氏家族于民国初年在潭江两岸各建了一座更楼，即分别命名为“南楼”“北楼”。塘口镇凤仪里村东的众人楼就叫“东楼”。

4. 以村落命名

这种命名主要出现在众人楼上。如蚬冈镇锦江里的众人楼就叫“锦江楼”。

5. 以美愿命名

这是开平碉楼命名中一个运用非常普遍的做法。举例：

表现团结互助，如协益楼、群秀楼、志众楼、协群楼等；

寄望社会安宁，如卫安楼、居安楼、同安楼、靖安楼、联安楼、保安楼等；

祈求吉祥富裕，如吉祥楼、文昌楼、宝树楼、寿田楼、天禄楼、贵楼；

弘扬传统美德，如崇礼楼、宣德楼、敦睦楼、亲义楼、明达楼、铭石楼、赞雅楼等。

反映时政思想，如耀华楼、共和楼、中坚楼、振昌楼、华焕楼、国兴楼等。

（二）楹联

除了悬挂匾额，开平碉楼的楼主人还为碉楼配上了楹联。这些楹联往往以传统的“鹤顶格”的形式进一步揭示、表达楼名的内涵和楼主的胸臆。举例：

塘口镇自力村的云幻楼楼主方文娴为马来西亚华侨，目睹当时家乡匪盗横行、时局纷乱、政治腐败，深感个人无力回天，只求躲进小楼成一统，所以取名“云幻楼”，亲拟一副门联：

云龙风虎际会常怀怎奈壮志莫酬只赢得湖海生涯空山岁月；

幻影昙花身世如梦何妨豪情自放无负此阳春烟景大快文章。

塘口镇龙安村的远兴楼门联：

远对庆云呈瑞色，

兴怀紫水现祥光。

有的门联也不用“鹤顶格”，形式服务于内容。塘口镇南芬村的美国华侨杨绍简1921年回乡建了一座“止戈为武”楼，他是希望民众安居，社会安定，门联：

寄怀楚水吴山外，

得意唐诗晋字间。

在碉楼里面还有大量的楹联、壁画，其中的传统文化情怀和素养历历可见。塘口镇长安村的共和楼一楼厅内东西两壁各有四幅山水水墨画和一副楹联：

坐为琴书显征经纬，

乐在山水以观智仁。

树色鸟声南宫北苑，

墨缘书味东壁西园。

（三）祭台

开平碉楼不仅在平面布局上深受当地传统民居的影响，同时它还将民居中“人神共居”的民间信仰空间移植楼内。所有的碉楼都有门神、地神和人神的祭台，门神的香台在入口处，地神都在一层大门正对墙面的左下角，而人神（当地人称为“伯公”）的神龛则设在碉楼最高的一层，供奉着历代祖先的牌位，反映了碉楼的主人和后代敬重家族血缘的传统。同时孔雀公主、观音菩萨等各种神灵也汇集一堂，反映了当地民众的多神信仰传统。

（四）外墙装饰

碉楼的传统文化因素，还表现在建筑装饰方面。很多碉楼采用岭南灰雕的传统技法将中式的“喜”“福”“寿”“禄”字形，荷花叶、中国结、金钱、龙、凤等图案，揉进外墙的装饰中。在西式的造型里到处洋溢着中国传统的乡土文化气息，传递了当地民众在接受外国文化的过程中，挥之不去，深藏于心，牢牢坚守的中国传统文化情怀。

三、开平碉楼的外来文化魅力

开平碉楼具有浓烈的中西合璧的建筑风格。外来文化对一个地方的影响如此之广泛、深刻、显著，这在中国其他地方是极其少见的。

（一）建筑造型

外来文化对开平碉楼的影响，最直观的是体现在建筑造型上。从古希腊建筑到古罗马、欧洲中世纪的拜占庭和哥特式建筑，一直到文艺复兴时期的欧洲建筑、资本主义革命时期的建筑；从基督教建筑到伊斯兰建筑，从欧美建筑到亚洲印度次大陆建筑，都可以在开平碉楼中找到它们的影子。这里汇集了外国不同时期、不同宗教、不同流派的建筑艺术，真是一条外国建筑艺术的长廊。

（二）民众生活

建筑是人们社会关系、生活方式、内心世界的固化和记录，同时建筑环境又影响人们的心理和行为方式。碉楼是开平侨乡由传统乡村迈向近代乡村的特殊记录和最集中的体现。透过开平碉楼，可以真切地感受到外来文化对侨乡民众生活方方面面的渗透。

开平碉楼的主人们悬挂这样一些楹联，表明其对西方文明的追求和对中国传统人文关怀的执着并存：

成式仿欧工杰阁崇楼创业共推中外望，

宏规贻世泽培兰滋桂承家喜有子孙贤。

风同欧美，盛妣唐虞。

1. **生活习俗的西化色彩**

住在碉楼里的民众，“衣服喜番装，饮食重西餐”；“婚姻讲自由，拜跪改鞠躬”（民国《开平县志》卷五·习尚），成为侨乡的一道靓丽的风景。男人们戴礼捐，穿西装，打领带，脚登进口牛皮鞋，抽雪茄，喝咖啡，饮洋酒，吃牛排，出门骑自行车或摩托车；女士们喷法国香水，抹旁氏面霜，涂英国口红，非常的摩登。在19世纪末20世纪初的开平乡村，玻璃丝袜已经是乡村女人们的日常用品了。在生活用具方面，从暖水瓶、座钟、碗盘、留声机、收音机，到浴缸、抽水马桶、抽水机，也处处可见“舶来品”的痕迹。

2. **开平方言的外来词汇**

用开平方言对英语译音的一些外来词汇慢慢进入人们的日常用语，男女老少随口而出。如：杂货店叫“士多”（Store），球叫“波”（Ball），奶油叫“忌廉”（Cream），夹克叫“机恤”（Shirt），商标叫“麦头”（Mark），面子叫“飞士”（Face）等。这些日常用语中的外来词逐渐融入五邑地方语言。

（三）思想观念

1. **近现代西式国家观念**

在物质生活方式渐变的同时，侨乡民众的内心世界也多姿多彩起来，西方近现代的国家意识、民族意识和民主意识，对侨乡产生了直接的影响，被当地民众所接受。开平碉楼和村里的一些洋楼多数都竖立有旗杆，重大节日都要悬挂国旗。一些碉楼里神龛两侧的对联，也写进了“国家”“民族”的内容。如塘口镇立园泮立楼四楼神龛的对联就是：

宗功伟大兴民族，

祖德丰隆护国家。

国家、民族、祖先三者紧密地结合在一起。更有意思的是，这副对联中的“国”字很特别，它改“口”内的“或”为“民”，形成一个新的国字，表示“民”为国家一切事务的中心，清楚地表明了楼主人的以民为主、以民为中心的思想。这样改造和使用国字，不是一户两户人家的个别现象，而是开平乡村民众的一个意义深远的普遍创举。

2. **近现代西式民主观念**

近现代西式民主观念进入开平乡村，进入家族事务的自治管理。清朝末年和民国时期，开平乡村成立了多种自治性的民间组织，多数是由华侨出资，实行股份制管理。侨村的改建，立有章程。宅基地以拈阄方式当场分配，宅基地的转买、房屋建筑的高低、村内排水系统的铺设、厕所位置的选择乃至垃圾的处理等，村务管理的各个环节都追求、贯穿着平等、公开、公平、公正的民主自治原则。

开平碉楼所展示的外来文化的传播者是广大的华侨，而他们引进的主要是欧美的近现代文化。华侨们在外历经的欧风美雨通过他们张扬的返乡行为或频繁往来的书信、明

信片，给开平吹进了一股异域文化之风。这股风是他们主动到外国，自愿吹回家乡的。开平碉楼既洋气，又有很重的泥土味。

四、开平碉楼的抗日悲壮故事

赤坎镇潭江河畔的南楼，发生过一件非常壮烈的故事。

南楼是赤坎腾蛟村的司徒氏民众于民国二年（1913 年）修建的。它紧靠东涪龙公路，与潭江南岸的北楼遥相呼应，扼守了潭江和陆路交通的要塞，睨视四乡，地理位置十分重要，司徒氏四乡团队的队部就设立于此。楼高 7 层，共 19.6 米，钢筋混凝土结构，楼门为铁门，厚 4 厘米，每层的窗户都加固了铁窗栏，并且开设有枪眼，第六层是一个瞭望平台，每层架设有探照灯、轻机枪。

1945 年夏，原来驻扎海南岛的数万日寇沿潭江向广州方向撤退，要顺利通过潭江必须占领南楼。7 月 16 日深夜，日寇的数十艘汽艇、水帆船途经潭江，企图偷袭南楼，攻占赤坎古镇，被驻守在南楼里的司徒氏自卫队队员发现，以机枪、步枪和土炮攻击，阻截敌人的进攻。当时，楼内有 7 名自卫队员，他们是：司徒煦，34 岁，副队长（东南亚归侨）；司徒吨，21 岁，宣传员兼书记；司徒遇，30 岁，班长兼机枪手；司徒昌，38 岁，情报员；司徒耀，24 岁，机枪手；司徒浓，28 岁，机枪手；司徒丙，18 岁，队员。

7 名自卫队员经过两夜两天的阻击，使日军难以通过潭江。但是，日军从陆路攻占了赤坎古镇，形成对南楼的包围。而在此之前，驻守台山至阳江一带的国民党正规军放弃防守，向北逃跑了，致使自卫队得不到援救，只好困守南楼。几天来，日军使用了迫击炮进行轰击，坚固的南楼仍岿然不动。日军见强攻难以取胜，又企图靠近墙体凿洞进攻，结果受到自卫队员的射杀。日军又变换手法，胁迫守楼队员的亲人前来劝降，并且许以重金和不杀等条件，都被自卫队员一一拒绝。到第 4 天，7 名自卫队员自知无法突围了，便在楼内的墙上写下了遗书，视死如归：

“我等保守腾蛟，历时四日来，未见援救，敌人屡次劝我们投降，我们虽不甚读诗书，但对‘尽忠为国为乡’几字，亦可以明了。现在，我们击毙敌人 16 名，亦已有相当代价。现在我们各同一心，于大中华民国三十四年六月十五日（按：农历）自杀于腾蛟南楼，留语族人，祈在敌退后，将此情形发表报纸上，则同人等死心甘矣。”［《教伦月报》（1946 年）特刊］

日寇多日攻克不下，最后恼羞成怒，在第 8 天向南楼发射了毒气弹，致使 7 名自卫队员中毒昏厥，落入敌手。日寇将 7 名自卫队员拖押到司徒氏通俗图书馆院内，捆绑在树上，百般折磨。队长司徒煦醒来后大声怒斥敌寇，惨无人性的日寇将壮士的耳、鼻、舌割去，敲掉牙齿，肢解四肢，最后抛尸潭江。机枪手司徒浓也被活活肢解，其余 5 名自卫队员同样受尽酷刑后被杀害，抛尸潭江。后来其余几位烈士的遗体被乡民寻找到，隆重安葬。唯独队长司徒煦的遗体永远留在了潭江，与江水长伴（图 3–2）。

图 3–2　开平碉楼与村落之南楼 7 壮士纪念园（黄冠雄　摄）

7 名壮士牺牲后的第 20 天，日本宣布投降。1945 年 8 月 25 日，由司徒氏四乡事业促进会发起，在开平中学广场举行隆重的追悼大会，开平、台山、新会、恩平的县长和开平各界人士、四乡民众 3 万余人与会，祭奠司徒氏七壮士。当时，两千余副挽联和挽诗悬挂在会场四周，肃穆庄严，备极哀荣。其中有这样一副挽诗：

开平赤坎起战场，大敌当前触目伤。

七士南楼力御侮，保家卫国永流芳。

五、开平碉楼与村落的世界文化遗产价值

（一）开平碉楼是侨乡中外文化交流的创新范例

开平碉楼既是中国传统碉楼文化的延续，又是外来建筑文化在岭南乡村扎根的展示。在其中外建筑文化交融的背后，有着更加深广的中外文化交流的实践，这一交流的空间是在乡村，参与的主体是农民，因而在世界文化交流史上是独特的。开平碉楼建筑之美及其由它点缀的村落景观之美，见证了侨乡民众的文化创造力（图 3–3）。

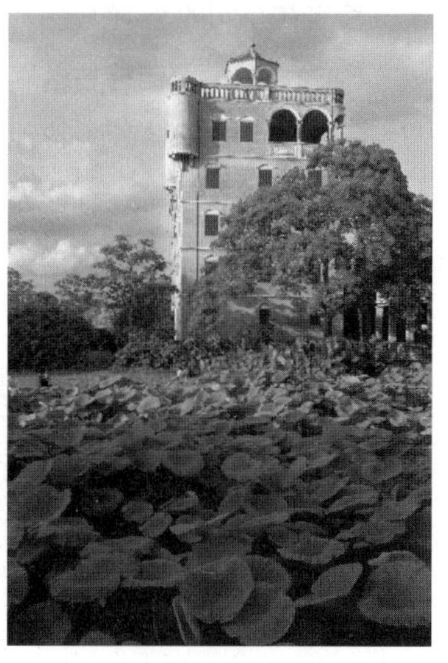

图 3–3　开平碉楼与村落（黄冠雄　摄）

作为近代中外文化交流的重要组成部分，开平碉楼与村落所展示的文化交流，表现出与同时期在沿海沿江城市（如哈尔滨的俄式建筑、大连的日式建筑、青岛的德式建筑、上海和广州等城市的欧美式建筑）进行的中外文化交流不同的特点：

1. **华侨是推动近代开平侨乡生活演变的主要力量**

这些来自乡村文化程度较低的华侨是开平外来文化的传播者。他们出钱改造旧村宅，规划建设新村落和碉楼。对于家乡的建设，他们不单单是出钱，同时还提供外国建筑（尤其是西方古代建筑）的“普市卡”（即 Postcard、明信片），并且传回来在外国请人设计的图纸，对具体的造型样式提出要求。开平乡村自治的平等、公开、公平原则，村落股份制管理模式，追求个性的价值观念等精神和文化层面上的变化，无疑有海外华侨的巨大功劳。

2. **农民对接受外来文化的主动权、选择权**

外来文化进入开平乡村，并不是原封不动地照搬照抄。姑且不说华侨传回来的西方文化只是这些农民出身的文化传播者眼中的西方文化，是经过他们选择的“二道汤”，这些外来文化能够在一个传统的乡村社会落地生根，更需要被当地的民众所接受，否则只能是一时的新鲜，不能持久地成为日常生活的一部分。因此，乡村民众对外来文化的接受不是被动地安排，他们也具有很大的主动权、选择权，他们也是外来文化传播的主要参与者。开平侨乡民众对通过华侨传递回来的外国文化的接受，是以自己的好恶进行剪裁取舍的。他们要求建筑工匠按自己的意愿，廊柱或取古罗马式，燕子窝或取英国城堡式，拱券或取伊斯兰式，楼顶或按拜占庭的穹庐顶设计，自己喜欢什么样式就采用什么样式。我们很难将某一座碉楼的建筑风格具体地归入哪个国家、地区或流派，它很可能是多种风格的混合。而且在这些外国建筑“碎片”组合的形象中，又包含着中国传统乡村建筑的文化。

开平碉楼著名研究专家张国雄认为，开平碉楼就好比是一个中国农民穿着一套西装，行走在乡间的小道上。

（二）“开平碉楼与村落”为什么能够列入世界遗产名录

开平碉楼与村落的独特性和唯一性，是其能够列入《世界遗产名录》的重要理由。

在 2007 年 6 月 26 日世界遗产大会上，国际古迹遗址理事会（裁定一个提名地是否可以被列入《世界遗产名录》的机构），向大会推荐“开平碉楼与村落”的突出普遍价值时指出：

“开平碉楼与村落是亚热带丘陵地区、东方稻作文化区域中一种特殊的建筑类型和景观，它有着悠久的历史渊源，又紧密联系着中国和世界近代史。中西建筑艺术在这里巧妙结合，与优美的自然环境和谐共生，其发展与本地稻作农业社会的生活习俗和文化传统密不可分，它直观而又集中地展现了近代中外文化在乡村交流的历史进程。开平碉楼与村落的产生、繁荣与存在，不仅传递着如今遍布全球的千千万万华侨丰富的历史信息，而且记载着美洲、欧洲、大洋洲和亚洲等国家发展的历程和文化特征。这一文化景观在世界上是独一无二的，其独特的历史价值、文化价值和审美价值，应当受到全人类的珍惜和保护。

碉楼确切地反映了人类在特定历史时期一个区域性的重要文化交流——华侨带回来的建筑风格与当地的传统文化的交融。符合第二条标准。

开平人自明朝起建碉楼防洪、防匪。碉楼建筑在见证这样的历史与传统的同时，也反映了海外华侨对家乡防匪所作出的贡献，反映出和当时侨乡的碉楼建筑情况。符合第三条标准。

开平碉楼及其村落不但反映了 19 世纪末和 20 世纪初开平华侨对北美、东南亚、澳大利亚等国家的发展所起到的重要作用与贡献，而且起着联系开平当地与世界其他国家华人社区的纽带作用。符合第四条标准。”

在开平的 1 833 座碉楼和近 3 000 条村落中，最后确定由三门里村落、自力村村落与方氏灯楼、锦江里村落和马降龙古村落群四处共同组成“开平碉楼与村落”这一遗产项目。它们全面典型地代表了这一世界文化遗产项目的文化内涵、价值及其真实性、完整性、内在的逻辑联系性（图 3–4）。

图 3–4 开平碉楼与村落（黄冠雄 摄）

第二节 五邑银信文化

一、什么是银信

银信是江门五邑地区民众对海外华侨华人寄回家乡的汇款和家信的统称，亦称“信银”。

银信与侨乡、华侨相伴而生，有了华侨就产生了银信。华侨虽然身在国外，却情牵家乡及亲友，将血汗钱带回国内赡养家庭，维系亲情。移民初期，华侨有了一定的资金积累后，想往国内家乡寄送钱银物品，趁回家探亲时亲自携带是最可靠的途径之一。但大多数人几年甚至几十年才能回一趟家，无法满足通信和寄银的实际需要，所以便委托

回乡的亲友或同乡携带，寄送钱银的同时，还会附上信件，于是出现了早期的银信（图3–5）。

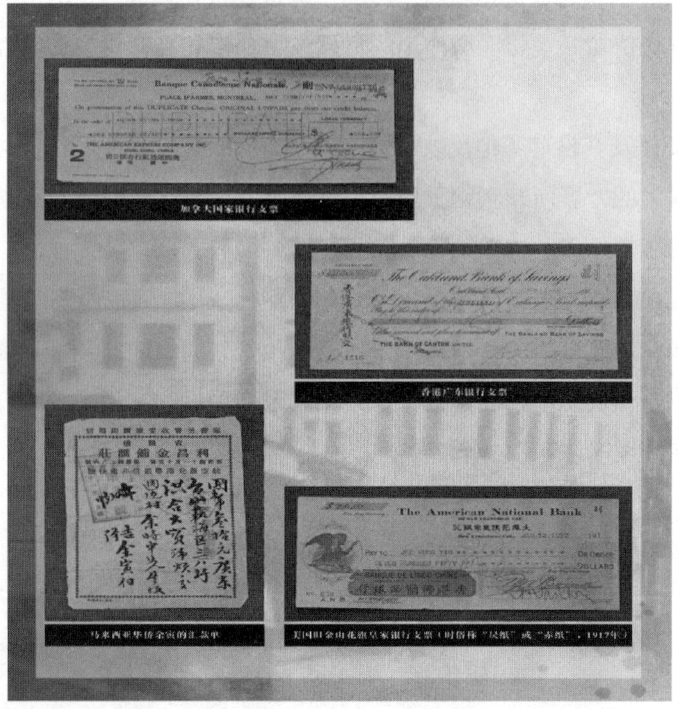

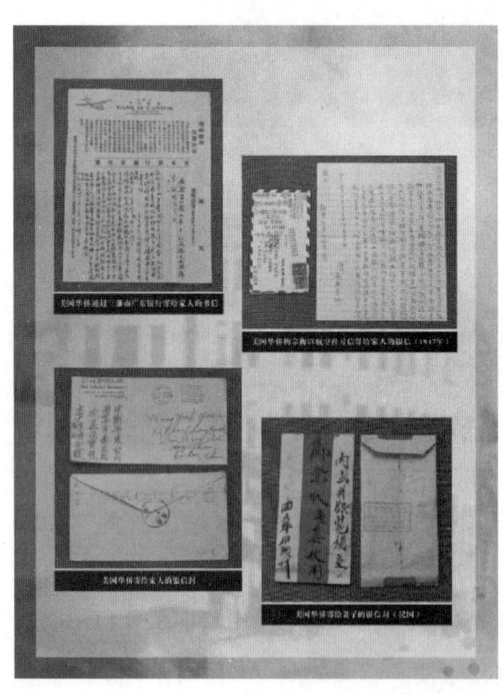

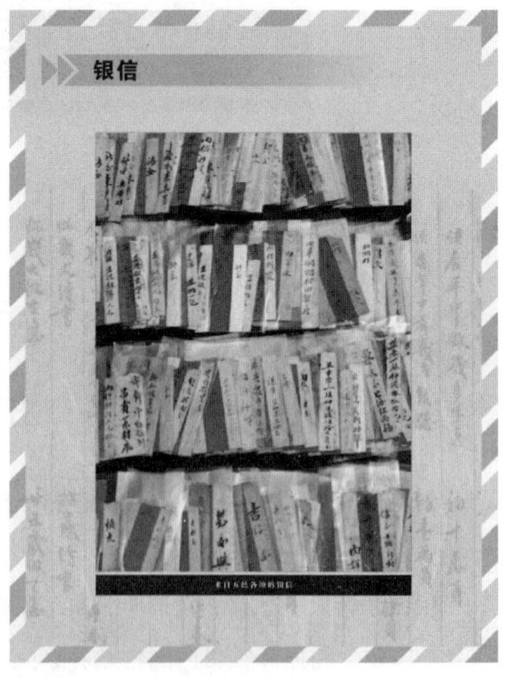

图 3–5 世界记忆遗产——侨批档案（五邑银信）展品

二、银信的成因

银信的形成是时代历史背景下的特定产物，有着特定的历史原因及文化原因。

（一）排华政策

在国外，华侨通过艰苦创业，节衣缩食奋斗了几年后，当中有一部分人就有了一定的资金积累。但受当时居住国排华政策的影响，他们只能选择落叶归根，将积蓄寄回国内家乡安家置业。随着华人数量的增加及能量的增强，以美国为首的西方国家掀起了以打击华人为目的的一系列排华法案。如1882年美国国会通过第一个10年内禁止华人入境的法案，华人无权加入美国国籍，合法留居美国的华工以及需要离美再回来的，需在离开美国时登记，领取回美证明，否则视为非法，无法再进入美国。1888年，美国又通过一法案，规定“留居的华工只要离开美国，就不能再回到美国，废止之前的回美证明”。1892年，美国进一步修订了排华法案，除了继承之前的排华政策之外，还规定留居美国的华人必须登记注册，在审查来美人员的时候，被判定非法来美者，遣回原籍，严格控制来美华工。最终在1902年的法案中，把排华法案的适用范围扩大到了整个美国。排华运动从美国开始向加拿大、墨西哥、菲律宾、澳大利亚等地蔓延。19世纪末，加拿大也出台了一系列在教育、劳工、待遇等方面歧视华人的政策和法案，具体包括禁止华人投票、禁止华人担任公职和对华人征收人头税等。据资料记载，1892年温哥华一个华裔洗衣店有人患天花后，当局竟下令烧毁所有华裔洗衣店，并将工人逐出市区囚禁，死后也不能埋葬在公墓。

排华运动不仅使五邑地区出国人数骤减，而且也让身在海外的华侨备受煎熬。他们在居住国当地兢兢业业，勤勤恳恳地付出自己的劳动之后，得不到相应的回报，反而遭到了不公平待遇甚至是仇恨和歧视。这种种不平，加剧了他们原本就浓厚的故乡情怀与爱国之情。他们将希望寄托在遥远的祖国与故乡。

（二）出洋动机

大部分的华侨出洋，都属于被生活所迫而不得已的出洋谋生，并非主观上的扩展及发展的意图。他们抱着养家糊口的一线希望，冒着艰难险阻，漂洋过海去异国他乡寻求生存的办法和途径。他们大多是家中的主要劳动力，离家之后，家中的父母妻儿、兄弟姐妹对其抱着一定的寄托与希望。正如五邑童谣唱的“爸爸去金山，快快要寄银，全家靠住你，有银就好寄回”“十一月冬，十二月年，阿爸金山多寄钱”。漂洋过海之后，不能亲自照顾家中亲人，也无法常常返乡探望，牵肠挂肚，担心家中亲人能否正常吃上一日三餐，忧虑家中父母身体是否康健，关怀家中儿女是否能无忧无虑上学。种种的忐忑及不安，使华侨们无论在国外多么艰难，都尽可能地寄钱回到家乡，以解决家庭的燃眉之急；寄信让家人了解情况，对自己放心。于是银信就成了华

侨与家乡的重要沟通渠道。

（三）传统文化

根文化是中国传统文化中的重要组成部分。在封建社会，背井离乡是不被理解与提倡的。强大的宗族体系，浓厚的家族意识，人们往往不敢轻易离开家乡。迫于生计出洋的华侨们，在异国他乡谋生，他们寄回国内的钱数额不一，但反映的是他们对其乡族亲人的强烈责任意识和归属意识，这是道德层面的自觉。一旦他们在国外有些许积蓄，便会毫不犹豫地寄给家乡亲人，更有事业经营得比较成功的人，也经常倾囊将钱财寄回国内，用于修建祖屋和新屋，接济亲人、子女教育甚至是修桥筑路等乡族公共建设。这些都是中国传统文化纵横根深的折射，也是银信产生及发展的根本所在。

三、银信的发展历程

（一）水客

早期的银信，大部分是委托回乡的亲友或同乡携带，寄送钱银的同时，还会附上信件。但随着寄送银信需求的增大，同乡携带便显得有限，于是逐渐发展出一种通过收取手续费，专门为华侨递送银信，陪送华侨出国或归国为职业的人群，他们被称为“水客”。由于路途遥远，这些专门负责为华侨递送银信的人群常远渡重洋，只能走水路，因此被称为“水客”。“水客”的工作类似于今天的“邮递员”，但受交通条件限制，辛苦程度比邮递员要大很多。他们的主要工具是箩筐，箩筐可以装下数额巨大的银信，以满足递送的需要。

新会的陈立攀于20世纪20年代在中国香港开设永亨公司，与人合作，专做华侨和侨眷服务的银信生意，经常往来于澳大利亚、中国香港、江门之间。当时永亨公司在江门五邑地区设置分公司，在收到这些来自澳大利亚的“银信”后，公司的“水客”就会按照汇款的地点，把“银信”送过去，汇款所在地既有在台山、新会，也有恩平、开平，甚至南海、中山等地。然而好景不长，随着第二次世界大战的爆发，香港沦陷，总公司设在香港的永亨公司生意受到影响，“水客”们纷纷回乡暂避，业务被迫停止①。

在早期华侨汇寄银信中，“水客”是主要的寄送渠道，是华侨与华眷们经济上最直接的联系，在连接国内与海外方面起着举足轻重的作用。

在五邑地区，由于“水客”需要在一个城镇或乡村中来回走动，因而又被形象地称为“巡城马”。因为他们经常挑着箩筐或者背着布袋走街串巷，犹如一匹巡城的马。这些“巡城马”也不是人人都可以做的，需具备一定的条件，如行业的批准和认可，多种语言或方言的通晓、良好为人的品性等。

① 梁长其“水客”背“银信”穿街走巷[N/OL]. 江门日报，（2010-08-07）[2018-06-01]. http://www.gdhqbwg.com/tn/news/ 112011/785.html.

（二）金融机构

巡城马的发展虽然为华侨们提供了递送银信的平台，已经比委托同乡或亲属带回更进一步了。但随着海外华侨数量的激增，以及随之而来的银信递送需求的进一步增加，巡城马已经不能满足大量华侨寄钱赡养家属的迫切需要，加之经营银信业务也是有利可图的。于是，市场上逐渐形成了以经营银信业务为主的金融机构。它们成为与水客、巡城马并列寄送银信的重要途径。

这些金融机构在民国时期发展最盛，主要有 3 种机构：一是传统民间金融组织——银号；二是商号；三是现代金融组织，包括私营银行、官办银行以及信托公司等。当时的汇款票据既有兑换单据，更有大量昃纸、汇票和电报汇款单据①。

以台山为例，民国时期中国银行、广东省银行和广东银行是台山最主要办理银信事宜的银行，其他金融机构大多委托以上三家银行或其他机关代为转汇。1937 年，中国银行在台山的侨刊上登载广告宣称，为了华侨便利存汇款起见，可以采用“通讯存储”“并代理外洋书信，代付外洋赤纸”，这些银信一般由中国银行纽约分行及美国国家银行直接托付。南京国民政府时期规定，中国银行为专营国际汇兑的唯一国家银行。因此，中国银行的国外往来较为普遍，抗日战争前有纽约、伦敦、新加坡和大阪分行，战时大阪裁撤，另增设仰光、泗水、棉兰、巴达维亚、槟榔屿及腊戍等经理行。由此可见，金融机构在银信递送过程中有稳定可靠和方便快捷的优点，成了华侨们递送银信之首选。

四、银信的功能

20 世纪 30 年代，广东就有“四邑侨汇，为粤省冠”之说。海外华侨身居他国，银信成了他们与国内侨眷保持情感沟通联系的重要纽带和桥梁。它通过民间的金融机构、商业机构、民间机构以及水客、亲属的方式寄回到千里之外的故土，被送到家乡至亲的手上。这一封封银信不仅记载了西方社会的文化、经济、教育等方面的信息，也蕴含了海外华侨与家属之间的生动故事。

（一）经济支持，亲情维系

海外华侨寄送银信的首要目的是为家庭提供生活开支，赡养眷属，接济亲友。一些暂时失业的华侨也会东挪西借，寄钱给家人作为衣食来源，或是在春节的时候用来购买年货，度过一个比较丰盛、热闹的节日。正如一首台山歌谣所唱的那样：

“燕雀喜，贺新年。爹爹去金山赚钱，赚得金银成万两，返来起屋兼买田。”

抗日战争的爆发，身处海外的华侨们心忧如焚，他们预做准备，为家人多寄一些金

① 史艳群. 试论五邑银信的特色 [J]. 文化纵横谈，2012（4）.

钱，以提前应付不测之需。美国华侨进璞就是这样一个人，1941 年 5 月 14 日，他写信给妻子说："予诚恐战事影响或者因水路不通或者又因政府禁止银两出口，故早为之耳。收到该银祈为节俭，免至生借无门……我或者因战事所迫，而被政府应招入伍，昨接政府令抽调我加入训练，将来未知加入与否，如何，余当再告。"①

抗战时期，由于侨汇断绝，对侨汇依赖程度较高的台山，饿死不少人。抗战胜利后，侨汇才恢复顺畅。

四邑侨汇深刻影响着该地区的经济、社会与民众生活。当时，人们一提起四邑地区，就会联想起该地区的华侨和侨汇。据 1946 年张镜辉《复员后之四邑侨汇》一文中说："侨汇为四邑经济命脉。"时任广东侨务处处长张天爵也云："四邑侨汇，为粤省冠。"

1947 年，一位叫徐步的台山人曾描述四邑在侨汇滋润下的富庶生活："譬如侨汇，这是海外和故乡之间的输血管，这种"输血"作用一旦发生毛病，那就不得了，四邑就得患严重的贫血症了。过去，在四邑商业中心的三埠的金融市场上，那 30 多个金铺钱庄，那纷纷飞扬的美钞港币，那华侨眷属们的挤兑，直使你看得眼花缭乱，美煞了这一群幸运儿……旁观者自然觉得这里是天国，是乐园，是富庶的土地。"

然而，并非所有的华侨都有大把的金钱寄回国内。菲律宾华侨谭裔慈是一位比较有文化的人，他 20 岁出国，工作时好时坏。在失业闲居之时，最忧心的是妻子儿女们的生活费用问题。在一次失业后，他写信给妻子和女儿说："我在菲无工作，终日闲居，费用不能减，故心头苦闷莫名，又挂念吾妻与雅女之费用，日夜忧愁，无法解决，故想回家一见吾妻女也。然现在台山内地生活情形如何，又不敢贸然回家……"信中满是辛酸、歉疚和对家乡妻女的牵肠之情。

（二）信息传递，交流情感

银信的另一功能，是传递信息、交流感情。一封封银信，短则几行文字，写上几句祝福的话语，长则千言万语，记述在外的事业和生活，直至家里大小事宜，如孝敬长辈、扶济亲戚、教育子女等，无不饱含深情。

一位名为"子循"的华侨，在信中不但告之贤妻："汝等居家，切记和睦，对于家庭之间，凡事但隐忍为要"，还提醒贤妻尽力帮助乡亲："家乡如有十分贫穷难遇之人，有时亦要量力而为，相助相济。"②

进璞有一次寄给妻子"港银三百大元"。他在信封背面特意用钢笔写明"交大洋三十元邝氏二婆为生日买些茶点之用"，血浓于水的亲情跃然纸上。③

美国华侨余毓辉在写给儿子余惠泉的银信中，嘱咐他要遵从祖母、母亲的教训，勤恳读书，遵守规矩："究竟你的心愿意读书不？像你这样无需负担家庭责任的人，都不

①②③ 承载五邑华侨心灵史——五邑银信 [N/OL].（2003-05-02）[2018-07-18]. http://guangzhou.youbian.com/news/info4406/.

愿去读书，还有什么可想呢？从今日起，我望你再不可像以前那样自暴自弃方可，须要始终如一，认真努力向学，那样，你方不负我所耗费在你身上的金钱，如此，更不负我的愿望。”①

通过银信，五邑华侨还将大量资金汇回国内，投资兴业，建设家乡，热心公益，造福桑梓，支持革命，保家卫国。抗战时期，华侨李耀池在写给县长黄启光的书信中说，为援助祖国抗战，其母亲把子女为她祝寿的款项捐给祖国，用于抗日战士购置药品及棉衣（图 3–6）。

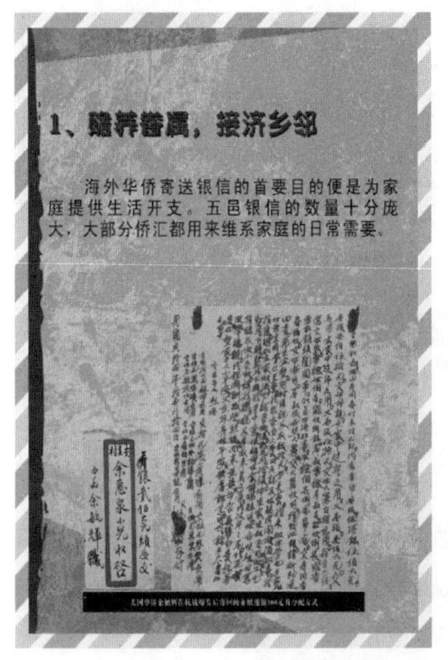

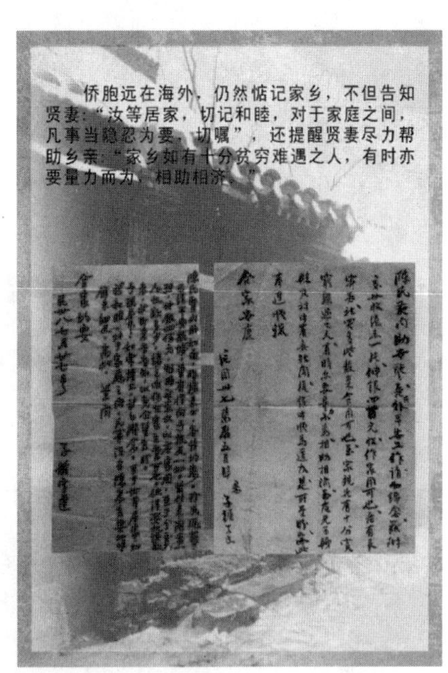

---

① 承载五邑华侨心灵史——五邑银信 [N/OL]. 2003–05–02[2018–07–18]. http://guangzhou.youbian.com/news/info4406/.

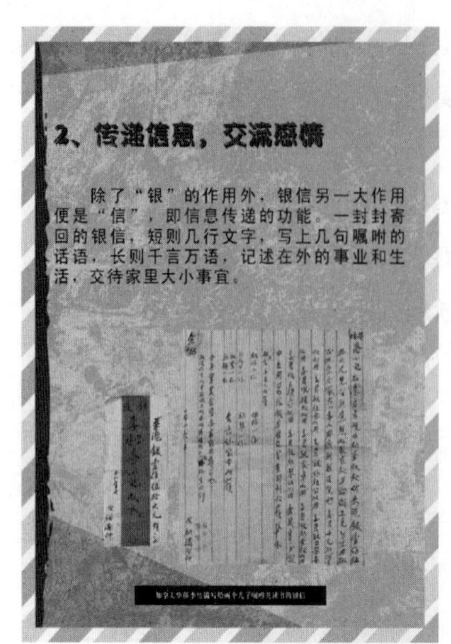

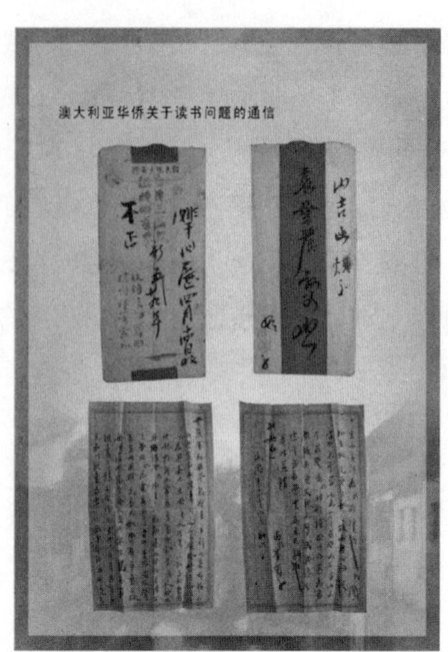

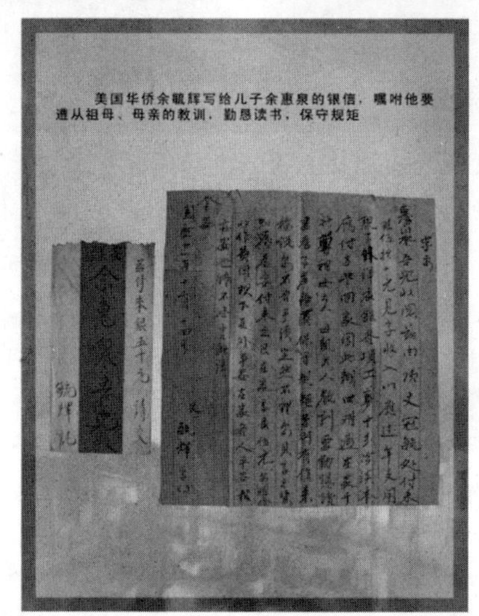

图 3-6　爱国的银信

五、银信与侨批

五邑银信、潮汕侨批、梅州侨批三部分共同构成了广东侨批，其中五邑银信数量最多，币种最多，数额最大。五邑银信和潮汕、梅州、福建三地的侨批有异同之处。相同的是他们都是“银信合一”，不同之处在于：

一是来源地。由于其他地区的华侨大都集中在东南亚地区，所以在其他三地的侨批中目前甚少发现来自美国、澳大利亚等国家的银信。而五邑地区的银信除了部分来自东南亚，更多的是来自美国、加拿大、澳大利亚等国家。

二是寄款的方式和数额、次数。由于五邑地区的华侨大多在美国、加拿大，路途比较远，直接携带现款不太方便，加上国外的金融机构比较发达，汇款方式比较成熟，侨批中多为寄送支票，而其他地区主要是寄现款。而且五邑华侨寄款数额比较大，所以次数较其他地区的少。

六、银信的价值

从五邑银信的兴衰历程中，可以体悟到五邑华侨自强不息、穷则思变、开放包容、兼收并蓄的精神，以及对中华“根”文化的坚守。

2012 年 5 月，广东省与福建省联合申报的“侨批档案”成功入选世界记忆亚太地区名录，五邑银信成为广东首个世界记忆亚太地区名录项目。随后，侨批档案以“侨批档案——海外华侨银信”为名正式申报入选世界记忆名录。

为何侨批能够申遗？薄薄的旧家书在今日还有什么价值？

（一）历史价值

银信记载了华侨在海外谋生的移民史、创业史。而且每封侨批的内容都不一样，具有故事性，所有侨批联结起来就是一个大故事，反映和描绘了当时的情况。按照历史学界的新文化史的特征，通过小历史中的叙事和细节描述，可观察出大历史；通过小人物、小事件来解读特定历史背景下的主流趋势。数量宏大的银信实质上就是一种民间档案文献，它记录的内容都是真实的，可以作为历史的见证和凭证，因此具有历史价值。

（二）学术研究价值

五邑大学侨乡研究中心刘进教授认为，银信在物质和精神上滋养了五邑人民，银信也促进了区域的现代化进程[①]。因此，通过对银信的解读及进一步研究，可以探索研究海外华侨在中西文化交流中的角色扮演；其在西方资本主义发展中的地位；其在侨乡社会观念变迁、经济发展、文化进步中的作用。此外，通过解读银信还可以探索研究海外华侨在情感归属及认同上的演变，其与家属亲人联系中的心理变化和交流模式，这两方面也是中西两国政治、经济、文化等方面发展情况的直接反映。总之，银信成了海外华侨艰难谋生、创业奋斗的重要见证。

（三）社会价值

华侨早在一百多年前已经开始对中国传统文化和外来文化进行先行的探索和理解，侨批中透露出的华侨支持革命、支持国家建设、奋斗拼搏的历史也是华侨崛起精神的体现。反映了海外侨胞的乡情、爱国之情。侨批的整理和研究，有助于维系海内外华侨与

---

① 刘进，媲美徽州文书的跨国民间文献：五邑银信 [J]. 五邑大学学报：社会科学版，2010（1）.

侨胞的情根，同时加强了海内外的联系，成为联系海内外华人的感情纽带[①]。因此侨批能凝结人心，巩固海外华侨与侨胞的感情，是当代社会爱国主义情感的最好诠释。侨批的整理保护有助于国家形象宣传，提高国家文化软实力。

（四）教育价值

银信是海外华侨发展奋斗历史的真实记录，它真实地体现了海外华侨先辈们在异国他乡谋生的进取、勤劳的奋斗精神；在对待西方文化中的开放、包容的兼容精神；对故乡的扶危济困的奉献精神；对国家有难时“国家兴亡、匹夫有责”的爱国精神；对家庭及后代的责任担当的精神，这些精神遗产都是当今需要继承和发扬光大的。因此，银信还有很好的教育价值，对提高当代青少年的爱国意识有重大作用。

（五）美学价值

侨批上有各种各样的邮戳、批号、货币等，都是非常特别的，目前收集到的侨批已有 40 多种不同的标记。另外，侨批都是用毛笔字写的，这很好地展现出中国的书法艺术。

七、银信的作用

（一）银信与碉楼

银信与碉楼的形成有着密不可分的关系，主要体现为银信为碉楼的建造奠定了充分的经济基础，碉楼特色的形成充分反映了银信的遗产价值。

首先，银信为碉楼的建造奠定了充分的经济基础。银信的兴起使五邑侨乡侨眷的生活条件得到改善，并逐渐富足起来。当时国内局势混乱，侨眷逐渐成了盗贼等敌对势力的重要劫掠对象。为了保证家人生命及财产安全，海外华侨加大银信的寄送量，汇款回国建造以防御为目的坚固碉楼。据相关数据统计，开平碉楼主要建于清末至抗日战争前的 40 年时间内，其中绝大部分为海外华侨汇款建筑。这一时期的碉楼建造花费大都在 1 万银元以上，这在当时是一项不小的支出，仅靠一个乡村家庭的实力是无法完成的，因此银信成为碉楼建造的重要经济基础。其中位于开平塘口自力村的“铭石楼”，是美国华侨方润文花费 6 万元建成的[②]。

其次，碉楼特色的形成充分反映了银信的文化交流功能。五邑地区的碉楼依建筑风格分为中国传统的硬山顶式、悬山顶式，国外的希腊式、罗马式、拜占庭式、巴洛克式等。这些融合中西文化的建筑风格，是碉楼区别于其他地区建筑的重要特色，这一特色的形成来自于银信。作为海外华侨与家人联系的主要方式，华侨常常会在信中形容自

① 五邑银信：江门的，广东的，世界的 [N/OL]. 南方日报，2012-11-13[2018-08-09]. http://epaper.nfdaily.cn/html/2012-11/13/content_7141742.htm.

② 刘进. 从银信看开平碉楼与村落 [J]. 中国档案，2009（3）.

己在国外的见闻，潜移默化地将西方资本主义国家的形象向国内亲人描绘。甚至在家书中夹带外国建筑的照片、明信片甚至是建筑图纸。银信中传递的信息有意无意地转变着国内侨眷的思想观念和审美价值。他们大胆地运用海外华侨的描述或者是设计，打破传统，建造风格各异、姿态万千的碉楼村落。

（二）银信与侨乡

银信的产生对五邑侨乡产生了深刻的影响，银的寄回促进了当地社会环境、经济发展及教育事业的发展，信的交流沟通促进了当地思想开放与观念开化，但其中也有一些消极的影响。

"爆仗响，贺新年。阿爸去金山赚钱，赚得金银成万两，返来起屋又买田"的童谣说明了海外华侨的侨汇寄回国内除了贴补家用之外，主要目的是添置田地和房屋，同时也在家乡举办公益事业，如建造医院、学校等公共设施。在这种背景下，大量中西合璧的碉楼和洋楼在侨乡屹立，涵盖了台山、开平、鹤山、恩平，其中以台山最甚。在侨汇的基础上，家乡的贫穷面貌被改变，环境变优美，社会环境有所改善。

经济的发展更是银信对侨乡的直接影响。钱银的增加，侨眷的生活水平得到了改善，同时，随着与海外华侨的人流、物流互动的频繁，更多的洋货进入到侨乡，侨乡流行着一线城市所流行的时尚服饰，侨乡的经济被拉动起来，侨乡中具有西方建筑风格的骑楼商业街区就是当时经济繁荣的鲜明写照。

公共设施方面，海外华侨纷纷捐资助学，在家乡建立了学堂以及新式学校。这些学校大部分是由海外热心华侨或者地方热心人士发起劝捐的，然后由海外华侨响应，纷纷慷慨解囊而建立的。以台山为例，20 世纪初就建立了"成务学校""蒙养小学""潭州小学"[①] 等，这些侨资学校为侨乡教育的发展打下了良好的基础。此外，海外华侨还在家乡兴办了医院、交通设施，改善了家乡的医疗卫生和交通条件。

与经济、教育发展相比较，银信对侨乡的更深层作用是思想观念上的开化与转变。思想观念指的是一个人看待事物的态度和思维方式，它直接影响一个人在对待事物方面的态度和方式。19 世纪末 20 世纪初，在大部分国内民众都对西方文化抱着异样眼光的时候，侨乡民众大多以较为开放和包容的心态接受并改造了西方舶来的物品和文化。他们的衣服、语言甚至是生活方式都有着西方文化的影子，如将邮票叫做"士担"，英文 Stamp 的音译。此外，侨乡的部分社会风俗习惯也开始转变，如婚礼，由传统的中式婚礼转变为中西结合婚礼。今天已经成为世界文化遗产的开平碉楼与村落，如果没有侨乡民众开放的观念与心态，是不可能呈现在世人面前的。

虽然银信是侨眷和侨乡的经济命脉，但也造成了侨眷和侨乡对银信的过分依赖。海外华侨的银信虽从物质上改善了侨眷的生活条件，但在生活上，部分侨乡的子女没有了

① 刘进. 台山历史文化集：台山银信 [M]. 北京：中国华侨出版社，2007：102.

至亲的管教，加之经济上的宽裕，养成了好逸恶劳、任意挥霍的恶习，每日空虚度日，不思进取，成了“等、靠、要”的败家子。随着这些群体的扩散，侨乡社会逐渐出现了奢靡颓废的风气。这种奢靡之风在战乱及银信低迷时期对侨乡经济的发展产生了一定的负面影响。

（三）银信与文化

五邑大学刘进教授认为：银信是桥，它是中国朴素厚道的农民用血汗架起的中西人流之桥，物流之桥、文化交流之桥，更是沟通华侨与亲人的感情之桥。五邑银信不仅仅是海外华侨与国内亲人的经济纽带与观念交流的桥梁，它的产生以及发展更是对奋斗创业、心怀桑梓、爱国爱乡等中华民族精神的最好诠释。

华侨身居海外，数年乃至数十年才能回乡一次，银和信就成为他们获取乡音，寄托情感的手段和途径。银信的背后体现的是他们叶落归根的思想，爱国爱家的情怀，他们把居住国看作是他乡，把故乡看成是自己的根脉所在。他们在银信中寄托的不懈奋斗的创业精神，爱国爱家的华侨精神，值得我们今天更深入地学习与领悟。

他们在国外艰苦谋生、创业发展，他们地位低下却没有忘记身上责任，在家乡和国家遇到危难时，倾囊相助，如积极资助及投身到孙中山先生的革命事业。据统计，孙中山策划发动的 10 次武装起义的经费总额中，有 80% 来自华侨捐助，包括五邑华侨；在抗日战争期间，五邑华侨以各种方式推动爱国运动，捐钱捐物接济难民和灾民、购买物资。他们清晰地认识到国家与个人命运的直接联系，“如果华人不敢抗议、反对日本的侵略，那么他们就很难体面地做人，就得不到美国民众的尊敬；如果他们不投入救国活动，日本将占领中国，那么他们在美国将永远抬不起头来[①]。

江门五邑现在仍然是 400 多万海外侨乡儿女魂牵梦绕的家园。改革开放以来，五邑海外华侨和旅港、澳、台同胞频繁回国探亲、投资设厂、经贸活动，帮助家乡经济建设及投身于各种乡邦文化公益事业的特征和历程，就是今天的海外侨胞们同样继承了老一辈华侨华人爱国爱乡传统的体现。他们同样时刻心系家国，为江门五邑经济社会注入无限活力。从历史发展的延续去考察，身处不同时代的五邑华侨，正在用不同的方式表达爱国爱乡的情怀，这种由爱家、爱乡再到爱国的自觉责任意识，也是银信文化内涵的一种延续与表达。

…… 思考题

1. 谈谈开平碉楼的文化特色。
2. 谈谈五邑银信的价值与文化意义。

① 余仁秋. 救国自救：纽约华侨衣馆联合会简史（1933—1950 年）[M]. 香港：香港三联书店，2003：127.

【参考文献】

[1] 张国雄，谭伟强．开平碉楼与村落[M]．北京：中国华侨出版社，2011．

[2] 张运华．五邑侨乡历史文化概要[M]．广州：广东人民出版社，2007．

[3] 刘进，李文照，田在原等．银信与五邑侨乡社会[M]．广州：广东人民出版社，2011．

[4] 刘进，李文照．江门五邑侨汇档案选编[M]．北京：中国华侨出版社，2011．

[5] 五邑银信：江门的 广东的 世界的[N/OL]．南方日报，2012-11-13[2019-12-05]．http://epaper.nfdaily.cn/html/2012-11/13/content_7141742.htm．

…… 延伸阅读 1

瑞石楼——“开平碉楼第一楼”

张国雄

蚬冈镇锦江里的瑞石楼有“开平第一楼”的美称。它坐落在村后东侧，被大片竹林包围，兴建于民国十二年（1923 年），历时 3 年才建成。楼主人黄璧秀（号“瑞石”）当年在香港经营钱庄，为了保护家乡双亲的安全，不惜重金建了这座非常坚固的碉楼。

瑞石楼占地 92 平方米，是开平现存的碉楼中最高的，共 9 层 25 米，钢筋混凝土结构，总体造型是混合式。内部布置、用具是岭南传统的样式，一层为客厅，2~6 层每层都有厅房、两间卧室、卫生间和厨房。整体造型和细部处理非常精致，有浓厚的西方建筑风格。1~5 层楼体每层都有不同的线脚和柱饰，增加了建筑立面效果，各层的窗裙、窗楣、窗山花的造型和构图也各异。5 层顶部的仿罗马券拱和四角别致的托柱代替了其他碉楼中常见的卷草托脚，很有美学上的视觉效果，形成向上部的自然过渡。6 层是有爱奥尼克风格的列柱与券拱组成的柱廊；7 层为平台，四角建有穹庐顶的角亭，南北两面都建有巴洛克风格的山花；8 层平台中立有一座西式塔亭，9 层小凉亭的穹庐顶罗马的风格更多一些。

在整体的西方建筑风格中，楼主人没有忘记注入中国传统建筑文化的因素，7 层匾额中的“瑞石楼”3 个大字刚劲隽秀，是当时广东著名的书法家、广州六榕寺住持铁禅大师的墨迹。楼内从 1 层到 6 层，每层的隔扇都镌刻了绿色字体的条幅，有楷书、隶书、行书、魏碑、宋体、篆体等多种书法，流露出楼主人深厚的传统文化素养；条幅的内容或“富贵吉祥”“延年益寿”“际会风云”，或“世界大同”“家庭自治”“五族共和”，是楼主人精神世界的展示，传统与时代的气息并存。

瑞石楼是典型的居楼，它结构完整，比例匀称，大气端庄，墙体的法国蓝涂色给它

增添上了一些浪漫的气息，很像一位气质高雅秀丽的贵妇。

（选自张国雄，谭伟强．开平碉楼与村落 [M]．北京：中国华侨出版社，2011.）

…… 延伸阅读 2

父子之情　言不尽缘

这是一封 1948 年从美国寄往台山三合的银信。父亲远赴美国工作，两儿子留在家乡，父亲将辛苦所得，以赤纸（又称仄纸，具有一般银行汇票的性质，由华侨向国外银行购买后直接寄交国内收款人）的形式寄给国内亲人，并清楚写明细分款项的分配方法。

父亲远行，对儿子的教育和关心只能通过家书中短短的几句话来表达。因而在信中，父亲又再"唠叨"儿子燡宏要勤奋读书，听从长辈教导，更"警告"他，若不听话，就要去当放牛娃。而对于儿子锡宏，父亲显然比较放心，只交待了两项"工作"，一是无需再让人捎带物件到美国；二是按照分配，将款项交到各人手上（图 3–7）。

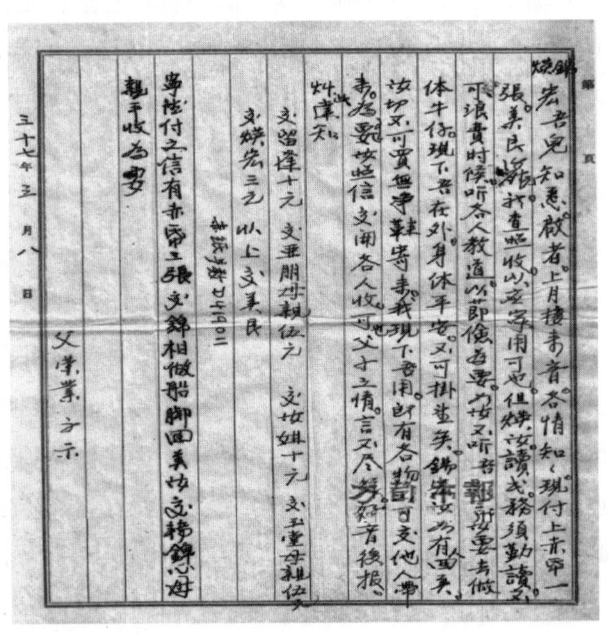

图 3–7　这封银信已有 60 多年历史（李柏达　供图）①

家书内文：

寄出地：美国　到达地：台山

锡宏、燡宏吾儿，知悉，启者，上月接来音，各情知之。现付上赤纸一张，美银 150 元。祈查照收，以应家用可也。但燡汝读书务须勤读，不可浪费时候，听各人教道

① 载自江门市外事侨务局网站·五邑侨史栏目，http://www.jmwqj.gov.cn/newsShow.asp?dataID=5946，此封银信由广东台山市集邮协会副会长李柏达先生提供。（来源：南方都市报　南都网）

（注：导），以节俭为要，如汝不听吾之言，汝要去做体（注：睇）牛仔（注：即放牛娃）。现下吾在外，身体平安，不可挂望矣。锡宏如有人回美，汝切不可买无踭鞋（注：即没有后帮的鞋）寄来，我现在唔用。所有各物不可交他人带来为要，汝照信交开各人收可也。父子之情，言不尽缘，好音后报，草此达知。

交留逢十元，交亚朋母亲伍元，交汝姐十元，交玉堂母亲伍元，交熼宏三元，以上交美银。赤纸号数 D419011

宁往付之信有赤纸三张，交锦相做船脚回美，汝交转锦心母亲手收为要。

父荣业字示

第四章

邑商创业文化

2014年，国务院总理李克强在夏季达沃斯论坛提出“大众创业、万众创新”的时代号召，国内掀起了“大众创业”“草根创业”的新浪潮，形成了“万众创新”“人人创新”的新态势。在“大众创业、万众创新”的时代浪潮下，江门五邑地区迎来了新一轮的发展契机——2015年5月31日，在全国小微企业创业创新基地城市示范评审中，江门市竞标成功，成绩全国第一名，成为全国15个示范城市之一。2016年12月，江门市委提出江门人才岛建设项目，该项目是“江门市主动融入粤港澳大湾区建设的重要创新措施，着力将人才岛建设成为科创要素集聚、产业优势突出、基础设施完善、生态环境优美的现代化城区，打造成为珠三角高品质人才培养示范基地、粤港澳大湾区创新发展示范区和国际人才云基地。”[①] 作为中国侨乡之一的江门为何能在全国小微企业创业创新基地城市示范评审中获得桂冠的殊荣？江门人才岛为何即将成为粤港澳大湾区创新发展示范区？这不得不提及江门五邑地区的邑商创新创业文化。

时至今日，当我们迈步在江门五邑地区错落有致的乡村小道，无论是享受“台山洋楼”的美丽风光，还是惊叹“开平碉楼”的建筑风韵，抑或领略“骑楼”和“商埠”的商业魅力，这些历史文化遗迹让我们有一种穿越历史的厚重感。怀着对先辈们的敬仰之心，让我们走进“邑商”的世界，共同感受一段难以忘却的“邑商”文化之旅和不同寻常的艰苦创业之路。

---

① 肖开刚，胡晴晴. 腾讯WeCity落地江门人才岛，助推人才岛产业创新[N/OL]. 江门日报，2019-08-30[2019-09-10]. http://www.mty.cnjmnet.cn/p/58317.html.

第一节 邑商艰难的海外创业

一、邑　商

历史上，商帮是中国一种特殊的经济形态，它是以地域为中心，以血缘、乡谊为纽带，以“相亲相助”为宗旨，以会馆、公所为其在异乡的联络、计议之所的一种既“亲密”而又松散的自发形成的商人群体。综观世界各国，中国人天然具有浓厚的乡土情结和集体观念，商帮就是建立在地缘基础上的商人组织，其基于相同的籍贯、口音、生活习惯、思维习惯和价值取向，从而形成同乡间特有的亲近感。按地域划分，有“本帮”和“客帮”之分；按行业划分，又有“行帮”之分。明清时代先后活跃在商业领域的商帮有：山西商帮、陕西商帮、山东商帮、福建商帮、徽州商帮、洞庭商帮、广东（珠三角和潮汕）商帮、江右商帮、龙游商帮、宁波商帮十大商帮。广义上的粤商包括潮州帮（潮商）、广州帮、客家帮，其中潮商与徽商、晋商，是中国历史“三大商帮”；狭义的粤商指广州帮。

基于“商帮”的属地原则和地缘概念，有学者提出“江门商帮”即“邑商”的概念，“江门商帮”（“邑商”）是粤商的重要分支，更偏向于“广州帮”。从江门五邑地区的“骑楼”和“商埠”遗迹中，我们依稀可以看到“广州十三行”商业运作模式的历史痕迹和缩影。

根据“商帮”的概念，我们认为“邑商”是指以江门五邑地区（广东省江门市所辖的蓬江区、江海区及新会、台山、开平、恩平、鹤山五个区县市）为地缘基础，人文风俗基本一致（具有相同的籍贯、近似的地方方言口音、生活习惯、思维习惯和价值取向），在海外有大量五邑籍的华侨团结一致，以各种大小的商会或会馆为联络纽带而自发形成的商人组织或群体。中国近代史上，特别是在 19 世纪初至 20 世纪中后期，邑商为抗日救国、新中国的建设与发展作出了历史性贡献。伴随五邑华侨及其文化的形成与发展，经历数百年的漂泊闯荡，在东西方文化的融合和冲击下，邑商紧跟时代和社会的发展步伐，不断更新嬗变，最终形成了有别于其他商帮的具有五邑侨乡特点的邑商文化。

二、邑商艰难的海外创业

邑商海外创业文化是伴随五邑华侨的海外生存和发展而形成的，邑商海外创业文化史就是五邑华侨华人在海外艰苦创业的奋斗史。

五邑地区濒临大海，拥有大陆海岸线和良港，天风海涛的生活环境和开放、漂泊的海洋文化，打破了稳定、封闭的文化传统，使五邑人天生就具有敢于冒险和艰苦拼搏的海洋性格，促使一代又一代的五邑人出海闯荡，造就了“邑商”这个特殊的商帮群体。勇敢勤劳的五邑先辈们随着海水的漂泊，涌向了世界各地。早期的海外邑商，大都是以“三把刀”（剪刀、菜刀、剃头刀）起家的，而后转向从事零售、中介和批发业等领域。在完成了一定的原始资本积累后，开始从事扩张性运营，累积起相当规模的商业资本。在当时发展工业化政策的推动下，一部分海外邑商把握了发展契机，将商业资本转移到工业领域，适时地引进各类管理、技术等专业化人才，加强与当地资本的合作，促进产业资本与金融资本融合，继而造就了冯国经、吕志和、利国伟和伍舜德、李文达等一大批海外商业巨子。随后，新一代邑商的崛起，他们在老邑商的基础上，发扬和创新邑商事业，在新的历史时期焕发出新的生命力，时至今日，造就了维达李朝旺等一批新的邑商精英。

（一）邑商海外创业史

“江门商帮”（“邑商”）出洋谋生的历史悠久，早在公元879年（唐僖宗时代），五邑地区就已有新会人前往印度尼西亚的苏门答腊经商。19世纪初，清朝政府闭关锁国、统治者昏庸腐败，五邑地区工商业凋敝不振，民不聊生，部分五邑先辈开始到海外谋生。鸦片战争爆发以后，大清帝国进一步走向衰败，内忧外患，百姓苦不堪言，不甘贫穷落后的五邑人大规模出洋闯荡，开始了一段令人惊叹的邑商文明史。

1. 出洋谋生

五邑地区向外移民的历史，最早可以追溯到唐代，至今已有一千多年。唐僖宗乾符六年（879年），黄巢起义，从山东一直打到广州，波及新会，兵败后就已有新会人跟随阿拉伯商人逃亡苏门答腊等地。众所周知，唐代国运昌盛，国力强大，对外贸易繁荣，既有陆上“丝绸之路”，也有海上“瓷器之路”（china：瓷器、中国一词的历史由来）。当时，五邑地区濒临南海，拥有良好的天然港湾，如新会崖门是广东的重要出海口岸之一，五邑华侨先辈们从新会崖门出发，带着陶瓷器皿，扬帆起航到东南亚经商，这就是“邑商”的先驱，他们也是中国海上“瓷器之路”的开辟者之一。

南宋祥兴二年（1279年），宋元两军在新会崖门海域进行决战，10万“勤王”宋军牺牲，约有3万败兵和百姓逃亡南洋，其中不乏五邑先民。

明朝初期，国家厉行海禁。至明成祖永乐元年（1403年），官方以“朝贡”为名进行海外贸易，广东设有市舶提举司，广州成为主要对外港口之一，新宁（今台山）设有广海、望峒、奇潭3个“沃口”（临时泊岸点）。1405—1433年，郑和“七下西洋”，历时29年，访问了东南亚、印度、波斯、非洲东岸等30多个国家。

明朝中期（1442—1552年），五邑地区发生多起农民起义，少则数千，多则十万之众，先后被镇压失败以后，不少人逃往南洋。明穆宗隆庆年间（1567—1572年），朝廷废除海禁，此时就有开平人出洋经商。

清嘉庆年间（1796—1820 年），新会人张保仔落草为寇，极盛时达 20 万众，后被清军“剿”“抚”兼用而降清，而拒绝投降的六七万人，大部分漂洋过海，到了菲律宾、婆罗洲和马来西亚等地，成了华侨，其中不少是五邑人。

据史料记载，鸦片战争以后，直至新中国成立以前，五邑地区出现三次大规模移民潮：

1840 年鸦片战争以后，“苦力贸易”造成第一个出国高潮。19 世纪中期，中国人口迅速增长，但耕地不足的困境日趋严重，五邑地区同样出现“地不足以容人”的问题，粮食供应不足致使民众的生活水平直线下降。在生活重压之下，五邑先辈们为寻求出路，出洋到海外谋生便成为必然的现实选择。当时，五邑地区流传这样一句顺口溜“家里贫穷去亚湾（古巴），为求出路走金山”，即是这一时期五邑先民出洋谋生的真实写照（图 4–1）。

图 4–1　19 世纪中期五邑先民出洋谋生

鸦片战争失败以后，清朝政府割地赔款，被迫开放五口通商，香港成了新的“苦力贸易”中心。1860 年，英、法发动第二次鸦片战争，迫使清廷签订《北京条约》，以容许“自由移民”为名，使“苦力贸易”合法化。与此同时，五邑地区濒临大海，天灾频繁，受水灾、旱灾、台风等灾害影响，粮食生产遭受重挫，民不聊生，农民被迫起义。此外，这一时期五邑地区猖獗的土匪活动，使五邑地区暗无宁日，百姓生活在恐慌之中，许多百姓走投无路，流离失所，社会治安状况不断恶化，五邑先民被迫离乡背井外出谋生，或被迫“卖猪仔”出国。五邑地区的开平碉楼、台山洋楼便是五邑人外出谋生，回乡“建楼”防土匪和洪水灾害的有力证据。据统计，仅全国被拐卖出洋的“猪仔”就达 205 万人之多，其中不乏五邑人（图 4–2）。

图 4-2　第二次鸦片战争期间，五邑先民被迫离乡背井出洋谋生

2. 金山寻梦

19 世纪 40 年代末，五邑地区出现了第二次移民潮。1848 年以后，美国、加拿大、澳大利亚等国先后发现金矿，一时掀起了“淘金热”。部分怀揣“金山梦”的五邑人，以“卖猪仔”的形式，被迫走上一段充满血泪的“金山寻梦”之旅。五邑民间流传着这样一首歌谣：“爸爸去金山，快快要寄银。全家靠住你，有银就好寄回。”在这些五邑华工中，他们多数人通过艰辛的劳动，在异国他乡节衣缩食，将辛苦积攒的“血汗钱”，通过“银信”“侨汇”等方式，用于侨眷养家糊口和接济家乡的亲人，到了后期还用于家乡投资实业和捐建慈善公益事业，为繁荣江门五邑地方经济，发展文化公益事业作出了巨大的贡献，这些五邑先民也被当地人称为“金山伯”。

19 世纪六七十年代，五邑地区出现了第三次移民潮。这一时期，美国、加拿大修建横贯东西的太平洋铁路，开凿巴拿马运河以及开发中南美洲和东南亚都需要大批劳动力，五邑地区以“契约华工”“赊单工”等形式，或通过自由移民的方式，形成了五邑地区出国移民的第三次高潮（图 4–3）。

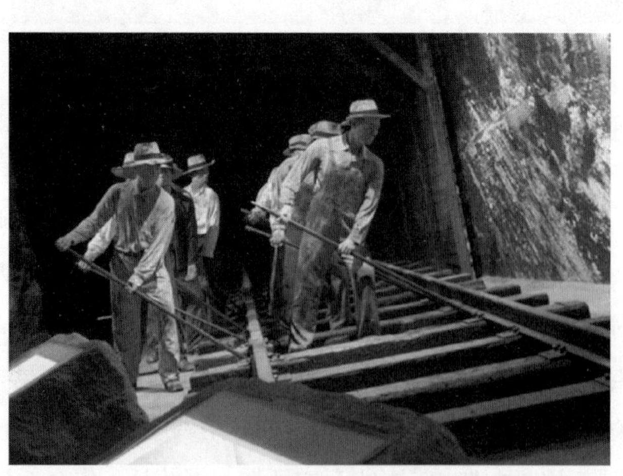

图 4-3　19 世纪六七十年代，五邑地区“契约华工”参与太平洋铁路修建（五邑华侨博物馆实体模型）

3. **海外创业**

在海外谋生和寻梦的过程中，邑商文化逐渐演变为一种与做人做事的传统美德糅合在一起的现代企业精神、经营理念、创业思想，并凝聚成了树立良好企业形象和创造更大的经济与社会效益的文化力量。1978 年我国实行改革开放政策，五邑地区紧抓侨务工作，落实侨务政策，此时出境的人数剧增，除家庭团聚、继承财产者外，出国留学、经商、技术移民者与日俱增。

（二）邑商创业文化

文化属于社会意识的哲学范畴，简单而言，创业文化包含“创业行为和活动”与“文化”的元素，但不能将其简单归纳为“创业文化 = 创业 + 文化”。广义说创业文化是一个系统概念，其内涵丰富，体系完善，包括创业现象、创业理念、创业精神、创业行为以及创业机制、创业环境、创业风尚等多方面内容，是一个涉及创业各个环节的系统工程。中义上创业文化属于人们在追求财富、创造价值、促进生产力发展过程中形成的思想观念、价值取向和意识心理的文化范畴，它建立在环境、经济、传统等基础上，是自然环境、人文环境与社会环境综合作用下的产物。狭义上创业文化又是一种价值体系，有着特定的精神特质、思维方式和行为特征，作为一个无形的基础架构，支撑着人类不同形式创业实践的发生、存续、演化和发展，成为经济和社会发展的精神动力和思想资源。创业文化作为社会文化整体系统中的一个文化丛，是依存于创业实践活动而表现出来的一种文化现象。它对社会经济的作用更直接，影响力也更大。

鉴于此，我们在此主要探讨狭义的创业文化，认为邑商创业文化是指五邑地区人们（主要是邑商，包括老邑商和新邑商）在追求财富、创造价值、促进生产力发展过程中形成的思想观念、价值取向和意识心理的文化现象，支撑着五邑地区人们创业实践的发生、存续、演化和发展，成为五邑地方经济和社会发展的精神动力和思想源泉，激励五邑人不断创新思维和创造新的事业。从邑商“出洋求生—金山寻梦—海外创业”的历史轨迹可见，五邑地区形成了明显区别于粤商和潮商的具有地方侨乡文化特色的区域性邑商创业文化，其创业精神文化精髓可以概括为：进取、勤劳、开放、包容，进一步凝练为“艰苦创业、开拓进取”的“搏”文化。

（三）邑商海外创业文化的主要特点

1. **岭南儒家思想与现代商业精神的统一**

生存在海边的邑商和五邑人，在文化上有一种相对独立、自成体系的海洋文化特质，既受岭南学派儒家思想的影响，也受到西方文化的冲击，因此五邑创业文化是一种不彻底的海洋文化。长期以来，受以陈白沙为代表的岭南学派的儒家思想影响，江门五邑地区人们（邑商）在创业经商和回馈桑梓过程中无时无刻不体现出一种道德感和责任感，这些特质很大程度上对邑商的事业起到了助推的作用。但儒家文化主张“学而优则仕”“重官轻商”“重农轻商”等思想与崇尚商业贸易的海洋文化存在矛盾冲突，在成就

了一大批富商的同时又抑制了巨商的出现。衣锦还乡的邑商们大量投资乡里，但大多数都选择了大兴土木，或建学堂或修宗祠，开路架桥，造福乡里，而放弃了将产业做大做强的机会，这正是邑商那种“学而优则仕”思想的真实体现。

2. 开放兼容，“抱团打天下”的团结互助精神

五邑人（邑商）敢于冒险和开拓进取的海洋文化特质，成就了邑商兼容并包的特性。部分五邑先民漂洋过海，远赴美国、加拿大、澳大利亚等世界各地谋生打拼，在艰苦生存和创业的过程中，五邑人（邑商）不断受到西方文化的冲击，开放整合的海洋精神引导邑商吸收各种异质文化，并使之与五邑地域文化相结合，使邑商企业在多元文化的交融与整合中，不断获取创新和创业的活力。

邑商很少拉帮结伙，帮派意识很淡薄。邑商因其独立性，不盲目排外，五邑当地的民众对各地来此创业的人都能持包容和理解的态度。时至今日，邑商发扬五邑先辈们“抱团打天下”的团结互助精神，与在江门五邑地区发展的湖南商会（湘商）、江西商会（赣商）、浙江商会（浙商）、安徽商会（徽商）、川渝商会、湖北商会、河南商会、潮汕商会等外来商会相互扶持和发展。因此，邑商在中西文化融合的基础上，表现出海洋文化特有的对异质文化的兼容性。

3. 与人为善、文明和谐的慈善文化

远涉重洋求生和创业的艰辛经历，使五邑人（邑商）扎下了深厚的爱国爱乡情结，事业有成后回馈桑梓成了他们普遍的做法。新中国成立后，为支持祖国和家乡发展，号召更多的华侨前来投资发展，海外邑商与新会、台山、开平政府成立了广东华侨投资公司新会、台山、开平分公司以方便华侨投资。受到号召的海外邑商纷纷回国投资于轻工、纺织、旅游、宾馆等建设，为江门五邑地区打下了良好的产业基础。改革开放后，海外邑商和华侨为江门五邑地区的教育、卫生、社会公益福利事业作出巨大的贡献，他们慷慨解囊，捐资赠物，造福桑梓。据不完全统计，截至2007年年底，江门五邑地区共接受海外华侨和邑商捐资赠物达50多亿元。

第二节　陈宜禧与新宁铁路

新宁铁路是台山籍旅美华侨陈宜禧先生创建的全国最长的侨办民营铁路。新宁铁路，从1906年破土动工至1920年全线建成，历时14年，铁路全长133公里，共有车站46个，桥梁215座，涵洞236个，并先后建成公益码头、北街码头、公益机器厂、牛湾船坞等一大批工程，新宁铁路前后经营30多年。抗战期间，铁路遭到日军严重破坏，后被国民政府下令拆除，现仅存北街火车站旧址等少量遗迹。

新宁铁路是第一条国人自行设计，自行施工，自筹经费修筑的民营铁路，也是全国最长的侨办民营铁路，同时也是我国铁路史上仅次于潮汕铁路的第二条商办铁路，在中国交通史特别是铁路建设史上有着重要的位置。

新宁铁路的建成给近代五邑侨乡社会带来了深远影响，形成了以台城为交通枢纽，以新宁铁路为干线的水陆交通网络，实现了五邑侨乡在近代的交通大发展，带来了城市商业的兴旺，促进了侨乡经济发展。

一、陈宜禧生平简介

陈宜禧（1844—1929 年），广东省台山市斗山朗美村人。少年家贫，以卖髻绳、针、钮为生。1864 年赴美，在西雅图火车站当清洁工、筑路工。1889 年组建广德公司，自任总理，包工承建北太平洋铁路工程。他先后在美国从事铁路建设达 40 年之久，筑路经验丰富。光绪三十年（1904 年）回乡，以“不收洋股，不借洋款，不雇洋工”为号召，提倡建新宁铁路，得到县人及旅外侨胞的支持，纷纷投资，先后共筹得股金 425 万银圆，并于 1906 年成立新宁铁路公司，陈宜禧被推为总理兼工程师。历经 14 年的施工，于民国九年（1920 年），建成斗山至北街干线和台城至白沙支线的新宁铁路，写下了我国自主建筑铁路的光辉史页。

陈宜禧 14 岁那年，挑货担被顽童踢翻，他没有争执，默默拾起零散的货物准备走开。一位回国探亲的华侨陈宜道看见，认为其“孺子可教也”。1860 年，还不到 16 岁的陈宜禧，就跟随陈宜道先生乘船到大洋彼岸谋生。陈宜禧初到美国在一个铁路工程师家中帮佣，他的细心、责任心感动了雇主家人，女主人教他英语，男主人送他到铁路夜校学习。1865 年，20 岁出头的陈宜禧，已经参加修筑美国中央太平洋铁路工作，从杂工升为管工、助理工程师。有点积蓄以后，他加入族叔陈程学在西雅图的铁路附属公司，成了合伙人。陈宜禧在此公司一干 20 年，到 1888 年，他在西雅图开了专为铁路建设介绍劳工的广德公司。在西雅图发生的 9 次排华事件中，他没忘记维护华人的合法权益，请美国律师起诉后，终使华侨获得 27 万美元的赔偿，后赔偿金额全分给受害者，他本人垫付了近万元的律师费。

二、筹备新宁铁路

清光绪三十年（1904 年），在美国从事铁路工作长达 40 余年的陈宜禧回国，为了繁荣家乡的经济和解决当地人的就业问题，提出建筑新宁铁路的计划。在家乡民众和华侨的大力支持下，当年 6 月就成立了修筑新宁铁路筹备处，陈宜禧出任总办，余灼为协理，议订《筹办新宁铁路有限公司草定章程》，提出不招洋股，不借洋款，不雇洋工，工程由本县人自办的原则。9 月，陈宜禧先到香港集股。翌年 2 月自费去美国旧金山、

西雅图、加拿大温哥华等地进行集股宣传，他提出："勉图公益，振兴路权"的口号。此号召大大激发了海外华人的爱国热情，在当地的同乡会的支持下。到8月回国时，陈宜禧已集股150万银元。另外再加上余灼等人在新宁及省、港、南洋等地亦筹到股本几十万银元；到1904年年底，超额4倍招得股本共2 758 412银元。当时，省港及美国的中文报纸都赞扬新宁的绅商"能合群，能图公益，能挽回一邑之利权"。

1905年3月，余灼等人将铁路筹办的情形向新宁知县陈益报告，并且请他向商部立案，陈益却欲将铁路作为"县官倡办"据为己有，另拟一份章程呈文两广总督岑春煊，但由于章程过于简略，不获批准。4个月后，广东商务提调余干耀，另外草订《宁阳铁路有限公司详细章程》22条，抢先向商部立案。为了寻求对策，陈宜禧再到香港。刚好遇到慈禧太后委派商部右丞王清穆到香港考察商务，向他提出申诉获得支持。

光绪三十二年（1906年）正月廿一日，慈禧太后和光绪皇帝对上奏作出批示："依议，钦此。"准予新宁铁路先行立案。为了工程能顺利完成，清廷赐予陈宜禧尚方宝剑，如修路有违抗者可先斩后奏。四月初二，商部又批准《新宁铁路章程》，其中关于路线方面，根据陈宜禧作出改动，干线由新昌经水步至斗山；支线由水步至公益。

三、建设新宁铁路

（一）第一期工程

1906年5月1日，陈宜禧在斗山圩将铁路转车盘上的火车头原地旋转180°，并宣布新宁铁路正式开始动工。按照原定计划，首期工程为斗山至新昌（今属开平），但由于新昌到水步一带，多为新昌甄姓的产业，甄姓村民借口"轨道车头有碍水利祠墓，具禀县善后局，请饬移设。"企图敲诈一笔巨额赔款，铁路公司未作让步，搁置此段工程，将终点站改为公益。另外一些乡民则认为铁路通过有损"龙脉"，竟要求铁路弯曲绕过。更有甚者，认为火车经过会五谷不生。由于得不到县衙的支持，只好被迫让步，造成线路不必要的弯轨有39处之多，从而增加工程造价，影响行车安全。

铁路依靠当地的技术和劳工，经过3年的施工，在1909年3月21日完成长59.3公里的铁路，公益机器厂也建成投产，全部耗资共259万元。建成后，清廷于宣统二年（1910年）委派商部检查大员胡朝栋查验铁路，查验报告指出"铁路各车站点缀完美，形势整齐，水塔、车厂等设备都很理想，尤其是煤仓之建设与装卸火车用煤方法，不费人力，堪称先进；涵洞、管道、桥梁之架设，亦甚得法。"铁路通车后，引起海外的强烈反响，美国"西雅图星期日时报"用整版篇幅刊登陈宜禧修建新宁铁路的宣传画，标题为"陈宜禧——中国的詹姆斯·希尔"，在文字说明中引用弗兰克·卡朋特的评价"一条具有划时代意义的铁路正在广州西南兴建，它用中国人的资本，中国人的劳力和智慧，这就是新宁铁路。"新宁铁路一期建成后，清廷聘请陈宜禧为农工商四部顾问，尊称为“资政大夫”，官阶由正三品晋升至正二品，陈宜禧获得了当时全国铁路界最高的政治地位和社会地位。

（二）第二期工程

当第一期工程动工后，铁路公司就着手筹划第二期工程，计划将铁路向新会、鹤山、南海等地延伸，与佛山的铁路连接，并改名为宁佛铁路公司。但计划由于遭到粤汉铁路公司坚决反对，清廷也不支持，只好另谋出路。1908 年 2 月 19 日，孙中山来到新会牛湾会晤陈宜禧，陈宜禧表示支持孙中山的反清革命。1908 年 3 月 8 日，陈宜禧和余灼再次上书邮传部和农工商部，要求准许铁路修到新会，并坚持铁路日后一定要连接佛山。但此方案不仅继续遭到粤汉铁路公司反对，并受到新会、开平一些乡绅的抵制。因此邮传部只批准铁路公司先修公益至新会一段的立案，公司随即进行线路测量。

铁路公司修建此路目的在于接通扼江海之要冲的交通重镇江门，按原定计划，铁路从公益过潭江至开平水口过石步河进入新会。当陈宜禧在河村墟测量路线时，受到河村汤姓、谈雅关姓士绅的阻挠，认为火车从河村墟通过会给村民带来灾难。铁路公司只好将铁路路线改为由麦巷往东至牛湾过渡潭江，然后向北经司前至会城。导致工程延误到1910 年 1 月 21 日才正式动工兴建。为了能令火车过渡潭江，陈宜禧向香港定制一艘长105.57 米的铁船，船上铺设三条轨道，每次能载一列五节长的列车，成为中国第一条使用火车渡轮的铁路。1910 年 6 月，当公益至会城段路基即将完工时，陈宜禧又一次上书邮传部，申请立案修筑至北街。7 月就获得邮传部的核准，并于 1912 年 1 月动工兴建。到了宣统三年（1911 年）九月一日，公益至会城段竣工通车。而会城至北街段，由于受到白石乡绅的阻挠，直到民国二年（1913 年）三月初六才建成通车。由于第二期工程实际招股只有 562 370 元，资金入不敷出，借、欠款高达 1 035 144.8 元，公司因此债台高筑。

（三）第三期工程

经过两年的经营，铁路公司逐步还清公益至北街段的欠款。1915 年 12 月，筹议台城经白沙通往阳江的铁路，并拟定了招股章程，在国内外报纸刊登广告。1917 年 1 月15 日铁路公司正式向交通部呈请先修台城至白沙段的立案，交通部核准立案后，预计资金为 70.9 万元，陈宜禧鉴于海外招股困难，便采取两种方式进行招股，一是凡铁路沿线所占用的土地，按当时地价折算招股；二是发动沿线村镇居民，分姓氏宗族进行集股。在短时间内就筹得资金 50 万。集股方法虽然解决资金困难的问题，但却激发各村各姓宗族之间的矛盾。潮境黄姓代表曾上书交通部，指陈宜禧徇私另与白沙马姓立约，取消原定经过潮境的路线，改为经三合直达白沙。经多方调停，反复协商，到 1919 年 3 月，双方同意从长江站修一条长 4 公里直达潮境的支线，后来因资金短缺，只好作罢。

1920 年 3 月 20 日，全长 28.6 公里的第三期工程竣工，铁路董事局为陈宜禧铸造

铜像立于宁城车站旁。5 月 12 日，新宁铁路全线通车，共招股本 3 658 595 银元，购地 30 654 亩，全长 133 公里，车站 47 个，桥梁 215 座，涵洞 236 个，另外建有公益、北街码头，公益机器厂，牛湾渡口等工程。据 1918 年《广东新宁铁路实业估值统计册》统计，全线不动产价值 3 859 808.54 银元；动产价值 1 505 952.07 元，共价值 5 365 760.61 元。当新宁铁路全线完工后，其价值约为 800 万元（图 4–4）。

图 4–4　民国九年（1920 年）台城至白沙支线的新宁段工地

（四）经营新宁铁路

新宁铁路于 1909 年开始运营。主要收入来源于客运，每日开出长途列车 8 次，短途列车 4 次，每列火车挂六七节车厢，并且客货混列，客车座位分为头等、二等、三等。但客运量不大，利用率低，管理费用高，造成铁路公司财政十分困难，铁路所需的机车、设备、燃料等一切皆由西方市场供应。由于过分依赖西方市场，铁路公司经常蒙受巨大损失。1914 年 10 月，因为洋煤来源短缺，造成火车停驶两站。1916 年至 1918 年间，由于国际煤炭价格上涨，公司支付的煤炭费用比原来估计的增加 3 倍多。

此外，地方军阀对新宁铁路公司的敲诈勒索更加令其财政雪上加霜，本来铁路公司为了支持孙中山的护法军政府借出了 12 万元，借款按照加收 20% 的车费的方式扣还。当时孙中山严令不准军队坐霸王车。但大小军阀对孙中山的法令不予理睬，导致勒索之势越演越烈，有增无减。1925 年，粤军总司令许崇智每月向铁路公司借饷一万元；驻江门的第一军则收 5 000—7 000 元，造成铁路公司入不敷出，债台高筑。到了 1926 年，公司累积欠款达到 140 余万。

由于新宁铁路公司经营不善，导致发生工潮，债务人纷纷要求提早还债。1926 年 11 月 11 日，广东省政府以“工潮迭起，管理不善”为由，省建设厅派出陈延炆、钟启祥、刘鞠可 3 名官员会同公司推举的两名董事组成新宁铁路整理委员会接管铁路一切权力，进行为期 6 个月的管理。此事立即引起股东们的反对并致电到广东省政府要求收回成命，但政府不顾民意，仍然派人接管路政，股东们反对陈延炆等人接管权力，只同意他们担任顾问，陈宜禧更加拒绝交出总理权力。1927 年 2 月 21 日，陈延炆向江门警备司令部调遣一连军队对铁路公司进行武力接管，强令公司每月支付 3 000 元军饷作为酬劳。4 月 20 日，陈宜禧被迫返乡避居，两年之后病死。

（五）新宁铁路兴衰

广东省政府原来决定整理委员会管理铁路半年后交回大权，但整理委员会千方百计拖延整理期达 2 年之久。1927 年蒋介石对中国共产党的整肃后，陈延炆等人亦开始进行整肃，派出军队和路警，查封有中国共产党背景的铁路职工联合会，并以“平日工作不良，性近怠情”的罪名几个月内解雇 100 多名工人。铁路职工由 1 600 多人减至 1 302 人，并且平均每人每月薪水从 30.5 元减至 22 元，而陈延炆等人工资则不断大幅提高，整理委员会中饱私囊的行径在不断受到公司职工和股东的反对下，1928 年 11 月被迫同意召开股东大会，选举新的正副总理。1929 年 1 月，整理委员会结束，新宁铁路重新恢复为商办。

新宁铁路恢复为商办之后，新的管理层随即进行一系列改革，1929 年就重新建造了宁城和北街两个车站，1930 年，公司为了满足乘客需求，在 1927 年 5 月 16 日开通北街至会城的有轨汽车的基础上，加开宁城至公益、宁城至白沙的有轨汽车，令铁路全线有轨汽车每日行走增加至 45 趟，收入不断增加，如西南支线，每日一车一卡，来回共 4 次。“收入客脚一百二十馀元，而汽油耗消，仅需十元左右。”1932 年 6 月至 1933 年 6 月，新宁铁路客运量为 3 039 327 人次，货运量为 128 704 吨。公司从 1929 年至 1932 年，公司每年平均盈利达到 20 万至 40 万元。

由于世界出现经济大萧条，公路逐渐发展，汽车与火车展开激烈的竞争等原因，铁路客货运量急剧下降。1933 年之后，公司盈利转盈为亏，由于公司财政出现困难，只好停止一些建设项目，其中最大一项为公益铁桥，1931 年借款 271 万由美国马克敦公司建造，计划 2 年内建成，但只建了两个桥墩就停工了。又企图以减薪裁员的方式渡过难关，1933 年就解雇 28 人，并宣布留任者一律减薪。翌年又解雇 200 多人，到了 1935 年，铁路职工仅剩 959 人，然而收入依然不断下降，新宁铁路公司面临破产的危机。

1937 年七七事变之后，新宁铁路便成为日军空袭的目标。10 月 15 日下午 1 时 30 分，日军派出飞机 10 架次空袭牛湾渡口，渡江铁船被炸沉。10 月 20 日，又派飞机 4 架轰炸会城火车站。铁路受到严重破坏，只能分段行驶有轨汽车。1938 年 10 月广州沦陷后，国民政府为防日军利用铁路推进，下令拆毁铁路。铁路由沿线十里之内的居民分段拆毁，车头、车厢、铁轨拆毁掩藏，路基被掘烂，枕木则作为拆铁路的居民的酬劳。1939 年 2 月 14 日，新宁铁路公司正式结束并遣散员工。一个月之后，江门沦陷。铁路沿线共值 3 000 万港元的设备、车厢、铁轨大部分遭到日军洗劫或散失于民间，到了 1942 年，国民政府仅收集到 33 782 条铁轨用来修建黔桂铁路。至今，新宁铁路仅剩下北街火车站遗址（图 4–5 和图 4–6）。

图 4-5　本书主编邓复群带领学生调研新宁铁路江门北街火车站遗址

图 4-6　新宁铁路北街站旧址照

第三节　邑商爱乡创业家和慈善家

早期五邑侨乡人“穷则思变”，背井离乡，漂洋过海，从“卖猪仔”到移民潮，从“金山伯”到融入国际化的企业家……无不在谱写着五邑人艰苦奋斗、顽强求生和拼搏创业的文化史。五邑地区先后涌现一大批爱国爱乡的创业典范：如创建中国最早的民间铁路之一——新宁铁路的铁路先驱、旅美华侨陈宜禧，冯国经、吕志和、利国伟、伍舜德、李文达等一大批老邑商，维达李朝旺、银雨樊邦弘、金羚潘皓炫等一批新的邑商精英。在这种五邑创业文化力量的推动下，江门五邑地区建成了十多个国家级产业基地和十多个省级技术创新专业镇，促使五邑侨乡不断迈向经济强市。

一、铁路先驱：陈宜禧

陈宜禧（1844—1929 年），广东省台山市斗山朗美村人（详见第四章第二节）。

二、南洋巨商：陆佑

陆佑（1846—1917 年），广东省鹤山雅瑶镇黄洞村人，著名华侨实业家、金融家、慈善家。陆佑出身寒微，早年以“契约华工”的身份（即“卖猪仔”）到马来亚（即“马来西亚”）谋生，历尽艰辛，备尝磨难。在生活极端贫困，处境非常险恶的情况下，他凭着朴实勤俭的禀赋，坚忍不拔的精神，靠开采锡矿和承包英国殖民地政府各种税捐起家，奠定了事业基础，后来业务扩充到种植橡胶和椰子，开设工厂，经营商业、金融业，投资地产和航运业等。他以炽诚锐进的创业精神，一跃而成为当时马来西亚最显赫、最富裕的企业家，成为马来西亚有名的“锡矿大王”和“橡胶大王”。陆佑积极从事公益事业，在马来西亚捐建了一批街道、老人院、学校和同乡会馆，为香港大学捐建的学校本部，被命名为“陆佑堂”，在江门市五邑大学捐建了“陆佑图书馆”。

三、金融才子：利国伟

利国伟（1918—2013 年），祖籍广东省开平市赤水镇沙洲管理区水井坑村，1918 年 8 月 5 日生于澳门，是香港著名财政金融家、社会活动家、教育家、世界经济著名人士，“何梁何利基金”的创始人之一。

利国伟自幼随家人返回香港生活，1937 年至 1940 年，尚未毕业的他加入在港开设分行的国华银行做见习生。他在国华银行刻苦工作，更练得单凭手指便可分辨伪钞的技巧。1946 年，利国伟在何添引荐下加入恒生银号，担任会计，又负责处理海外黄金买卖。凭借其银行业背景，再加上通晓英语，利国伟加入恒生后甚得何善衡和何添等倚重。他在 1950 年升任助理经理，1953 年出任副经理，1957 年任经理，1964 年任副总经理。1960 年，恒生银号改组为公共有限公司，并正式易名为恒生银行，利国伟即获委任为该行首批董事之一。除了恒生的工作，利国伟还开始身兼美丽华酒店企业等多家公司的董事职务，并在日后出任希慎兴业副主席，以及新世界发展、邵氏兄弟（香港）、上海实业控股和九巴控股等多家公司的董事。1967 年，利国伟接替何添出任恒生银行总经理，1976 年兼任副董事长，1983 年接替退休的何善衡兼任恒生执行董事长。他在 1987 年卸下总经理的职务，但仍继续担任执行董事长到 1996 年，后再留任非执行董事长到 1997 年为止。1997 年年底，服务恒生满 51 年、年近 80 岁的利国伟卸任董事长一

职，但仍留任董事，并于1998年年初获委任为名誉董事长。

利国伟本身没有接受过大学教育或出国留学，但是凭借个人努力，他不单历任恒生银行董事长、行政立法两局议员、联交所主席和金融管理局外汇基金咨询委员会委员等重要职务，而且还担任过中文大学校董会主席、港府教育委员会主席、教统会主席和香港大学校董等与教育相关的公职，负责统筹香港的高等教育规划，在香港政商界和教育界均享有深重的地位。他先后获香港中文大学和香港大学等多家海内外高等院校颁授的荣誉博士学位。

利国伟夫妇热心支持祖国和家乡经济建设与社会公益事业，其捐办的事业涉及教育文化、体育、医疗卫生、公共设施，乃至赈灾、济贫、恤难等。几十年来，他以慈善为怀，为公益事业和慈善机构慷慨解囊捐款赠物，惠及乡梓，泽被后世。改革开放以来，利国伟伉俪在江门五邑地区捐资达2.2亿港元，其中在开平捐资近1.5亿元人民币，兴建60多所中小学校，医院、文化教育等150多个项目。“但愿此身长报国”成为利国伟“爱国创业”人格魅力的最佳诠释。

四、“美心”骄子：伍舜德

伍舜德（1912—2003年），祖籍广东省台山市四九镇塘虾村，生前任香港陆海通有限公司经理，香港美心食品集团企业董事长兼总经理，先后被授予“振兴台山特殊贡献奖”“江门市荣誉市民”“江门市区特别贡献奖”等荣誉。

1935年，伍舜德毕业于广州岭南大学商业经济学系，同年应香港陆海通有限公司邀请赴港，就任于该公司的六国饭店，当司理会计，开始了他人生的奋斗历程。他因得上司赏识，很快被委任为陆海通公司经理。后又以优异的实绩进入董事会，成为董事会中最年轻的一员，并一直担任该职至病逝。1956年，伍舜德抓住香港饮食和食品行业日益兴旺的良好商机，与其弟弟伍沾德创办了“美心食品有限公司”，伍舜德亲自担任董事长兼总经理，兄弟俩齐心协力，使美心公司迅速崛起，几十年来像常青树般矗立在港九，成为香港饮食业中的佼佼者。

伍舜德一直心系桑梓，热衷于社会公益事业和支持家乡发展教育事业，铸就了“爱国爱乡、求真务实、艰苦朴素、无私奉献”的伍舜德精神。改革开放以来，其家族在国内的捐赠总额累计超过2亿港元，其中有1亿港元捐在家乡，捐建的项目达40多项，是台山改革开放以来捐献最多的旅外乡亲，被台山人民尊称为“旅外市长”。鉴于伍舜德先生卓越的学识、德行，以及长期以来为发展内地教育文化事业付出的辛勤努力和作出的重要贡献，经国务院学位委员会批准，清华大学授予伍舜德先生清华大学名誉博士学位。

五、酒店大亨：吕志和

吕志和（1929— ），广东江门人，祖籍新会大泽镇。从曾祖父起，吕家便在美国谋生，繁衍了三代，至吕志和父亲吕金铨才举家归国。1934年，吕家移居香港。吕志和曾荣获香港太平绅士员佐勋章，是侨港新会商会永远名誉会长、第九届全国委员、江门市第九届政协委员、江门五邑海外交流协会和江门世界五邑乡亲联谊会名誉会长、江门市教育促进会名誉会长、五邑大学教育基金会有限公司董事会副主席、上海复旦大学校董。2001年荣获加拿大域多利大学法学博士。

吕志和现任香港嘉华国际集团有限公司主席、嘉华地产（集团）有限公司主席、香港酒店业主联会主席、东尖沙咀地产发展商联会主席等职。60多年来，他脚踏实地不懈奋斗，把握不同年代赚钱与发展机遇，将集团多元化发展，成为一个集建材、房地产、酒店业等于一体的跨国企业，并有“石矿大王”“酒店大亨”等美誉。1957年开始，吕志和了解到香港建设发展很快，对砂石需求甚多，引发他开拓石矿场生意的念头，用几百万元向港府购买了一个石矿场，开始经营石矿生意，动用开山机正式经营矿务，向客户供应建筑石料、石砖以及渠管、水泥、花岗石等。他经营的大矿场便于新型重机械开采，效益更高，此时也正值香港经济面临起飞，市场对建材的需求不断增长。他又于1963年后再度购买了大批采石机械，专注于石矿生意，博得“石矿大王”的称号。1964年，吕氏正式成立了嘉华集团，与父亲一起，斥资一亿六千万元投得秀茂坪安达臣大亚石矿场，拥有石矿场第一区的开采权。在石矿业务上轨道后，吕志和于20世纪60年代乘着香港经济发展，随后进军建材、地产及酒店等行业。

1977年，香港政府推售尖东首幅填海地皮，当时市场对尖东前景并不看好，认为尖东地区是一片荒地，没有开发前途。早在20世纪70年代初，吕志和就对尖东地区作了调查，发现尖沙咀旧区的发展已达饱和程度，以后要发展只能东移，且地皮就在海边，是发展酒店业的理想位置。吕志和搜集了足够的资料以支持自己的观点，并凭这些资料说服了香港汇丰银行，取得汇丰银行的支持，为他安排建设贷款，最终以6 800万元投得。在吕志和的亲自监工下，海景假日酒店仅花了3亿多港元就盖成了。该项目赶上了20世纪80年代香港旅游业的迅速发展，尖东地区发展成香港一个繁荣的地区，吕氏的海景假日酒店身价倍增。20世纪90年代初，该酒店市值逾10多亿元，吕志和拥有其中56%的股权，成为香港以私人而非以上市公司或家族名义控有海景假日酒店的人。吕志和一手创立的嘉华集团旗下拥有两百多间附属公司，单是酒店已有20家，1998年更成为美国第12大酒店财团，他也成为新一代的“酒店大亨”。

进入21世纪，吕志和的企业已扩大至地产、建筑、建材、酒店、食肆、高尔夫球场、运输、采矿等多个行业，其身家已逾百亿港元。

吕志和在商业上获得成功的同时，不忘支持家乡建设和社会公益事业。1992 年他捐资 300 万港元兴建江门华侨博物馆。吕志和先后捐赠数百万港元支持祖国的天文事业，1996 年 1 月，捐资 100 万元给中国科学院紫金山天文小行星基金会。1996 年，南京紫金山天文台宣布，将该台于 1995 年 6 月发现的、国际天文台国际编号为 5538 号的小行星命名为“吕志和星”。

六、印刷商才：冯学洪

冯学洪（1921—2010 年），广东省鹤山市古劳镇人，曾任香港钻石酒楼有限公司董事总经理、香港雅图仕印刷有限公司董事长、香港公有隆海产有限公司和创业置业有限公司的董事总经理；同时，他还曾担任江门市和鹤山市政协委员、香港鹤山同乡会理事长，获授“江门市荣誉市民”称号。

1939 年，冯学洪为了改变家中的困境，在乡亲们的帮助下，取道澳门到达香港。初到香港，冯学洪先在一家印刷厂当学徒，做了两年多的时间，受了不少苦，而且工钱低微，生活仍然很贫困。1941 年，冯学洪与大哥、二哥凑钱开设了一间小食店，生意也很平淡。冯学洪根据当时香港经济的实际情况，转行做起了粉面加工生意，开了一间“源源粉面加工厂”，专门生产粉面供应食馆使用。由于精心制作，质量好，且送货上门，该厂生意越做越旺。1943 年，冯学洪兄弟三人，利用几年来省吃俭用存下的积蓄，加上送货时从食馆师傅那里学到的知识，又转行做起了饮食生意，生意日渐兴旺。1947 年，冯学洪的饮食生意越做越大，为了扩大经营规模，他和两位好友一起创办了“香港钻石酒家”，并担任总经理职务。1977 年，曾当过印刷学徒，对印刷业有一定感情和认识的冯学洪，在小儿子的提议下，在香港办起了一家印刷厂——雅图仕印刷有限公司，这标志着冯学洪正式进军印刷行业。数年后，他又和好友梁镇华合作创办了利奥纸袋有限公司，专门制造纸袋。1980 年，印刷厂扩大经营，搬进了一间 1 300 多平方米的厂房，购置了一台德国产的四色彩印机，又新添置了一批设备，以后又陆续发展到有 9 台新式彩印机，还有电脑分色机等先进设备。严格的管理、先进的设备、精美的印刷质量，使雅图仕印刷有限公司的业务不断拓展。

离乡数十年，冯学洪先生时刻也没有忘记家乡和家乡的人民，积极投资家乡建设，1991 年，他投资近 1 亿港元在古劳镇建设一个像香港那样规模、甚至更大的雅图仕印刷有限公司，安排了家乡 400 多人进厂就业。该公司占地 68 亩，全部机器都从国外进口，分设生产区、生活区、办公楼。生活区内有膳堂、图书室、学习室、娱乐室、员工宿舍、球场、泳池等。

一次故乡之行，冯学洪看到少年时就读的龙溪学校已经破旧，且教学设施不齐全时，即向乡亲们和镇领导提出要捐资重建龙溪学校，为教育事业出把力。回港后，他积极发动龙溪同乡会的乡亲们，自己也带头捐款，共筹得 70 多万港元，将龙溪学校修建好并添置了一些设施，使学生们能在较好的环境里学习。

冯学洪不但关心古劳镇的教育事业，对鹤山市的教育事业和公益事业也非常关心，他先后发动并参与了鹤华中学、鹤山职业中学、三合大桥、鹤山市人民医院、五邑大学鹤山楼等项目的筹建，他个人捐款共计有 100 多万港元。

七、蚝油大王：李文达

李文达（1930—　），祖籍广东省江门市新会区七堡镇，出生于澳门，是“蚝油发明家”李锦裳创办的李锦记的第三代传人。现任李锦记集团主席，佛山市、珠海市和新会市的政协委员，江门市、新会市荣誉市民。

1954 年，李文达加入李锦记，协助父亲李兆南先生管理业务。1972 年，他继承祖业，接任公司主席一职，成为集团的掌舵人，经过几十年诚信经营，艰苦耕耘，将“李锦记”成功打造成为百年的民族企业，国际知名的酱料领导品牌，产品行销五大洲 100 多个国家和地区。

李文达秉承“思利及人、造福社会、共享成果”的企业精神，肩负起“取之社会、用之社会”的责任，在不断发展“李锦记”这一民族品牌的同时，李文达积极投身各项慈善事业，热心公益，回馈社会，积极推动教育事业。多年来，李文达敬老扶贫、兴医兴教、援乡建桥，累计捐赠逾亿元。2012 年，广东省人民政府授予他“2012 南方 · 华人慈善盛典‘十大慈善人物’奖”。

八、快乐“善翁”：马观适

马观适，广东新会睦州镇龙泉村人，香港著名建筑专家、香港成业打桩建筑有限公司董事长。

马观适先生出生于新会区睦州镇龙泉村，12 岁的时候奔赴香港求学，大学毕业后进入打桩行业。他在香港奋斗了几十年，摸着石头过河，边学边做，事业逐渐发展起来，成立了自己的成裕打桩建筑工程公司，曾经为香港 250 多个屋村的建筑工地打桩，被誉为“打桩大王”的他创造了香港建筑史上的奇迹。“打桩大王”这个称号背后还深深地烙上马观适的民族情怀，这与他创业时香港处于殖民地时期这段特定历史息息相关。20 世纪 70 年代的香港，马观适在四大外国打桩公司的“围标”中突围而出，成为香港打桩界中唯一的一张中国人面孔。他所受到的困难与阻碍可想而知，但是本着一种为中国人争口气，不让香港的财产被瓜分的热忱之心，他排除万难，打下了一根根“中国桩”，在香港扎稳了自己的脚跟。在香港、澳门、华南和东南亚完成大中型奠基打桩

项目 180 多处，积累资产数十亿，成为中国桩界第一人，而被誉为“中国桩王”。[①]

已成香港著名实业家的马观适自谦为“打桩佬”，自称对打桩有资深的研究。马观适说：“我的成功之道也就是‘为人之道’，那就是做人要讲究诚信。”“诚，就是真诚，不虚伪，不作假；信，就是讲信用，不违诺。做建筑这一行讲究诚信尤为重要。如果做建筑工程，不讲诚信，偷工减料，轻则造成豆腐渣工程。重则会造成人民伤亡，所以做人的法则是要讲诚信。”[②] 马观适认为：“打桩的理念就是，一个高楼，如果桩基不好的话，可以影响到千千万万人的生命财产。一间大楼，都是靠打桩这个根基，做人也是，要有一个好的根基。”

在谈及“如何创业？”马观适认为，一要诚实守信，敬业乐业；二要创立自我品牌，找好的合作伙伴；三要充分利用人际关系；四要有充足的资金。马观适以亲身经历一步步揭示创业所必须具备的条件。马观适鼓励学生在创业前先就业，积累一定的经验和资金时再创业，并在工作期间建立一个足够强大的人际关系网络。[③]

马观适先生一直倾心家乡的慈善公益事业，从 1987 年至今，据粗略统计，马先生为新会的慈善福利事业捐款已达 5 193.5 万元。马观适的爱乡善举，得到了政府、家乡人民的赞许，先后被授予“江门荣誉市民”“新会荣誉市民”称号，是新会区政协名誉主席，并被聘任为新会区慈善会的终身荣誉会长，2007 年还被广东省慈善总会授予“南粤慈善之星”称号。2010 年 1 月 24 日，马观适到北京全国人大会议中心参加“企业社会责任与民族振兴高峰论坛”，并获得“2009 中华杰出商业领袖”奖。2013 年 7 月 17 日，马观适荣获“第六届薪火相传中国文化遗产保护年度杰出人物”奖。马观适被聘为江门职业技术学院名誉院长（图 4–7）。

图 4–7　马观适先生雕像

① 龙舒婷. 马观适：我希望人人都是义工 [EB/OL].（2013–11–12）[2018–07–09]. http://cssd2013.act.tvscn.com/news/newscontent–342027–1.htm.

② 卓国雄. 马观适在邑大讲课时自谦：“我只是个‘打桩佬’”[N/OL]. 江门日报，2007–03–25（A2）[2018–05–03]. http://www.jmnews.com.cn.

③ 孟庆雷，黎业业，余淑贞. 马观适为职院学子创业支招 [N/OL]. 江门日报，2010–6–11（A2）[2018–09–07]. http://www.jmnews.com.cn.

九、“全球灯帝”：樊邦弘

樊邦弘祖籍四川简阳，1953 年出生于台湾一个军人家庭。现为香港真明丽集团主席。

1978 年，一个偶然的机会，真明丽集团总裁樊邦弘在国外杂志上看到灯饰行业发展的文章，觉得前景非常好，这给正在寻找发展市场和机遇的弟弟樊邦扬提供了灵感，于是二人合作，在台北市租下了 100 多平方米的厂地，招了 10 多名工人，注册成立了真明丽公司，寓意“真正的光明美丽”。

樊邦弘从代理美国蒂沃利（Tivoli）灯饰产品开始（蒂沃利目前已收购为真明丽集团旗下子公司），于 1978 年在台北从事装饰照明生产，1987 年踏入大陆后开启了后来的“全球灯帝”传奇。1996 年，集团将生产基地搬到了广东鹤山市共和镇成立了真明丽科技园，这里有更大的发展空间。专业先进的生产设备，充裕的劳动力资源，加上完善的产业配套，使真明丽天时、地利、人和三者兼而得之，生产成本大幅度下降，正是因为成本上的优势，使真明丽成为全球最大的发光二极管照明灯（LED）生产基地、全球最大的 LED 全产业链的产品情境体验中心、全球最大的小型灯泡生产基地、亚洲最大舞台灯激光系统生产基地、亚洲第一家获得“美国能源之星”LED 家居产品认证的 LED 企业。

坐落于广东江门市鹤山共和镇真明丽科技园的香港真明丽集团，旗下拥有丽得电子、银雨照明、银雨半导体等主体，在中国香港、中国澳门、中国台湾及欧美等地区拥有 26 家分公司，在集团总部、扬州、江门高新区、越南拥有 4 个生产基地。迄今为止，占据了全球 LED 应用照明及装饰灯市场 50% 的份额，公司产品囊括 LED 路灯、LED 应用照明、LED 商业照明、LED 酒店照明、LED 家居照明、LED 装饰灯、LED 舞台灯、激光表演技术系统、LED 多媒体显示系统、LED 太阳能照明技术应用等多个系列超过一万种产品。

全球很多地方都有真明丽公司的灯饰工程案例，如在中国：2008 奥运庆典广场、北京天安门广场、上海东方明珠电视塔、青岛体育中心，2010 年上海世博文化中心及世博会中的美国馆、西班牙馆等 10 余个主题馆，2010 年广州亚运会等灯光系统。在国际：荷兰国家广播电台、英国伦敦希思罗机场、巴西第一条 LED 隧道照明、苏格兰威士忌遗产中心、瑞典延雪平市，日本成田国际机场、美国圣莫尼卡市、南斯拉夫首都贝尔格莱德商业中心等近千个工程项目都是指名采用真明丽公司银雨照明的产品，银雨 LED 路灯更是在全球有数百个路灯项目工程。

香港真明丽集团自创建以来，秉承“取之于社会，用之于社会”的理念，把扶贫济弱作为公司的己任，用善举回报社会。30 多年来，真明丽用于慈善捐助事业所涉及

款项达1 000余万元，资助范围涉及教育、文化、体育、佛教、科技、生活等各方面。2000年，邦弘图书馆建好后对外开放，是共和镇唯一一家公共图书馆；2001年，为保护历史文物，向鹤山博物馆捐款18 000元，用于文物修复及保护；2003年，真明丽集团设立“真明丽文教基金”，发出助学金76 000余元，有210多名优秀的贫困中小学生得到资助；2003年，真明丽向共和镇政府捐款100万元用于援助建设共和镇中心小学；2004年，江门市举办慈善公益万人行活动，真明丽捐助50 000元；2005年，向鹤山慈善总会捐赠100万元，用于帮助社会那些需要帮助的贫困群体；2008年，向鹤山市慈善会捐款30万元；2008年5月，向四川汶川大地震捐款100万元。

…… 思考题

1. 根据邑商海外创业史，请阐述邑商海外创业的3个阶段。
2. 邑商海外创业文化有哪些主要特点？
3. 江门邑商富有爱乡慈善的优良传统文化，请简述邑商爱乡慈善的代表人物做出了哪些历史性贡献。
4. 谈谈新宁铁路对五邑侨乡发展的影响。

【参考文献】

[1] 张运华．五邑侨乡历史文化概要[M]．广州：广东人民出版社：2010．

[2] 刘志坚，李军．江门五邑海外商业巨子经营之道[M]．珠海：珠海出版社，2008．

[3] 刘国平．东北地区创业文化论[J]．社会科学战线，2009（5）．

[4] 曹威麟，张丛林，袁国富．论中国创业文化的振兴与繁荣[J]．江淮论坛，2002（5）．

[5] 龙舒婷．马观适：我希望人人都是义工[EB/OL]：广东侨网，（2013-11-14）[2013-11-14]．http://cssd2013．act．tvscn．com/news/newscontent-342027-1．htm．

[6] 卓国雄．马观适在邑大讲课时自谦：“我只是个‘打桩佬’”[N/OL]．江门日报，2007-03-25（A2）[2018-03-20]．http://www．jmnews．com．cn．

[7] 孟庆雷，黎业业，余淑贞．马观适为职院学子创业支招[N/OL]．江门日报，2010-06-11（A2）[2010-06-11]．http://www．jmnews．com．cn．

[8] 肖开刚，胡晴晴．腾讯WeCity落地江门人才岛，助推人才岛产业创新[N/OL]．江门日报，2019-08-30[2019-08-30]．http://www．mty．cnjmnet．cn/p/58317．html．

第五章 新会陈皮文化与五邑饮食文化

江门五邑是中国第一侨乡，文化历史悠久，食物资源丰富，形成了独特的饮食习惯。江门美食，名扬天下。饮食在五邑老百姓的心中不是填饱肚子那么简单，不仅仅解决人的最基本的生存需要，更是一种生活方式，一种创业创新历程，透射出五邑人的创新创业智慧。

第一节　新会陈皮文化

一、新会陈皮历史悠久，享誉盛名

赵茂松作词的歌曲《陈皮香飘万里》“陈皮香，香在风中；陈皮香，香进心里。陈皮香，香了青山；陈皮香，香了绿水。陈皮香，香飘中外；陈皮香，香遍南北。陈皮之乡，新会欢迎你！”描写的就是新会陈皮，即新会所产的大红柑的干果皮。新会是著名的柑橘之乡，在汉朝时便开始种植柑橘。汉武帝时，番禺曾征贡“御橘”；三国时，士燮曾送给孙权“瑞橘”(《番禺县志》)，它们应是部分或全部产自现今的新会。早在宋代就已成为南北贸易的“广货”(即广东一带货物的简称，其中新会陈皮也称“广陈皮”)之一。公元987年，就有关于新会陈皮的文字记载。公元1347年，新会外海(今属江

海区外海镇）陈惠甫拨田嘱书中写有“甘（柑）子田租十石”，这是他母亲在元初时的奁田。这说明当时新会就有专门的柑园。相传唐代开始有“陈皮”的名称，而新会专门种柑取皮已有 700 多年的历史。宋代开始，新会人就种植新会柑来开取果皮，但一直规模不大。到明代，就有新会商人利用运销葵扇之机会，也将新会陈皮销售到外省。

由于新会陈皮具有很高的药用价值，又是传统的香料和调味佳品，所以向来享有盛誉。2006 年 10 月 8 日，国家市场监督管理局发布 159 号公告，批准新会柑、新会陈皮为“国家地理标志产品”。2007 年 10 月，广东省质量技术监督局发布“地理标志产品：新会柑、新会陈皮”的省级地方标准。2009 年 10 月 16 日，新会陈皮入选为广东省第三批非物质文化遗产。2009 年，新会陈皮被列入广东省非物质文化遗产。2009 年，新会陈皮被广东省食文化研究会特产文化专业委员会、岭南食文化品牌推介委员会评为“广东最具代表性的地方特产”。2009 年，新会陈皮被评为“江门市十佳农（土特）产品”。2011 年，新会被中国药文化研究会命名为“中国陈皮之乡”和“中国陈皮道地药材产业之乡”。2013 年，新会被中国药文化研究会授予“中国和药文化示范基地”。2013 年，新会陈皮被广东十宝评选活动组委会评为“广东十件宝”之首。2018 年，新会陈皮荣登全国地理标志第 41 位，品牌价值进百强榜，品牌价值 89.10 亿元（图 5–1）。

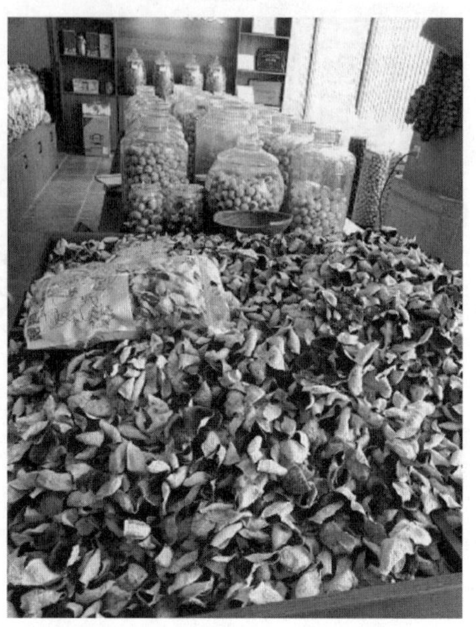

图 5–1　新会陈皮（邓复群　摄）

据《广东植物志》记述：“茶枝柑，别名大红柑、新会柑，主产新会，果皮晒干即中药陈皮的正品。”新会陈皮是芸香科植物橘茶枝柑的干果皮，按采收加工时间和质量可分为：柑青皮（青皮）、微红皮（黄皮）和大红皮（红皮）。将茶枝柑的鲜果皮开成三瓣状，并陈化 3 年以上才称新会陈皮。挑选好的陈皮是有办法可循的，最直观就是从颜色区分：年份短的陈皮内表面雪白色、黄白色，外表面鲜红色、暗红色；年份高的陈皮内表面古红或棕红色，外表面棕褐色或黑色。从气味区分：陈皮具有 3 种气味（香、陈、醇）。3—8 年的陈皮闻到的气味是带扑鼻的香气，并且带果酸味，甜中带酸；9—20 年的陈皮气味清香，醒神怡人，没有果酸味；而 20—40 年的陈皮是纯香味，甘香醇厚；50 年以上的陈皮更是弥足珍贵，随手拈起一片陈皮一观一闻，陈化脱囊。从口感区分：年份短的陈皮口味苦、酸、涩，而年份长的陈皮口味是甘、醇、陈。从茶色区分：年份短的陈皮茶色是青黄色（甚至青色），其味酸中带苦涩，而年份长的陈皮茶色黄红色（甚至红色），气味清香，入口甘香醇厚。经过长期实践，新会人总结了关于处理陈皮的妙招："拣果考眼力，二三刀开皮，反皮看门路，贮皮趁天气，储皮需有道，伺理比心机"；"冬前好天气，失水软反皮，自然陈晒好，晾晒不迟疑"；"麻绳串灶尾熏，麻袋装阁楼放"；"年年晒陈皮，旧皮少伺理"。

新会陈皮之所以味道好、药用价值高，是由新会地区的天时地利人和所决定的。新会陈皮以原新会境内的潭江流域冲积平原，特别是银洲湖沿岸所产为最上乘。民间流传以能看见熊（ní）子塔地方为田区，以会城梅江塞口围（原为 50 多亩滩涂冲积成围）为原产地。在这里，西江与潭江交汇，每年汛期，西江就会将远至云贵高原的土壤随洪水带到银洲湖。洪水与潭江水汇合，形成独特的灌溉用水。而每年的 12 月至来年 3、4 月汛期前，西江、潭江径流减少，海潮倒灌，形成每年一次的咸潮，因而水土成分中逐渐积累海水元素。在两江共同作用下，新会的土壤兼具洪积土与冲积土两种土壤类型，造就了大红柑形成与众不同的品质。另外，新会地处亚热带季风气候区，热量充裕、光照充足，并且雨量充沛，十分利于新会大红柑的生长。独特的"湿盆地"小气候与海洋性季风气候结合，形成了显著的干湿、冷热季节变化，新会柑果皮在此季节下更利于陈化。再有，这里所生长的蒲葵叶形好，叶柄正。盛产禾虫、蒲葵和柑橘，是最适宜的栽培区。新会独特的农业资源和农田基本设施，为典型珠三角精耕细作模式，为培育出优质的新会柑奠定了耕种基础。

（一）独特的药文化

陈皮在药用上有理气、健胃、燥湿、祛痰的功效。中医中的"陈皮半夏汤""二陈汤"是主要靠陈皮治病的。以陈皮为主要成分配制的中成药，如川贝陈皮、蛇胆陈皮、甘草陈皮、陈皮膏、陈皮末等，是化痰下气、消滞健胃的良药。陈皮的药用价值书籍记载甚多。《本草纲目》记载："其味属辛、苦、温。辛能散，苦能泄能燥，温能和百病。陈皮为二经气分之药，但随所配而补泻升降也。"《中医手册》记："橘皮以广东新会所产为佳，功效燥湿化痰，降逆止呕……"《广东植物志》记述："茶枝柑，别名大红柑、新会柑，主产新会，果皮晒干即中药陈皮的正品。"《来自同仁堂的启示》中记述了同仁堂为求一个"效"字，十分讲究处方的配制的辩证原则，药料选用也十分讲究，其中就有"……肉桂用甲级企边的，陈皮用新会的，蜂蜜用河北兴隆的……"

清康熙三十四年（公元 1695 年）的药典《本经逢原》记载："橘（北方，叫橘，广东叫柑）皮苦辛温，无毒，产粤东新会，陈久者良。"历代中医也有陈皮"年深者最妙""以色红日久者为佳"和"他药贵新，唯此贵陈"等论述。

新会陈皮的药用价值也在现在的医学研究中得到证明。根据中山大学药学院、广州医学院、湖南中医药大学药学院的郑国栋、蒋林、杨得坡、周芳、杨雪、林乐维等人采用高效液相色谱法，同时测定不同产地广陈皮中 5 种黄酮成分。研究结果表明，不同产地广陈皮药材中各黄酮类成分的量相差甚大，除生长环境不同外，该结果还与药材采收时间、贮藏年限等因素相关。2007 年，新会中医院就此专门成立了科研课题小组，分

别选取了5年期、10年期和20年期的新会陈皮进行连续4年的对比研究。研究结果显示，不同年份的新会陈皮所含有的橙皮甙、挥发油等有机成分的含量不尽相同，治疗呼吸系统、消化系统疾病效果也有差异。又据广州医药大学附属新会中医院李景新、邱国海、唐荣德、张健民等医生经3年多的临床研究，新会陈皮对治疗功能性消化不良（即FD病，又称痞满证）有显著疗效。其中，单味20年陈皮散2个疗程的总有效率为90.32%，与多潘立酮和碳酸镁联合使用时，其2个疗程的总有效率达94.12%。而5年陈皮散单味的总有效率为75%，10年散陈皮单味的总有效率为62.07%。

（二）别具一格的食文化

在《饮膳正要》记载中，使用新会陈皮的菜肴、药膳条目多达数十条，菜目丰富，新会陈皮的调味作用在书中相当突出。功效：行气健脾、燥湿化痰、降气止呕、舒肝利胆、理中和胃、解结化痈等功效。经常食用陈皮可燥湿，对脾胃有很大好处，因此有“南陈皮、北辣椒”的说法。

新会陈皮的药用保健功能与其调味功用组合，融保健和治疗于美食之中。经过几百年的历程，形成一种有着深厚文化底蕴的、独特的新会陈皮食养文化。用它作原料或调味品烹饪，可除腥膻，可使食材甘香醇旧，齿颊留香。特别在粤菜中，无论蒸、煮、焖、煲、炖、卤都被广泛使用。

在广东汤水和广东甜品中，新会皮是必不可少。雪蛤炖木瓜中只要放几条好的新会皮即可辟去雪蛤的腥味增加香味，凸显了新会陈皮的重要性。一碗上佳的绿豆沙甜品需要由一片上好的新会皮来提升味蕾。陈皮老鸭汤是广东地区一道传统的特色菜，用陈皮搭配滋阴补血的老鸭煲汤，凸显陈皮的弱温性，增加滋补功效。制作鱼类菜肴时若加入陈皮，不但可去除鱼肉的膻腥气味，且能使菜肴特别可口清香。制作绿豆沙、红豆粥等甜品，如加入一点陈皮，味道分外芳香。

二、新会陈皮的创新和创业文化

新会人运用陈皮创业的经历早就融入新会人的生命中。漂洋过海的新会人，将新会陈皮运到大江南北、带到欧美南洋，使新会陈皮扬名世界。1912年前后，新会会城就有陈皮专营店30家。当时，新会陈皮被运到上海、重庆、广州3个主要市场，转销至全国各地。抗日战争前，新会陈皮年产约700吨，但仍供不应求。但是陈皮产业的发展并不是一帆风顺的，20世纪90年代，新会遭遇了大规模的黄龙病突袭，新会柑（陈皮）产业遭受重创。到1996年，新会柑种植面积仅存700亩。经过新会人民多年的努力，不断创新，新会陈皮全产业年产值从1996年不足300万元，发展到2017年超60亿元，从业人员超2万人，成为江门农业第一产业。

新会人积极探索打造陈皮产业化发展道路。自2011年起，新会陈皮产业发生了质的变化，从单一产业走向一二三产融合发展之路。

2002年，当地果农自发成立新会柑（陈皮）行业协会。

2006年，新会柑及新会陈皮成为国家地理标志产品。

2008年，制定《地理标志产品新会柑》和《地理标志产品新会陈皮》两个地方标准，将新会陈皮置于法规保护之下。

2009年，专门设立特色农产品保护开发机构。

2011年，举办首届“中国·新会陈皮文化节”。

2013年，通过招商引资，建成中国首个大型特色农产品商业文化综合体——新会陈皮村。

2016年，成立四大传统产业转型升级办公室。

2017年，成立新会陈皮产业园管委会，出台《新会陈皮产业与产业园规划纲要》。

2018年，广陈皮成为国家科技部重点研发专项“中医药现代化研究”中的重点研究对象之一，新会陈皮产业发展迎来又一波助力和机遇。

（一）新会陈皮村产业化发展

新会陈皮村是以“新会陈皮”为核心，集陈皮交易、特色餐饮、休闲养生、文化旅游于一体的中国首个大型特色农产品商业文化综合体。江门新会陈皮村于2014年建成并投入使用，毗邻小鸟天堂和梁启超先生故居。陈皮村具有近8 000平方米的博览园，以“和药”“陈藏”“养生”和“茶道”为主题的旅游文化吸引了大量外来游客，不但拉动了本地经济的发展，更拉动了陈皮村产业化的发展，提高了陈皮村的知名度和经济效益。新会陈皮村凭借其强劲的实力先后被评为国家特色景观旅游名村；广东省新会陈皮研究院、广东省重点农业龙头企业、文化和旅游厅特色文化产业重点项目；全国2014—2015年诚信示范市场；2015国家特色文化产业重点项目；广东省农村合作社省级重点示范社；广东省中医药文化养生旅游示范基地。

陈皮村村主任吴国荣放弃从事20多年的国际贸易生意，转战陈皮产业阵地，创办陈皮村。吴国荣带领全村人采取了一系列措施促进陈皮产业的发展。首先，为了把握国内外消费者的真实需求、明确企业定位，在广东、福建、浙江、北京、四川、中国台湾、美国等地，进行市场调研，开发陈皮市场。其次，将分散的单一作战的果农联合起来，成立了柑橘种植专业合作社，规模居江门地区之首（图5–2）。再次，建立陈皮行业标准，实现产业化、规模化、现代化种植，建立果园培育的标准。仓储的标准化，在于给每箱产品进行编码，让每箱产品都有它们专属的“身份证”。最后，根据柑果年份、产区、树龄、树种、成熟度等因素，进行统一定价。

图 5-2　新会陈皮投资交易中心（邓复群　摄）

陈皮村围绕陈皮文化，建立了“公司＋基地＋农户＋金融＋旅游＋互联网”的经营管理模式，整合资源，集物流交易、陈皮银行、特色餐饮、休闲养生、文化旅游于一体，不断打造和搭建服务交易平台，带动创新创业的良好氛围，每年吸引 300 多万游客观光购物。陈皮村用文化底蕴带动行业发展，推动新会陈皮行业创新，从而实现产业优化升级，让整个行业趋向健康良性发展。

（二）新会陈皮国家现代农业产业园建设

新会陈皮国家现代农业产业园成功列入国家现代农业产业园第二批创建名单，让新会陈皮产业发展再上一层楼。产业园区的科技与管理服务中心选址在会城金牛头水闸旁，该产业园涵盖圭峰和会城、三江镇和双水镇，区域面积达 4.3 万公顷，园区集聚新会陈皮相关经营主体近千家，培育出健康食品板块、三产融合板块、精深加工板块、绿色种植板块、品牌传承板块等，形成陈皮现代产业集群。一轴、四园、三基地空间布局，“一皮三产四业”全产业格局，2017 年第四季度发布的《新会陈皮现代农业产业园创建方案》明确了一条特色化、标准化、产业化的产业发展之路。

三产融合，是打造全产业链开发格局的关键。所谓的“三产”即一产种植基地，二产研发加工基地，三产交易与文化旅游基地。集种植、生产加工、金融投资、仓储物流、电子商务、文化旅游于一体的产业集群。以陈皮为特色优势产业，以龙头企业为平台，推动生产、加工、销售、休闲旅游业融合发展，促进小农户与现代农业的有效衔接。

在强化产业链延伸方面，新会将打造现代化生态农业＋全域乡村文旅田园综合体，将进一步建设良好农业规范（英文缩写为“GAP”）示范基地，以及推广科技成果应用，启动建设功能食品研发加工区。自 2012 年起，江门市新会区农业部门组织专家和经验户制定标准种植规范，形成了科学合理的新会柑标准化规范种植体系，建立了省级新会柑标准化种植示范区，采用无公害栽培技术和新型种植方式种植新会柑。在示范性种植中，新会柑的产量从每公顷 21 吨增至每公顷 50 吨，果品质量也得到了提升，销售价格由每公斤 3 元升至每公斤 10 元。根据广东省质监局数据显示，截至 2016 年 10 月，新会柑的标准化种植已推广到全区 55 个自然村，250 多农户按照生产标准规程，新会柑种植规模已达 4 333 公顷，挂果规模 3 500 公顷，柑果总产量预计达 70 000 吨。标准化种植加强了新会柑鲜果质量的控制，从源头上保障了新会柑产业的发展。

预计到 2035 年，新会的新会柑、新会南药、新会茶种植将实现高度产业化，同步发展药食茶健，形成千亿产业规模；带动种植面积达 8 000 公顷左右，促进产业聚集、产品增值、农业增效、农民增收，形成具有全球知名度和美誉度的陈皮产业发展引领区。

（三）综合利用研发陈皮酵素

2018 年 4 月 24 日第四届上海国际酵素产业博览会开幕，"新宝堂陈皮酵素"作为上市不久的新产品，夺得"酵素金钻奖"，而且得到央视《态度》和《匠心之路》节目的关注和采访。陈皮酵素是新会陈皮产业迈向医药和保健食品方向发展的重大成果。

一直以来新会人民对于新会柑利用是"留皮弃肉"，剥皮后的柑肉成为无人问津的废料，污染环境和浪费资源。新宝堂花费数十年研究柑肉在酵素中的使用。新会陈皮酵素产品结合新会柑果肉、新会陈皮、益生菌，加上枸杞子、山楂、黄精等药材，经过 720 天发酵而成，无添加剂、无防腐剂、无人工色素、无人工香精、无添加水，每一滴都是新会柑果汁作母液熬合而成，具有丰富的营养价值。经广东省微生物分析检测中心、广州医科大学、中国药科大学和江门市质量技术监督局等机构检测，结果显示新宝堂新会陈皮酵素产品的粗多糖和总黄酮成分含量非常高：每 100 毫升含粗多糖大于等于 1 900 毫克，总黄酮大于等于 150 毫克。其中，总黄酮含量是苹果的 25 倍、蜜桔的 20 倍、苦瓜的 11 倍、香蕉的 8.7 倍、葡萄（巨峰）的 6.7 倍、草莓的 5.3 倍、山楂的 3.6 倍。新会陈皮酵素是目前国内少有的在同一产品中同时富含粗多糖和总黄酮的健康食品。

利用生物技术将柑肉变废为宝，创造出高附加值的陈皮酵素，在解决废弃柑肉污染环境问题的同时，创造了经济效益和社会效益。新宝堂陈皮酵素产品推出后，消费者反馈良好，市场反响热烈，很多投资机构都表现出关注。

（四）创新新会陈皮产业有机种植

五邑人民从未停止对陈皮产业创新的脚步，一直致力于有机陈皮的种植探索，让人们更加放心享用新会陈皮。新会陈皮产业的有机种植，新会乃至全国几乎没有案例可以直接参考，遇到的挑战和难题非常多，这更突显了五邑人的开拓精神。2014 年，温和堂开始探索新会陈皮有机种植，从选址、到培植都精心策划，坚守健康绿色食品的初心。按照国家有机食品的标准，通过土壤培育、柑苗种植、晒果晾皮乃至仓储运营等全过程的严格把控，真正做出绿色健康的新会陈皮。温和堂的新会柑庄园有机种植选址于茶坑

村正尾围，这里位于新会母亲河潭江下游，东边有西江支流汇入，南边有水资源丰富的银洲湖，“三水交汇”的水文奇观，是种出最好新会柑的理想土壤环境，柑场土壤、灌溉水的检测，完全符合有机种植环境。每公顷地严格控制果树种植棵树，柑树间距格外开阔。坚守“三个严禁”：严禁使用除草剂、严禁使用化学药物、严禁使用转基因技术。

第二节　五邑饮食文化

江门家居饮食以岭南饮食习惯为主。中央电视台曾到江门市拍摄春节特别节目《味·道》，江门能在全国众多城市中脱颖而出成为拍摄的对象，主要是因为江门的侨乡文化，这里的饮食不仅具有粤菜特色，还兼容并蓄川、湘、黔、东北等地的风味菜肴，而且华人的文化在美食中能够得到充分的体现。可见，江门吃是出了名的，而且有浓厚的文化底蕴。江门饮食文化除了体现在侨乡开放兼容的内涵文化之外，还充分显现在“一汤两茶”的生活方式和各地区的本土美食之中。

一、五邑“一汤两茶”文化

所谓的“一汤两茶”，就是指江门饮食文化中，吃饭钟爱喝汤、热衷叹早茶、对付热气喝凉茶的文化传统。

（一）喝汤

江门几乎终年炎热潮湿，春秋短，冬天湿冷，时有“回南天”。本地人往往视汤水为必不可少的滋补食品，上桌的第一道菜大多以汤水为主。大多数人有饭后或饭前喝汤的习惯。对于什么时候喝汤，人们常有不同的看法。一部分人认为，饭后喝汤对人体健康更有利。另一部分人认为，吃饭前先喝汤，有益于胃肠对食物的消化与养分的吸收，喝汤更利于人体保持正常的体重。其实，饭前喝汤和饭后喝汤各有利弊，但就江门的实际气候环境而言，饭前喝汤已经成为市民普遍的饮食习惯。

汤的种类可以分为滚汤、煲汤、炖汤、煨汤、清汤等，其中老火汤最受江门人喜爱。汤的用材也是很有讲究的，汤的材料选择可以根据身体情况和时节而定。身体火气壮，选择性甘凉的汤料，如绿豆、薏米、海带、冬瓜、莲子等以及剑花、鸡骨草等清火、滋润类的中草药。身体寒气盛可选择一些性热的汤料，如参等。诸如冬虫夏草、参之类的草药，在夏季是不宜入汤的。即使在秋冬季，滋阴壮阳类的大补草药，也并不适合年轻人和小孩子。值得注意的是，用来炖的一定不能用来煲，如参、茸、燕窝等。

江门人认为，煲汤不需要香料，只需要一片姜或者一块陈皮。喝汤讲究原汁原味，只要煲的时间够，汤的鲜美味道自然会飘溢出来。煲汤在烹制上并不繁琐，但掌控火候和时间很重要，江门人总结出三煲四炖的说法：三煲即煲汤一般需要 3 小时；四炖即炖汤需要 4—6 个小时。烹调时间很长，火不要过大，火候以汤沸腾程度为准，开锅后，小火慢煲，火候掌握在汤可以开着即可。煲汤的技巧告诉我们一个人生道理：做人做事要懂得掌控火候，用心做人。

（二）叹早茶

早茶的来源，要追溯到咸丰同治年间。当时广州有一种名为“一厘馆”的馆子，门口挂着写有“茶话”二字的木牌，供应茶水糕点，设施简陋，仅以几把木桌木凳迎客，聊供路人歇脚谈话。后来出现了茶居，规模渐大，变成茶楼，此后广东人上茶楼喝早茶蔚然成风。

饮早茶是一种岭南文化，也是江门人饮食文化的一大特色。把饮早茶称为“叹茶”（即享受之意）。至今仍流传着“叹一盅两件”（即享受一盅香茶、两件点心之意）的口头禅。上茶楼讲究的是“水滚茶靓”“一盅两件”的氛围。茶叶种类多而优质，有普洱、铁观音、寿眉、水仙、杭菊；点心要味美而精，有虾饺、烧卖、牛肉丸、叉烧包、糯米鸡、咸水角搭配，这种特色，在其他省份是绝无仅有的。饮早茶是江门人的一种生活方式，一种习惯，是享受一种环境、一种氛围、一种早茶时光的特定感觉。

饮早茶的鼎盛时间一般在早上 8 点左右，高朋满座，人声鼎沸，烟雾缭绕，盛况不亚于任何大餐晚宴。待到 10 点多乃至更晚些时候才渐渐进入尾声。遇上节假日，通常都要等排位，等上半小时也是常有之事。

叹早茶比较轻松的另一个重要原因在于早茶对百姓来说经济实惠。个人消费不算负担，举家相聚不算破费，待客会友也不寒碜，场面大小自如，内容也很丰富。此外，叹早茶是人际交往，亲情相悦，信息交流，生意往来的大好时机。那里有他们多年的知己，在茶楼都可以畅所欲言，言无不尽。

叹早茶作为一种生活现象、习俗和方式，不同的茶楼有其固定的消费群体。高档酒楼的茶客多是生意人、白领和闲来无事的阔太太。中低档茶楼多是老年人和退休工人，是饮早茶的主力军。晨练归来者，昨夜搓麻将晚起者，早茶爱好者，早上第一时间便去茶楼各适其适，消费多少全看自己的钱袋子，丰俭由人。

（三）喝凉茶

凉茶是广东、福建、广西地区对煮好的中药液体的通称。凉茶并不是茶，而是中草药熬出来的药汤，凉茶也不一定凉，热着喝效果更好。所谓一方水土养一方人，当时岭南地区多阴霾雾瘴，夏日炎热，春天湿热，秋日燥热，邪火肆虐，人们常患热症，咽喉肿痛、声音沙哑、口腔溃烂，苦不堪言。凉茶除了清热解毒外，还可去湿生津、清火、明目、散结、消肿等，还可治目赤头痛、头晕耳鸣、疔疮肿毒和高血压，夏天完全可以当清凉饮料饮用。对于江门人，可以说“生命源于水，健康源于凉茶”。凉茶独特深厚的文化内涵使其具有持久的扩张力，这是世界上任何饮料都无法比拟的优势。

中国凉茶之乡——江门鹤山古劳水乡。“王老吉”的创始人王泽邦被称为“药侠”，乳名阿吉，清朝嘉庆年间（1800年左右）出生于鹤山古劳水乡。古劳水乡出产草药，有清热祛湿功效，乡民有用草药煲凉茶喝的习惯。阿吉嗜好医道，自幼跟随当地通晓医理的乡亲学习，并经常用中草药给乡民治病，也掌握了配制清热凉茶的方法。

如今古劳水乡仍流传着阿吉学习制作凉茶的故事：阿吉为人善良，经常帮助别人。少年时，一日在西江边碰见一个受伤道士躺在地上，便上前询问。道士自称“不语山人”，为一名广西道士，沿西江而下寻找草药，因道路崎岖不慎摔伤筋骨。阿吉于是将道士搀扶至家中好生照顾，凭借着道士开出的药方很快便使其康复。而后又引路送道士前往大雁山采摘草药。道士观其人品，便在离开鹤山前将一帖凉茶配方传于阿吉，上面有10多种药材的名称，告诉他此方可包医百病，并嘱咐其造福乡民，行医积善。阿吉牢记道士教导，在原来配方的基础上苦苦钻研，终于煲制出甘洌可口的凉茶，遂成就了日后的“王老吉”。传说当年钦差大臣林则徐微服入粤查烟，亲身体验过阿吉凉茶的奇妙后，派人送来了一个刻有“王老吉”3个金字的大铜壶赠与王泽邦。传说慈禧太后也曾借助王老吉益智清神。从此，王泽邦以王老吉为号，首创凉茶铺，兼卖王老吉生药茶包。发展至今，“王老吉凉茶”已成为中国凉茶业的知名品牌，品牌价值不断提升，产品畅销国内外，号称有中国人的地方就有“王老吉”。

二、五邑特色美食文化与创新创业

新会陈皮、开平马冈鹅、杜阮凉瓜、恩平勒菜……这些让五邑人如数家珍的特色食材，被“懂吃会吃”的五邑人精心烹饪，形成各种美味名菜。五邑菜源远流长，蕴含着丰富的五邑特色餐饮文化。五邑人通过饮食倡导一种积极健康的生活观念和科学绿色的饮食习惯。

（一）江门杜阮大顶凉瓜（苦瓜）文化与创新创业

杜阮凉瓜是江门蓬江区杜阮镇的特产，又被称为“雷公凿”和“柿饼蒂”，已有百多年的种植历史，因肉厚爽脆、苦味中带甘香备受民众喜爱，是五邑地区的土特产，也是出口量较大的农产品之一，于2013年获得了“国家农产品地理标志”称号（图5-3）。

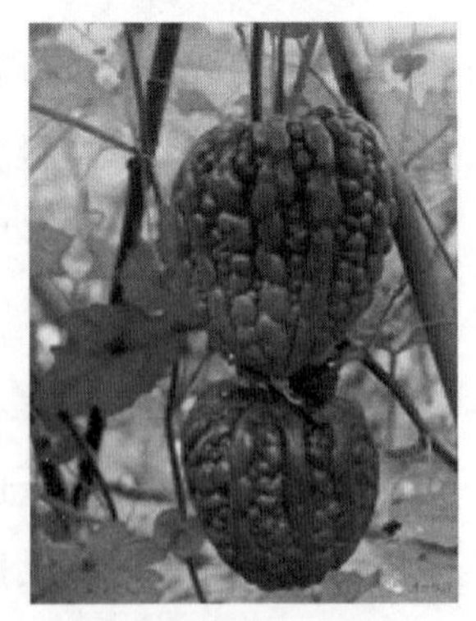

图5-3　杜阮凉瓜

杜阮镇东面的贯溪村与江门市环市街道办接壤，西面的子绵、井根、中和、龙溪、亭园村与鹤山市的共和镇毗邻，南面是新会区的圭峰山脉，北面与棠下镇相连。全镇凉瓜生产面积533公顷左右，年产量9 500吨。由于杜阮一带多为沙质土壤，十分适宜种植凉瓜，且瓜型也有别于其他地方，宽圆、果尖似凿子，色绿如翡翠，肉厚脆口，味微苦而甘，爽脆无渣，质优型美，是其他产地的凉瓜无可比拟的。一年三季种植，以秋季品质最好，行销港澳，只要亮出“杜阮秋”的牌子，不少人慕名抢购。种植凉瓜的秘诀在于，种子要用杜阮本地的纯种凉瓜种，肥水一定要充足，要用花生麸、鸡粪等有机肥。

2017 年第四届广东（江门）杜阮凉瓜美食文化旅游节在江门市蓬江区杜阮镇举行，本届凉瓜节以“品健康美食、游美丽蓬江”为主题，突出绿色、生态、健康、品味的理念，展现魅力蓬江、秀美蓬江、活力蓬江的形象。

2018 年第五届广东（江门）杜阮凉瓜美食文化旅游节坚持突出绿色发展和高质量发展的理念。一枚重达 1.05 公斤的凉瓜勇夺“金奖凉瓜王”称号并拍得 13 800 元，金银铜奖三大凉瓜王共拍得 32 400 元。凉瓜节的举办，大大促进了当地的凉瓜销售，提升了凉瓜的市场价值。杜阮凉瓜平均售价达每公斤 14 元左右。凉瓜节的活动内容和内涵日渐丰富，从最初的单纯促进凉瓜销售、弘扬凉瓜文化，逐渐延伸到对整个蓬江区的美食、文化、旅游资源进行展示、体验和消费。

凉瓜可以做成宴：凉瓜炖汤、凉瓜炒牛肉、凉瓜粥、酱烧凉瓜、冰镇凉瓜、酥炸凉瓜，凉瓜点心、凉瓜糖水。

杜阮凉瓜和黄公辅劝谏之间有段历史故事：明末清初之际，南明桂王朱由榔被清兵到处追捕，明朝遗臣、杜阮枌榆里人黄公辅带着亡国太子藏匿于杜阮叱石岩寺庙内，谋求有朝一日号召天下英雄好汉，再举旗驱逐满清，恢复大明江山。不过，明太子出生帝王之家，自幼娇生惯养，在皇宫里面习惯了奢侈繁华，流落民间后依然没有改掉追求安逸追求享乐的“皇太子”架子，不思进取，动辄扔碗摔盘，破口大骂民间饭菜不好吃，不美味。看到这种情况，黄公辅忧心忡忡，决定犯颜劝谏。怎么进行劝谏呢？他冥思苦想，最后想到了一个好主意：有一天，黄公辅亲自下厨，用杜阮凉瓜做了一味“凉瓜汤”端给明太子享用。明太子刚喝了一口，马上吐了出来，毫不顾忌地破口大骂：“这是什么汤水啊，这么难喝！我以前喝的汤是甜甜的。”黄公辅听罢，敛容正色劝谏说：“你沦落到这般田地，还只计较饭菜的苦味和甜味，毫无进取之心，怎么能肩负起反清复国的大计呢？越王勾践卧薪尝胆，终于东山再起，消灭敌人重建了家国，你的处境和越王勾践一样，越王勾践能够做到的事情，你为什么就不能做到呢？”听完黄公辅一番劝谏，明太子似当头棒喝，当即表示要学习越王勾践，勾践舔猪胆，他就吃杜阮凉瓜，用杜阮凉瓜的苦味来警醒自己。自此，明太子好像变了一个人，勤政爱民，刻苦练武，日夜操劳复国大业，而每天他的饭桌前必有用杜阮凉瓜做的菜和汤。

由于大臣黄公辅用一道“杜阮凉瓜汤”巧妙劝谏明太子浪子回头痛改前非，因此杜阮凉瓜这种原本名不见经传的土特产在当地迅速流传开来，被誉为“爱国瓜”或“忠义瓜”。

（二）开平水口腐乳与创新创业

水口腐乳是开平市水口镇特产，历史悠久。它是用豆腐作原料，经过发酵、加盐、加料等工序制成。特点是酥化、咸度适中，香味诱人，是佐餐的极好小菜，也可以作为烧菜佐料，能使烧出来的菜味更加可口。

生产历史悠久的水口广合腐乳驰名中外，远销香港、澳门、台湾地区以及欧美、中东、南非等 80 多个国家和地区，每年出口量达数百吨。百余年来，广合腐乳不断演变和发展，积淀了深厚的饮食文化内涵，成为开平饮食文化的瑰宝。

广合腐乳曾是老一辈华侨最爱带到国外的食品之一，有“中国奶酪”之称。广合腐乳的创办人方守觉是开平塘口镇黄村人，曾在顺德大良镇开设豆腐店。在那里，他学会了将豆腐加工制成腐乳。1893 年（光绪十九年），方守觉带着长子方文帜回到开平，在水口镇创办了“广合号”腐乳作坊。

抗日战争胜利后，“广合号”重返水口复业。方文帜之子方富燊继承父业，先将积压存放了一年多的 100 多缸腐乳出售。该批腐乳质量好、保存时间长，闻起来特别醇香。当时港澳客商通过水路频繁来往开平，而“广合号”门前就是客运码头，凡路过水口的旅客大多购买广合腐乳。从此，广合腐乳开始畅销港澳及东南亚，并随华侨远销各国。

“广合”有奥秘：“广合人”在掘地三尺后发现，在整个厂区的范围内，地下深土层里，四周的空气里密布着腐乳的菌种。菌种存在多年，生命力非常强，以至其他杂菌很难侵入这块地盘。这样一来，就不需要依靠防腐剂来抑菌，不但节约了成本，而且更符合现代人追求健康的理念。

多年来，广合腐乳公司屡获殊荣，先后获得“中国名牌产品”“全国食品行业名牌产品”“全国食品工业优秀龙头食品企业”“中国调味品行业腐乳十强品牌企业”“广东省名牌产品”“广东省著名商标”“中国国际调味品及食品配料博览会金奖”等荣誉称号，打造出了广合腐乳的金字招牌。近年来，引进现代经营方式的广合腐乳公司获得了广东省著名商标、腐乳十强企业等 120 多个奖项。

（三）开平马冈鹅饮食文化与创新创业

马冈鹅在开平深受当地群众欢迎，被列入广东省优良家禽品种，是广东省四大名鹅之一，并且“马冈鹅”牌肉鹅已获得了国家无公害农产品认证。马冈鹅为农产品地理标志产品，成为马冈镇地方经济的品牌之一。

1925 年，马冈镇翠山村村民梁奕德从高明县三洲引入公鹅，与取自阳江市的母鹅配种，育出了优良的新品种，后来再将新品种鹅与来自潮州的潮州鹅配种，经过长期的系统选育，终于培育出了一个全新的优良品种——马冈鹅（图 5-4）。

图 5-4 开平马冈鹅

马冈鹅品种的优良，首先在于其特殊的“外型”：具有乌头、乌喙、乌背、乌脚的特征，俗称“四乌”。公鹅体型大而紧凑，头大、颈粗、胸宽、背阔，体躯高长；母鹅体躯如瓦筒形，毛紧皮薄，羽色灰黑色。其次在于其优良的“肉质”：肉质纤维比较靓，吃起来口感嫩滑，味道比较浓，其肝较大，约 100 克重。

用马冈鹅可以做出多种多样的菜式，如狗仔鹅、芋仔炊鹅、卤水鹅、鹅螄汤、柠檬鹅、话梅鹅、白斩鹅等，用马冈鹅烧制的菜品肉质鲜嫩，味道清香，深受食客欢迎。马冈鹅可以变化出多种多样的菜式，如五味鹅、甜酸鹅、烧鹅、豉油鹅等。近年来更有开平企业优之名以马冈鹅为主打食材，以白切鹅、烧鹅、豉油鹅 3 种制作方式推介马冈鹅品牌。马冈鹅肉质紧实，而且鹅味浓郁，烧制的鹅，色、香、味都十分独特。

马冈鹅绿色养殖理念值得推广。马冈鹅是一个非常优秀的农业品种，之所以选择优之名是因为他们选择的发展模式，与国家农业农村部坚持的绿色养殖的思路相吻合。比如在饲养方面，从小到大坚持饲喂稻谷，坚持用人工去除鹅毛，这样避免了生产线上用沥青、食用蜡去除鹅毛可能产生的致癌物。

“天生丽质”的马冈鹅，有巨大的开发价值，因此马冈鹅成为了马冈镇和开平市一个响当当的经济品牌。有着百年历史的马冈鹅，承载着开平的饮食文化、特产品牌文化，因此马冈鹅也是一个颇具价值的文化品牌。如今，马冈鹅被正式列入了开平市非物质文化遗产名录。

马冈鹅具有十分广阔的市场前景，在开平地区几乎家家户户都养马冈鹅。养马冈鹅，成了当地农民致富的好路子。改革开放后，马冈镇涌现出了一批养马冈鹅的专业户，这些专业户走在了养鹅致富的“潮头”。如今，还有多家公司进驻马冈镇参与养鹅，让该镇的养鹅业进一步做大做强。目前，马冈镇母鹅存栏量近 15 万只，肉鹅年上市量达 200 多万只，年产值 7 000 多万元，占据马冈镇农业总产值的“半壁江山”。

（四）台山冲蒌黑皮冬瓜文化与创新创业

冬瓜是冲蒌镇土特产之一，栽种历史悠久。品种有黑皮冬瓜和灰皮冬瓜两类，近年

来，黑皮冬瓜由于产量高效益好已成为主导栽植品种。它根系发达，植株生势强，产量高一般亩产万斤左右，高产可达2万斤。冲蒌黑皮冬瓜肉厚，品质优，味清甜，色润、肉厚皮薄、甘甜爽口，老嫩瓜均可食用。除适用焖、炒、炖、做汤，还可晒瓜干、制冰肉凉果、冬蓉果酱等；瓜子及晒干瓜皮可入药，瓜皮干拌红豆煲汤可解暑，煲糖水可解皮肤湿疹等。

2007年，该产品被评为“广东人民最喜爱的土特产（种植类）”，2009年被评为“江门市十佳农土特产品”，2010年被农业农村部指定为世博会“特供”产品。

2002年以冲蒌为中心的《黑皮冬瓜生产技术规程》由江门市质量技术监督局发布实施，同时获广东省农业厅“无公害农产品生产基地”的质量认证，2004年获国家农业农村部“无公害农产品生产基地”的质量认证，同时注册了“冲蒌”牌商标。由于推广农业标准化、实施无害化生产、打造品牌，生产规模不断扩大，现在冲蒌镇年播种面积达8 000多公顷，辐射带动全市2万多公顷的发展。世博会“特供”产品，做到确保包括黑皮冬瓜在内本地供沪农产品生产基地100%纳入监管范围，达到“三有”要求：一是有记录，按标准组织生产，建立健全农业投入品使用档案和生产销售记录档案。并且组织农资检查小组，对黑皮冬瓜产区内的农资商店以及农户使用的农药、化肥等进行抽样监测；二是有检测。指导生产基地配备相应检测设备开展自检，或委托有关质检机构对所有供沪农产品进行定期检测，并出具检测报告；三是有标识，检测合格后，根据《广东省食用农产品标识管理规定》，发放原产地标签并包装上市。

（五）外海面饮食文化与创新创业

外海面有百年以上的历史，最初因产于外海而得名，又称“外海竹升面”。爽滑兼“弹牙”，并伴有靓面加鲜鸡蛋的清香，面条柔韧且有弹性，煮食时不会粘、糊，好吃，口感十足，是江门一种独具特色的传统食品，成为一种独具特色的饮食文化。2007年，外海面制作工艺第一批入选江门市级非物质文化遗产。

20世纪20年代，外海的摊贩就流行挑着担子、边走边敲着竹板叫卖外海面。20世纪三四十年代，所用的外海面都是自产自销。与此同时，流动摊贩不分昼夜地穿梭在街上，24小时都有外海面供应。他们以两块厚竹板互相敲击，发出“独得独、独得独”的响声，清脆而富有节奏感，以此招揽顾客。外海面发展至今，已有一些老字号走向了机械化批量生产道路，当中独占鳌头的当属“黎记”。

清末时，外海面手工制作工艺已在外海盛行。外海面与其他面条最大的不同在于打面（即擀面）的方法不同。制作过程主要用鲜鸡蛋、靓面粉等作原料，反复搓匀，将一条长2米、直径约12厘米的粗竹杠（当地人又称“竹升”）套在拴于面板上的藤圈里，将和好的面团放在面板上，用“竹升”对面板上的面团反复地弹压，每弹压一遍，落些生粉，对折起来，又弹压一遍，直到起“筋”（粘性）为止。打面时，打面师傅全身骑在大竹杠上，飘飘然如同降龙伏虎，腾跃有致，待面块薄如布匹后，再用利刀把面切得细如银丝，所以外海面也有“银丝面”“竹升面”的美誉。把它切成正方状的小块，则可作包云吞的外皮之用，故叫作“云吞皮”。最后将面放在太阳下晒干保存即可。还有，外海面之所以好吃，就是因为它即做即上市。

打面工具包括打面台和竹杠。打面台，用上乘的松木料制成，面板料厚 8 厘米，台面长 250 厘米，脚和枋木料约 10 × 10 厘米，台高 90 厘米。竹杠，要笔直，长 250 厘米，直径粗的一端要 12 厘米。

目前，外海面产业发展也遇到了瓶颈，独特的生产工艺制约了产业发展的规模、缺乏龙头企业的带动致使外海面行业协会推广此项传统工艺十分困难。破解传统产业发展瓶颈需要多方参与，群策群力。首先要改善生产条件，从事外海面生产的企业自身要增加资金投入，建造新厂房，添置新设备，转变工艺流程，开发新品种；其次，引入现代化管理，把传统的制面优势融入现代生产工艺中，从而提高市场竞争力。再次，政府加大扶持力度促进外海面的发展，为企业发展创造良好的营商环境。

（六）恩平簕菜文化与创新创业

簕菜学名“三加皮”“三叶五加”，由于其枝节间带刺，刺呈弯钩状，其叶掌状复叶互生，小叶 3 枚，于叶柄基部亦长钩状刺 3 根，故称其为簕菜。簕菜原生于山坡、沟谷林边和灌丛中。簕菜还有一个很大的特点，就是它有股浓浓的味儿（图 5–5）。

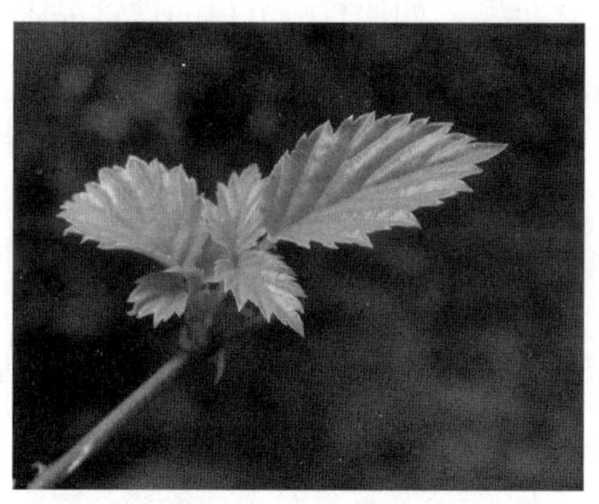

图 5–5 恩平簕菜

据《本草纲目》记载簕菜可“解百毒”，食味甘醇，芳香浓郁，回味无穷。具有清热排毒，消暑解渴，解烟酒，减肥，抗疲劳诸功效。恩平人于 20 世纪初已开始采摘食用，由于其甘凉爽口，带有清香微苦，脆爽味道而被广大食客认可。

恩平地区环境受污染较少，山清水秀，土地肥沃，出产的蔬菜是一级品。簕菜原生于山坡、沟谷林边和灌木丛中，十分粗生，农户喜用它来做院子的篱笆墙，随摘随有，居民也会在天台或阳台上栽种。簕菜可谓恩平野生蔬菜一绝，是一种天然环保型保健蔬菜，全市野生及种植簕菜面积约 2 000 公顷，年产鲜簕菜 9 万担。恩平簕菜已成为恩平特色蔬菜，凡是来恩平旅差观光的客人，食谱桌上都离不开簕菜。簕菜还可烘干用来煲汤饮用，还可深加工制茶。现在恩平簕菜已逐渐在广东省内甚至全国享有盛名，逐渐被

食家所认同。

菜要“窝”，这是恩平菜的特色。眼下人们力捧健康饮食概念，许多以往平民家常见的“穷佬菜”，成了宴请宾客的上菜。窝菜就是先用蒜头爆炒、下水，水开后再放菜、放肉，滚两下，然后用一个大的瓷锅上桌。恩平人觉得唯有此法烹调，才能最好地保留恩平优质青菜的原汁原味。恩平当地人常做猪肝肉片窝簕菜、豆豉蒜子窝簕菜、鲫鱼窝簕菜或簕菜肉粒煎蛋等多种菜式。

目前，恩平市可利用的簕菜资源共 2 000 多公顷，人工种植簕菜近 300 多公顷，簕菜产品年产量 6 250 吨，年产值达 1.2 亿元。目前恩平有 5 家企业、3 家合作社从事有关簕菜的生产、销售活动，有 6 个簕菜品牌。恩平簕菜先后获得“岭南十大养生特产”“广东省名特优新农产品”等称号，2015 年 11 月成为国家农产品地理标志产品。2018 年，“恩平簕菜”获得广东食品安全地方标准认证，簕菜是作为一种合法的食品原材料进行深加工。簕菜企业不再满足于种植簕菜、加工簕菜产品，而是开始谋划“恩平簕菜文化创意园”，打造“旅游 + 农业”特色品牌。

…… 思考题

1. 台山冲蒌黑皮冬瓜还有哪些项目可以开发，进一步打造冬瓜文化？
2. 江门五邑的饮食文化丰富，如何打响五邑的饮食品牌？
3. 如何运用好新会陈皮文化，进一步完善产业链？

【参考文献】

[1] 李景新，邱国海，唐荣德，等. 20 年新会陈皮治疗功能性消化不良的临床研究 [J]. 新中医，2011，43 (04).

[2] 徐智. 承古融今，产业涅槃！[J]. 凤凰周刊，2018 (8).

[3] 刘洁，王丹璇，方凯，等. 江门市新会陈皮产业化发展现状及对策研究 [J]. 南方农村，2016，32 (04).

[4] 唐达. 新会陈皮国家现代农业产业园：用“一座园”讲好“一块皮”的故事 [EB/OL]. (2018-05-28) [2019-9-15]. http://ganpucha.cc/gundongzixun/2018/0613/275.html.

[5] 梁浩虹，黄志锋，赵烈. 新会柑产业发展优势分析 [J]. 乡村科技，2017 (24).

[6] 新宝堂发力陈皮酵素“科研 + 营销”[N]. 南方日报，2018-5-8 (A2).

[7] “味”道：关于江门饮食文化的非典型解读 [N]. 江门日报，2019-9-21 (A15).

[8] 冲蒌黑皮冬瓜供不应求　台山黑皮冬瓜“挺进”世博 [N]. 江门日报，2010-5-27 (10).

第六章
五邑非遗与旅游文化

第一节　五邑非物质文化遗产

五邑地区人民在长期的劳动与生活中，留下了独具特色、丰富多彩的文化遗产。按照当前的非物质文化遗产数量和等级来算，江门是广东省著名的“非遗大市。尤其是民间手工技艺、曲艺等非物质文化遗产，十分丰富，是五邑人民灵感与智慧的结晶，也是五邑地区历史文化的淀积和体现，更是五邑人民的精神风格和性格特质的印证。如今更成为江门侨乡的一张张靓丽名片。江门市对本地区非遗项目保护工作措施得力、成绩显著。2018 年，开平市文广新局荣获文化和旅游部颁发的“全国非物质文化遗产保护工作先进集体”称号，是广东省唯一的县级文化主管部门荣获的先进集体称号。但是伴随着时间的流逝和环境的变化，很多非遗项目面临巨大的生存挑战，它们的生存范围日益缩小、生存条件逐渐恶化，行业发展状况不容乐观。如何对非遗项目进行保护、推广、传承、普及等值得人们深思和探索创新。

一、七大国家级非物质文化遗产

非物质文化遗产是民俗文化中的瑰宝，能非常好地展示出当地民俗文化中的精髓。国家级非物质文化遗产名录，是经中华人民共和国国务院批准，由文化和旅游部确定并公布的非物质文化遗产名录。据统计，目前我市共有非物质文化遗产名录项目 101 项。其中国家级“非遗”项目 7 项，省级“非遗”项目 24 项，其余为市级和县区级“非遗”项目（表

6–1)。

表 6–1　江门市非物质文化遗产名录

区域	国家级	省级	市级
市直	白沙茅龙笔	白沙茅龙笔制作技艺	白沙茅龙笔制作技艺
蓬江区	荷塘纱龙	荷塘纱龙 江门东艺宫灯制作技艺	荷塘纱龙 江门东艺宫灯制作技艺 洪圣庙会 周家拳
江海区		礼乐龙舟	礼乐龙舟 外海面制作工艺 外海太虚拳 佛庄狮艺
新会区	蔡李佛拳 新会葵艺	蔡李佛拳 新会葵艺 崖门海战流传故事 新会陈皮制作技艺 新会古典家具制作技艺 陈梦吉故事 小冈香制作技艺	蔡李佛拳 新会葵艺 崖门海战流传故事 新会古典家具制作技艺 新会陈皮制作技艺 新会鱼灯 双水山地风筝 双水蕉树龙 三江龙乡游龙 大鳌咸水歌 司前金龙 古井烧鹅 小冈香制作技艺 陈梦吉故事 大有凉果制作技艺
恩平市		恩平民歌 茶坑石雕刻技艺	恩平木鱼 恩平歇马励学制 恩平民歌 茶坑石雕刻技艺
开平市	泮村灯会	泮村灯会 金声狮鼓制作技艺 广合腐乳酿造技艺 开平民歌	泮村灯会 三埠金声狮鼓 开平民歌 开平卖鸡调 广合腐乳 司徒浩毛笔 马冈鹅繁育

续表

区域	国家级	省级	市级
鹤山市		鹤山狮艺 咏春拳 东古牌系列酱料制作技艺 陈山火龙香火龙习俗	鹤山狮艺 咏春拳 陈山火龙 古劳三夹腾龙 古劳酱料制作技术 玉桥民间传统艺术节
台山市	台山广东音乐 台山浮石飘色	台山广东音乐 台山浮石飘色 台山大江古典家具制作技艺	台山广东音乐 台山浮石飘色 台山大江古典家具 跳禾楼 打龙船 台山排球 台山冲蒌编织 台山汶村庙会 台山民歌

目前，江门五邑地区就有 7 大国家级非物质文化遗产，包括台山广东音乐、台山浮石飘色、新会葵艺、开平泮村灯会、荷塘纱龙、白沙茅龙笔、新会蔡李佛拳。欣赏这 7 大国家级非物质文化遗产就如精读了江门五邑地区民俗文化，民间音乐、传统技艺、传统美术、体育与杂技等传统文化。因此应切实做好这些非物质文化遗产的保护、管理和合理利用工作，将其流传下去并发扬光大。

（一）台山广东音乐及其传承

台山是闻名遐迩的“华侨之乡”，1998 年率先被省文化厅命名为“广东省民族民间艺术——广东音乐之乡”。广东音乐在形成过程中，吸收了台山地方音乐的精华，例如《哭皇天》《万年欢》等曲调就来源于有 400 年历史的台山民间音乐。2006 年入选第一批国家非物质文化遗产名录，归在“音乐”类，由台山市、广州市共同拥有。

台山广东音乐的形成离不开华侨的贡献。台山华侨身居异国，心牵家乡，既热心家乡文化教育卫生等公益事业，又关注后代成长。清末民初，他们便纷纷捐资在村中办起排球队、音乐社、曲艺社、粤剧社，吸引青少年开展文体活动，培养了一大批体育、音乐、曲艺、戏剧人才。另一方面，他们还从国外带回小提琴、萨克管、小号、电吉他等西洋乐器，融入家乡音乐曲艺社团演奏广东音乐，形成中西结合的侨乡特色。

八音班是台山广东音乐发展的前身和创作、表演载体。“八音”是指用“金、石、土、草、丝、木、匏、竹”等八类材料制造的乐器所奏的音乐的总称。台山的八音班，又称锣鼓架，它用木制成一个轿形的音柜，中间放着掌板用的木鱼、沙鼓等敲击乐。最

初的八音班，多演奏佛教音乐和民间小调，人们称这些曲调为“广东音乐”；到清朝中叶，八音班实行乐曲演奏和戏曲演唱相结合的道路，使八音班逐步走上成熟。就演奏演唱内容来分，可分为锣鼓乐、吹打乐、吹弹唱 3 大类；就乐曲和唱本内容来分，有牌子、小曲小调、广东音乐和戏曲唱本 4 大品类。八音班通常在年节、盂兰会、跳禾楼和红白喜事中举行。

在人才和作品方面，台山市的广东音乐是非常令人瞩目的。非遗项目“广东音乐（台山）”代表性传承人刘英翘是“国字号”传承人。一代广东音乐宗师丘鹤俦、中国音乐家协会原副主席李凌、广东音乐家协会原主席李鹰航、广西音乐家协会原主席甄伯蔚、著名作曲家叶林、国家一级演奏家作曲家刘天一等一大批优秀的创作人才和演奏人才，他们大都参加过台山的八音班活动。编辑出版了《弦歌必读》《琴学精华》《国乐新声》《琴学新编》等粤乐专著。据不完全统计，至今台山人创作的广东音乐计有 300 多首，这些台山人创作的广东音乐曲调优美，韵味迷人，在海内外广为流传。

台山广东音乐作为中华优秀传统文化，需要一代代传承下去并融合时代特色。台山市把学校作为基地，让孩子从小了解广东音乐，培养更多的音乐人才，同时也可以为台山广东音乐培养出一大批年轻的观众。为了更好地传承台山广东音乐，台山市成立了多个传承基地，如幼儿传承基地台山市少年宫、少儿传承基地台城第二小学、少年传承基地台山市李树芬纪念中学、青年传承基地台山市鹏权中学、成人传承基地台山市大江民乐队等。在开展学校基地模式的传承时还要结合时代要求进行创新。由于审美观念发生改变，要想推广台山广东音乐，就要让台山广东音乐融入现代演奏艺术，让学生爱上台山广东音乐。台山广东音乐的发展离不开活动交流，所采取的活动方式应该多样化，如音乐团体与团体之间的交流、群众自发组织的活动交流等。

（二）台山浮石飘色及其传承

飘色，亦称摆色、以八九岁的儿童装扮成戏剧故事、神话传说中的人物，由人们用“色柜”抬着出游。属于人物造型艺术，是台山民间艺坛上的一枝奇葩，誉满海内外（图 6–1）。1996 年，浮石村被广东省文化厅命名为“广东省民族民间艺术之乡——飘色之乡”；1999 年，又被文化和旅游部命名为“中国民间艺术之乡——飘色之乡”；2005 年 12 月，浮石飘色获广东省首届民间飘色艺术表演大赛金奖；2006 年 6 月，浮石村被省文联、省民间文艺家协会命名为“广东省民间飘色传承基地”；2006 年 10 月，浮石飘色队参加第八届民间文艺山花奖暨中国首届民间飘色（抬阁）艺术展演，荣获入选山花奖；2008 年，入选第二批国家级非物质文化遗产名录。

台山浮石飘色来源于“陕西高抬”。清代和民国时期，北京和各地陕西会馆每年正月十五闹元宵时上街表演。清代乾隆年间，浮石举人赵家璧上京会试时，无意中“识破机关”，掌握其中秘密，带回乡中推广，形成今天独具一格的浮石飘色。在每年农历三月三的“北帝诞”，浮石村民列队抬着北帝塑像，以头牌、色标、罗伞、飘色、舞龙、舞狮、高跷、八仙、八音锣鼓组成队伍，游遍全村十坊，欢庆这个民间习俗节日。

图 6-1 台山浮石飘色（黄冠雄 摄）

浮石飘色制作有讲究。事前，组织者以双母双全、长相俊美、意志坚定、胆大开朗、品学兼优为条件，以自愿为原则，挑选一批 8—10 岁的童男童女，利用业余时间集中培训后才当“色仔色女”。色柜为四方形，长 0.9 米，宽 0.6 米，高 0.7 米，四面绘有历史人物故事的彩色图画，柜内放上几块大石头以保持平稳，前后各开两个小孔，用于穿杠，前后共 4 人抬色柜。色梗是一条由艺人精心锻造的纤细钢枝，用来固定飘色人物，色梗有明铁、暗铁、台铁、手铁之分，明暗铁之中又以暗铁为多。色袍是飘色人物穿的戏服，是仿照古代的戏服制作而成。浮石飘色的色袍制作精美，鲜艳夺目，刺绣精巧，是很有欣赏价值的艺术品。

飘色中的人物，站在色柜面上凌空而起的称为“上色”，也叫做“飘”，就是指脱离地面，向群众展示凌空之美；坐在色柜面上的称为“下色”，也叫做“屏”。人物主要靠一条精心锻造的纤细钢枝支撑，这钢枝叫做“色梗”。“飘”与“屏”互相辉映，构成完美的飘色整体。飘色的迷人魅力在于“飘”，其左足立于一根桃枝上，右足摆动，身体凌空无凭，令人惊奇。摆色的内容多为“嫦娥奔月”“牛郎织女”、天牌、色标、罗伞，配以高跷、八音锣鼓队，场面极为壮观。

浮石飘色制作选题多取材于历史故事、神话传说、民间故事，表达了人民群众的良好心愿，表达对真善美的追求，鞭笞假丑恶，充分体现艺术性、思想性、教育性，让教育变得润物细无声。浮石村民热爱民间艺术，自觉传承飘色，努力把飘色发扬光大。由台山市文化馆主办的“浮石飘色进校园”活动在斗山浮石小学举办，台山浮石飘色传承人赵汝潜老师做现场展示和讲解，让更多孩子认识浮石飘色、喜爱上这项传统习俗

文化。

（三）新会葵艺及其传承

新会葵艺有 1 600 多年历史，是广东四大传统工艺之一。由于它有着高超的造型艺术和精湛的编织技巧，并融会了编织、绣花、绘画、印花等工艺于一炉，所以闻名世界。其中以火画扇最为精致，是葵艺中的代表。1915 年，新会竹择葵扇获得巴拿马博览会金牌奖。1958 年，周恩来总理到新会视察，对新会的葵工艺制品给予高度评价。1959 年郭沫若到新会视察，对葵扇工艺作出高度评价“清凉世界，出自手中，精逾鬼斧，巧夺天工，飞遍寰宇，压倒西风”。2008 年，新会葵艺列入国家级非物质文化遗产名录。

从东晋起，新会开始葵树种植和葵艺加工。新会盛产蒲葵，特产葵扇，素有“葵乡”美誉。中国女作家张抗抗曾在《新会葵乡》一书中有这样的描述：“南国并非只有新会有葵，然而新会的葵树却是南国的骄傲：密集、粗壮、见缝插针、随遇而安，似乎到处都能生长。”新会葵扇历来以芯蒂圆正、骨络细匀、扇面洁白柔韧光滑、编织工艺精良，而扬名于世。新会葵艺既养育了这片土地的人们，流传有“一柄蒲葵养活千年新会人”的说法，也诉说着新会这片土地的文化密码。

葵艺品制作过程繁琐细致，从采葵到制成工艺品，要历经剪、晒、焙、削、漂染、合、编织、勾花或嵌花、印花、绣花等近 20 道工序。做成一件葵艺品，要经 10 多人手的劳动，而每一道工序的成败，都会影响到成品的质量。

最主要核心工艺是火烙葵扇（火画扇），就是在扇面上用火笔烙出各种精美的图案（图 6–2）。据说火画扇始创于清代同治末年，新会有位著名画师叫陈晚，他将诗画剪贴于玻璃扇上，但不牢固，一经受潮便会脱落。又发展用墨汁或颜料直接把诗画画在扇上，但也容易褪色，后将画在扇面上的诗画用香火烙焦，以显示出诗画来。到同治十三年（1874 年）便开始使用铁笔在炉火里烧红，然后在扇面上烙诗画。

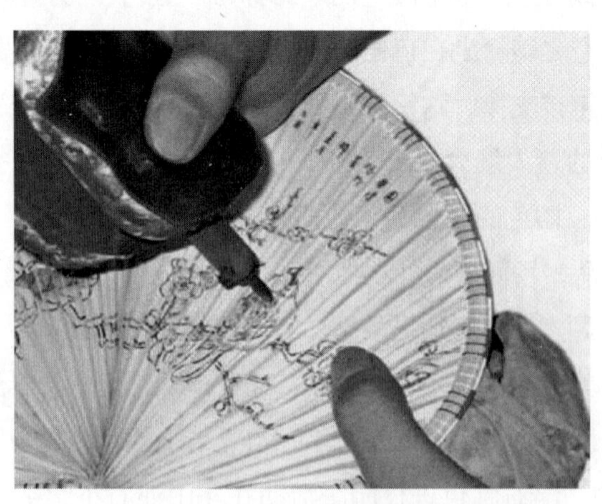

图 6–2　火烙葵扇技艺

葵扇是指用葵叶经剪、晒、焙、焗、合或编织、缝制而加工成的扇。有牛心扇、鸡心扇、玻璃扇、火画扇、漂白绣花扇、竹箨画扇、胶花织扇等百余个品种。根据型制大小又可分大号扇、中号扇、幼中扇和幼小扇。根据葵扇原材料或制成品质量，又分为 1 至 4 级。

20 世纪 90 年代以后，工业品逐渐普及取代葵制品，葵扇逐渐退出了人们的日常生活，新会葵艺日渐式微，最大的问题是葵艺已经被年轻人忽略。目前，新会葵艺传承中出现断层的局面已有所改善，但前景仍不容乐观，必须加大保护力度。新型葵艺人才的培养，社会群体积极参与传承人是葵艺非物质文化遗产保护的根本，葵艺的保护关键在于继承。目前，葵艺的人才传承方式有两种：一种是传统的师傅带徒弟的方式；另外一种是与技工和高等院校合作，开展葵艺班。目前，葵艺传承人开设有惠林葵艺馆，同时在新会高级技工学校开设“葵艺班”。中央电视台综合频道播出的《我有传家宝》栏目中，新会高级技工学校首届葵艺专业毕业生、学校葵艺教师余惠云带着精美珍贵的新会葵艺品登台亮相，并现场向主持人及全国观众介绍了火画扇、绣花扇的由来和制作方法。对新会葵艺的保护和传承还需多方面的支持和探索。需要政府在政策和资金等方面给予支持，政府应采用资产支持或资金补贴等形式对新会葵艺的产品创新与研发给予资助；加快传承队伍建设，完善保护机制；促进产业化发展，建立数字化体系。

（四）开平泮村灯会及其传承

泮村灯会，又称舞灯会，于 2008 年列入国家级非物质文化遗产名录，始于明朝英宗天顺八年甲申（1464 年）正月十三日，已有近 600 年的历史。泮村一带都是黑石山，山形似象、狮、虎、牛、羊“五兽”，被称为“五兽地”。明朝洪武元年（1368 年）邝一声自广东南雄迁到此地立村（龙田里）定居，但多年后仍人丁不旺，百业不振。据说是因五兽中狮子王成天打瞌睡，其余四兽就乘机到处为害，使泮村乡民灾患频仍。特别是每年正月十三，祸患尤甚。邝一声要泮村所有村庄，扎起三头巨型花灯，敲锣打鼓舞狮，巡游各村，以求将狮王惊醒，震慑四兽，百业兴旺，日子太平。

此后，正月十三泮村舞灯，流传下来，且每隔 60 年要举办一次规模更加盛大的灯会。泮村有 48 个自然村，1.5 万多人口，全部姓邝。各村群众和民间艺人用竹、木和各色彩纸制成 1 丈多高的大花灯，装饰精致华美。灯会之日，由各村选出的青壮年组成舞灯队伍，伴以几头瑞狮，敲锣打鼓，燃放鞭炮，游行到各个村庄。这天，乡民和亲戚朋友云集，村村场场彩旗招展，家家户户张灯结彩，男女老幼穿上新衣服，到处是一派节日的热烈气氛，村里村外的人群似潮水一样涌来看热闹。舞灯开始，青年小伙子抬着花灯，在醒狮、旗队的簇拥下，在锣鼓喧天、瑞狮欢舞、鞭炮声中，逐村逐场地舞动，每年灯会，除了泮村近 2 万海内外乡亲以外，还吸引了国内外众多慕名者和摄影家前来观光助兴。

随着全球化、工业化和城市化的发展，泮村灯会受到一定的冲击。灯会文化的一个

重要精神内核就是团结互助，这也是邝姓宗族得以持续发展的关键。为了促进泮村灯会的发展，泮村可把灯会文化和本族文化宣传融入泮村的社区教育，通过有针对性、接地气的社区教育，如农村趣味运动会、传统节日创新活动，引导年轻一代邝姓族人传承传统文化，以此增强对本族的认同感。

（五）荷塘纱龙及其传承

荷塘镇位于江门市东北部西江主航道下游的江心岛，于1996年被广东省文化厅命名为“广东民族民间艺术纱龙之乡”，2000年又被文化和旅游部授予“中国民间艺术之乡”的光荣称号，2008年荷塘纱龙被收入国家非物质文化遗产名录。

相传数百年前，篁湾乡有一举人在四川候补县官，对当地乡民耍龙灯很感兴趣，经常与舞者切磋舞技。回乡后，与乡中昆仲研究，以本地游龙的形象为基础，吸取四川“游龙抢宝”，改为富有本地特色的龙吐珠；吸取四川彩龙的滚、缠、盘等款式舞技，创造了纱龙矫健威武的舞姿。到20世纪20年代，留学日本的乡民李玉颖，提议把裹布以轻纱贴金绘彩，使龙灯更形象，色彩瑰丽，玲珑透彻，轻巧灵活，成为本县群龙中独具一格的纱龙。

荷塘纱龙以竹、木板、纱布做骨架，以龙身裹轻纱贴金绘彩。纱龙的特点是：龙身纱薄，龙身长，龙身中的木板上还要点上蜡烛，舞的时候上下翻舞速度要快，蜡烛还不能熄灭，更不能烧着裹在龙身上的纱布。荷塘纱龙全长约50米，龙头、龙尾、龙身分为24节，需26人共舞，另有两条鲤鱼在左右跳跃，名为“鲤鱼跃龙门”。舞龙珠需1人，此人乃全套龙舞表演的引路者、指挥者，至关重要，一般由师傅担任。

纱龙舞舞姿优美，花样多端，有绕龙柱、跳龙门、文龙桥、反龙脊、穿龙门、走梅桩、走之字、单双扣、双飞蝴蝶、双开金钱、龙滚沙、回龙吐尾、卧龙、跃龙等。荷塘纱龙的龙舞套路分平面和立体两式：平面式为行进路线的姿势；立体式为技巧性龙舞造型。一套完整的龙舞，要60分钟。由于运动量大，在快速表演中要频频换人，一般一次换20多人，且换人时不能暂停。表演一场纱龙舞，连龙珠手、鲤鱼手、锣鼓手等在内，需要近百名大汉轮番上场。龙肚内点燃的110支蜡烛，是经过特别方法制作的，抗风、防滴。表演一次共需蜡烛400多支，约二三十公斤。交替时，不歇舞，不乱阵，难度相当高，称之为“绝技”。

荷塘纱龙既可以增强当地乡民的凝聚力，也成为海外乡亲认祖归宗的文化纽带。它不仅具有珍贵的工艺价值、舞蹈价值，而且蕴含着深厚的人类学、文化学、民俗学价值。随着岁月的流逝，人们生活方式变化，导致有些舞龙花式的失传，荷塘纱龙传承和创新遇到瓶颈。为了促进荷塘纱龙的发展，江门市可依托教育机构传承与开发民俗体育项目，将学校主流教育形式与民间非主流的传授形式有机结合，进而形成优势互补。

（六）白沙茅龙笔及其传承

白沙茅龙笔是著名书法家陈白沙始创。白沙先生对自己创造的茅龙笔感情甚深，尊称为“茅君”。该笔已有500多年历史。2008年入选第二批国家级非物质文化遗产名录。

《广东新语》有“茅笔”条载：“白沙喜用茅笔，所居圭峰，其茅多生石上，色白而劲，以茅心束缚为笔，作字多朴野之致。”据传说，白沙先生在圭峰山讲学时，“山居苦无笔”。那年秋天的一个傍晚，他坐在圭峰山玉台寺前边的一块大石头上看书。忽见石头上一片白茅长得葱茏可爱，便伸手想折一株，却花了很大气力才折断。他细看那靠近茅根的断口，露出一束柔软而富有弹力的白毛，竟与写字的毛笔十分相似。他心中大喜，立即摘了一把白茅回家，第二天拿出来晒干，用木槌轻轻砸烂，又放在蚬灰水里浸了几个时辰，去囊后再晒干，扎成了一束做成笔。他用茅笔蘸上墨水，吸墨饱满；他写了一个“笔”字，笔画硬朗，飞白生动，还带有阳刚之气。白沙先生高兴极了，就美其名曰“茅龙笔”。此后，白沙先生用茅龙笔独创茅龙书法，闻名海内外。

茅龙笔制作过程非常讲究，但基本靠经验。白沙茅龙笔以新会圭峰山的茅草为材料。茅草经过选裁、锤砸、浸泡、刮青、削草、捆扎装饰等多道工序制作成笔。不同时节的茅草浸泡所需时间不同，强调蚬灰腌草是关键一环，每支笔制作需要一个月。茅龙笔做工考究，既豪华高雅，又古朴大方，极富自然美感。茅龙笔的价格一般比毛笔贵（图6–3）。

图6–3　白沙茅龙笔

白沙茅龙笔古朴雅致，笔尖修长，极富弹性，笔触苍涩，牵丝飞白相得益彰，宜于行草书体，亦可勾勒山水书画。用茅龙笔书写的书法，由于没有笔锋，笔画中留有空隙，形成其他书法难有的“飞白”，笔画顿挫、拙重，别具一格，创出千古传承的艺术之美。

将白沙茅龙笔发扬光大，必须与时俱进，不断创新，除了要保留它的历史文化之外，还要延伸和挖掘它的使用效果和时代特色。其代表性传承人张瑞亨对茅龙笔的使用锐意改革，加以创新。由于茅龙笔用茅草制成，有质地粗犷的特点，适合画传统山水中

的劲松、飞瀑、岩石、山岭。张瑞亨创造性地运用茅龙笔绘画，既保留了白沙茅龙笔写字的功能，又开创了绘画的新功能。

（七）新会蔡李佛拳及其传承

蔡李佛拳是岭南武术一大流派，弟子遍及五大洲，在国际上有极大的影响力。2008年，列入国家级非物质文化遗产名录。蔡李佛拳起源于江门新会京梅村，始创于1836年，陈享为始祖。陈享字典英，号达庭，生于清嘉庆十一年七月初十。7岁跟族叔陈远护习武，接着师从李友山，后随少林还俗和尚蔡福深造。为纪念3位恩师和拳术源于少林佛门，陈享将拳法取名“蔡李佛”。蔡李佛拳的“蔡”却是指广东省罗浮山白鹤观的蔡福，“佛”是用来代表独杖和尚拳法的，有“蔡家拳”“李家脚”“佛家掌”之称。

蔡李佛拳刚柔相济，步法灵活，手法多变。动作与发声配合，凡打插槌、虎爪、扛掌、鹤嘴及出脚便发五声，以“哗、的、噫”三音为标志。蔡李佛拳共有49套拳，分初级、中级和高级，由易到难，循序渐进。初级拳套有走生马四门桥、五轮马，五轮槌，小梅花、十字截虎拳，小十字拳等；中级拳套有平拳、十字扣打拳、铁箭拳、平争拳；高级拳套有白毛拳、梅花八卦拳、达庭八卦、佛掌拳、虎形、鹤形、狮形、五形拳和十形拳等。自2001年开始，海外弟子多次回到京梅溯源归宗。

蔡李佛拳的发展和传承目前面临困难，出现“内地不如港澳，港澳不如国外”的景况，也显现了其推广不足的现状，要加强本地的宣传和推广。首先，加大向青少年推广蔡李佛拳文化的力度。2007年，广东省江门市新会区崖门镇黄冲小学正式成为“蔡李佛武术学校”，黄冲小学成为蔡李佛拳非遗传承基地。其次，要对蔡李佛拳等传统武术的武技、套路以及文化内涵进行完整地继承。再者，共享媒介的有效介入对蔡李佛拳文化内涵的继承和发展是有着积极作用的，能让蔡李佛拳在未来社会拥有广阔前景。

第二节　五邑旅游文化

江门市是旅游文化资源非常丰富的城市，2001年被国家文化和旅游部正式命名为“中国优秀旅游城市”。江门市旅游业的推广口号是：“江通四海，门迎天下——中国第一侨乡”。

江门市的地方特色为：“中国侨都”“中国第一侨乡”。是“碉楼之乡”“银信之乡”“大师之乡”“院士之乡”“明星之乡”“温泉之乡”“蒲葵之乡（葵艺之乡）”“生态休闲之乡”等。

五邑旅游文化是当代五邑侨乡文化的重要组成部分，我们认为其特色内容主要体现在3大方面：一是“中国（江门）侨乡华人嘉年华暨中国（江门）侨乡旅游节”；二是江门五邑人文旅游文化；三是江门五邑生态休闲旅游文化。

一、从“中国（江门）侨乡旅游节”到“中国（江门）侨乡华人嘉年华暨侨乡旅游节”

（一）“中国（江门）侨乡旅游节”

首届“中国（江门）侨乡旅游节”于2001年9月22日至10月7日在江门市隆重举办，该旅游节是经国家侨务办公室、国家文化和旅游部批准，江门侨乡旅游节组委会，广东省侨务办公室、广东省旅游局与江门市人民政府联合举办，全国政协港澳台侨委员会办公室、中国致公党中央联络部协办、指导的旅游节。

为了打响“中国第一侨乡”品牌，本次侨乡旅游节围绕“侨”字大做文章，广泛邀请全球各地知名的华侨、华人、港澳台同胞回来观光、联欢，组织了许多突出侨味的活动，如江门五邑华侨风采展、菲律宾广东妇女文艺联欢晚会、中国香港侨友社文艺联欢晚会、江门五邑侨乡民歌汇演、精彩侨乡摄影大赛以及江门市荣誉市民授荣仪式等。本次侨乡旅游节展示江门五邑侨乡的新貌，联络海内外华侨的乡情，得到了广大华侨、华人、港澳台同胞的积极响应。

（二）“中国（江门）侨乡华人嘉年华”

1.“中国（江门）侨乡华人嘉年华”是具有国际知名度的文化旅游品牌

由江门市人民政府、广东省侨务办公室、广东省旅游局、广东省归国华侨联合会、广东省海外交流协会主办，并得到了中共中央、广东省有关部门的高度重视和大力支持，特别是国务院侨务办公室、全国人大华侨委员会、全国政协港澳台侨委员会、致公党中央、全国侨联、中国海外交流协会给予了大力支持和鼓励。规模如此宏大的华人盛会在全国尚属首次。江门市委市政府表示将把全球华人嘉年华活动打造成具有国际知名度的文化旅游品牌，推动江门名市建设。

具有全球视野、充满侨乡风情的华人嘉年华活动，在江门市落地生根，有其得天独厚的优势和必然性。江门市人口450余万；而祖籍江门的华侨、华人和港澳台同胞近400万，遍布全球107个国家和地区。作为全国文明城市、中国优秀旅游城市、国家园林城市，江门拥有良好的自然生态环境和深厚的历史人文基础，特别是独特的华侨历史以及绚丽的侨乡文化。

2004年10月16日，首届中国（江门）侨乡华人嘉年华在江门市开幕。从2004年至今，江门市已成功举办了5届侨乡华人嘉年华活动，每届活动都吸引了大批海外华侨华人、港澳台同胞回来参加，该活动已经发展成为江门市的一个文化活动品牌。举办这一活动，旨在展示侨乡发展的巨大成就和“侨文化”的独特魅力，该活动已成为提高江门知名度、美誉度的重头戏。

从2004年度开始，“中国（江门）侨乡华人嘉年华”与“中国（江门）侨乡旅游

节”合二为一。目的是为了通过合力举办活动，展示江门五邑侨乡迷人的风采、独特的侨乡文化和丰富的旅游资源，加强世界华人的沟通与联系，让境外华人了解中国、了解侨乡，让世界关注中国、关注江门，让侨乡江门走向全国、走向世界。

2. **中国（江门）侨乡华人嘉年华会徽和吉祥物**

嘉年华会徽是龙腾出海——蔚蓝色海洋中一条舞动的“龙”（同时又形似江门拼音首写字母“J”），由江门华人论坛策划有限公司设计而成。设计者给出的设计说明是，它诠释嘉年华欢乐、热闹的本质特性；体现了嘉年华“龙的传人大汇集”的活动主题；传达华人奋发图强、团结向上本色，体现五邑人精神。

嘉年华吉祥物名叫“乐乐”，由江门市菱利广告有限公司设计而成，创作设计取材于五邑地区最富特色的著名旅游景点——小鸟天堂，针对旅游节特色将小鸟设计成导游的造型。吉祥鸟“乐乐”手举欢迎的小旗中加上嘉年华的会徽，体现嘉年华与旅游节合一。

3. **2010 年中国（江门）侨乡华人嘉年华盛况空前**

整个嘉年华暨旅游节期间的活动共分为 9 个板块，包括开幕式及大巡游、“星光熠熠耀江门”大型公益文艺晚会、表演互动活动、江门市星光园开园仪式、华侨华人博物馆第二期落成剪彩仪式、江门市动漫集市、国际动画教育联盟年及全国动漫协作体年会、江门侨乡旅游节、嘉年华闭幕仪式暨第三届中国侨乡丽人风采大赛总决赛晚会。

“明星”是今年嘉年华活动的最大看点（图 6–4）。活动主办方邀请了香港五邑籍演艺界明星代表前来参加本届嘉年华活动。明星们出席嘉年华开幕式、在“星光熠熠耀江门”大型公益文艺晚会上表演，出席星光园的开园仪式。

图 6–4 “星光熠熠耀江门”大型公益文艺晚会邀请香港演艺人协会主席曾志伟担任主持，刘德华等海内外五邑籍明星担纲表演（黄冠雄 摄）

“动漫”是另一大看点。作为嘉年华活动重头戏的大巡游，以“动漫乐园，创意侨乡”为主题，把动漫人偶造型及其衍生物融入其中。参与大巡游的 16 支队伍中，包括五邑地区著名商标人偶造型表演队、中国经典卡通形象假面化妆表演队、专业角色扮演示范表演队等在内的 8 支以动漫元素为主题的表演队伍（图 6–5）。同时，国际动画教育联盟年及全国动漫协作体年会、全国动漫考级工作会议也安排在嘉年华期间举行，有来自国内外的动画教育单位负责人、专业动漫制作单位以及动漫大师等动漫界知名人士汇聚江门。在五邑会展中心设置动漫创意集市和动漫衍生品展销集市，让广大市民游客能够参与其中。

图 6–5　动漫大巡游（黄冠雄　摄）

本次活动还安排了“万人游侨乡”活动、香港江门五邑籍演艺界明星游开平碉楼活动、江门侨乡美食节、生态旅游节、葵乡欢乐节、川岛风情旅游节、开平碉楼文化节、鹤山生态旅游节、恩平温泉欢乐节。

4. 2013年中国（江门）侨乡华人嘉年华暨侨乡旅游节：华人盛会 百姓舞台

2013年中国（江门）侨乡华人嘉年华活动暨侨乡旅游节于10月26日在江门华侨广场会展中心隆重开幕，本届侨乡华人嘉年华活动是江门市有史以来参与面最广、互动性最强的节庆活动，为全球华人奉上了丰富的文化大餐。来自25个国家、地区的800多名华人华侨聚集江门。开幕式上，举行了江门市第八批荣誉市民授荣活动，向82名为江门各项事业发展做出突出贡献的海内外人士授予“荣誉市民”称号。

本届华人嘉年华不仅承接往届“参与”“互动”的活动宗旨，更实现了两个重大转变：一是由政府主导转变为部门动员、协会组织、群众参与；二是以政府购买服务的形式，突显节俭办会、全民同乐的活动内涵——以“华人盛会·百姓舞台”为活动主题，以亲民路线、节俭路线为活动基调，群众唱“主角”，侨乡特色鲜明。

本届嘉年华把众多群众参与度高、喜闻乐见的文化体育活动融入其中，数十项活动轮番登场（主要由开幕式暨荣誉市民授荣仪式、华人盛会、群众文体活动周、侨乡旅游节和闭幕式5大板块组成），以群众参与为核心，力求节俭又不失隆重。其中，华人盛会主要包括江门五邑海外联谊会换届大会、江门侨界青年联合会第三次会员代表大会、龙灯祈福、粤剧表演、国际健步马拉松比赛、华人华侨游侨乡等；群众文体活动周包括开展系列舞蹈展演、龙狮比赛、太极拳表演、广场文艺汇演、音乐晚会等。

此外，同期举办的侨乡旅游节，隆重推出第七届全国烹饪技能竞赛（广东赛区）暨首届江门侨乡美食博览会。在东湖广场，市民、游客既可观看广东顶级大厨对决，还能品尝和购买侨乡美食。侨乡旅游节还包括“万人游侨乡”、第十届江门侨乡美食购物节、江海区文化旅游节、葵乡欢乐旅游节、滨海风情旅游节、中国（江门）开平碉楼文化旅游节、“宜居鹤山”旅游文化艺术节和恩平温泉欢乐节等丰富的活动。

（三）中国侨都（江门）华侨华人文化交流合作暨粤港澳青年文化创意发展大会

大会于2019年11月13日至15日在江门市举行。本次大会由江门市人民政府、广东省人民政府侨务办公室、广东省文化和旅游厅、广东省人民政府港澳事务办公室、广东省归国华侨联合会共同主办，涵盖了“一带一路”文化遗产合作交流（2019江门）国际研讨会暨国际手工艺交流展示、文旅中国（江门）文化旅游产业发展论坛、粤港澳青年文化创意暨人才创业创新分享会、主题文艺晚会、2019中国侨都（江门）华侨华人嘉年华等丰富多彩的活动。本次大会有近1 100人参加，其中海外嘉宾逾830人，国内嘉宾近200人。

建设华侨华人文化交流合作重要平台，是国家赋予江门的新定位和新使命，大会围绕“汇聚华侨华人力量 共建美丽人文湾区”主题，向全世界推介华侨华人文化交流合作重要平台，扩大岭南文化的影响力和辐射力，弘扬中华优秀传统文化。江门将继续发挥自身优越的区位优势、侨乡优势、资源优势，增强主动融入大湾区建设的责任感、使命感和紧迫感，更好地融入国家发展大局。

二、江门五邑人文旅游文化

江门五邑人文旅游文化资源非常丰富，且颇具特色。主要包括华侨华人历史文化、碉楼文化、古镇古村文化、名人故居文化、名园文化、院士文化、明星文化、影视拍摄基地文化等。

（一）华侨华人历史文化

1. 江门五邑华侨华人博物馆

五邑华侨华人博物馆坐落在五邑华侨广场内，是一个集中展示侨乡历史文化的博物馆，建筑面积近 1 万平方米。目前馆藏实物 39 000 多件，馆藏文物之多、内容之丰富、价值之高为全国同类博物馆之首。馆内的“五邑华侨史展”，有金山寻梦、海外创业、碧血丹心、侨乡崛起、侨乡新篇、华人之光 6 个展馆，运用声、光、电等现代技术，以情景再现形式生动展现五邑华侨华人百年沧桑历史（图 6–6）。

图 6–6 江门市五邑华侨广场和江门五邑华侨华人博物馆（黄冠雄 摄）

2. 江门市档案馆

江门市档案馆位于胜利路，开设了两层华侨文化专题展览区（图 6–7）。

图 6–7 江门职业技术学院学生参观江门市档案馆（邓复群 供）

3. 五邑大学广东侨乡文化研究中心和江门职业技术学院

五邑大学广东侨乡文化研究中心有一支五邑侨乡文化研究专家团队，出版了一系列五邑侨乡文化著作，并且参与了两项世界遗产申报（开平碉楼与村落、五邑银信）的学术论证工作。

江门职业技术学院是省级非物质文化遗产研究基地，成立了梁启超思想研究中心、歇马举人村家教文化研究中心、五邑侨乡文化展览室；开设了“五邑侨乡文化”公共必修课和旅游专业课，为江门市专业技术人员开设了“广东文化强省建设”“广东生态文明建设”“广东新型城镇化建设”“创新理论与实践”“大众创业与转型机遇”等公需课。

（二）碉楼文化

开平碉楼与村落于2007年6月28日被联合国教科文组织第31届世界遗产委员会大会上正式列入《世界遗产名录》，成为中国第35处世界遗产，广东省第一处世界文化遗产。开平碉楼鼎盛时期达3 000多座，现存1 833座，其数量之多，建筑之精美，风格之多样，在国内乃至在国际的乡土建筑中实属罕见。自力村碉楼群、马降龙村碉楼群、锦江里碉楼群等是主要代表。

（三）古镇古村文化

1. 歇马举人村

歇马举人村风景区位于恩平市圣堂镇的歇马村，濒临锦江河，两岸秀竹掩映，极具侨乡田园魅力，而且交通便利。歇马举人村有670多年的历史，科举考试时期孕育了285名举人，其颇具封建文化特点的“男巷女巷”和以“马”为主题的丰富民间传说为全国所罕见。在近现代，该村还培育了美国飞虎队队员、驾机搭载美国前总统尼克松实现中美建交的机长梁汉一、香港粤剧名旦芳艳芬、著名书法家梁鼎光、香港巨商梁煜鎏等名人，是一个自然资源和人文资源都极为丰富的地方，是教育之胜地，旅游之胜地。2008年12月23日在北京召开的第四批中国历史文化名镇名村授牌仪式暨历史文化资源保护研讨会上，广东省恩平市圣堂镇的歇马古村获得中华人民共和国住房和城乡建设部颁发的第四批“中国历史文化名村”奖牌。

2. 赤坎古镇

赤坎是开平市一座具有350年历史的古镇，人口4.8万，港、澳、台及外国华侨7.2万，是著名侨乡。赤坎境内保留有大量的华侨建筑，中西合璧，仅碉楼就有200多座，尤其是具有400年历史的迎龙楼、抗日旧址南楼、远近闻名的关族和司徒氏图书馆、堤西路的骑楼建筑群更是侨乡一绝，被省政府定为文物保护单位。现存街道建筑大多是20世纪初由华侨出资兴建，江水环绕，古榕婆娑，舟来楫往，600多座骑楼依水而建，3公里中西建筑风格结合的骑楼街侨味十足。依江而建的“赤坎影视城”是国内著名的影视拍摄基地。《醉拳Ⅱ》《一代宗师》《让子弹飞》央视《香港的故事》、凤凰卫视《寻找远去的家园》等60余部电影电视剧均在此取景拍摄。

3. **良溪古村**

良溪古村位于江门市蓬江区棠下镇良溪村。良溪旧称蓢底，经专家初步考证良溪为珠玑巷移民落籍终点，被誉为“后珠玑巷”。村中有建于乾隆元年（1736 年）“旌表节妇罗门吴氏”的贞节牌坊；有占地面积 2 439 平方米、建筑面积 1 370 平方米、建于康熙四十六年（1707 年）的“罗氏宗祠”。清道光六年进士翰林“粤东四家”之一的罗天地、近代画家罗卓等皆出自良溪村，全村曾有 100 人在科举时代考取了功名。良溪村的山、水、树木、建筑与古民环境的组合，展现了古村落人与自然的和谐。

良溪村非物质文化遗产丰富，至今还保留着正月十五“抢炮头”，农历六月十三梁真君诞，十月一日舞火龙等民间习俗。广为流传的罗贵南迁和梁真君传说诞生于此，始创柑普茶的罗天池也是良溪村人。

（四）名人故居文化与名园文化

1. **陈白沙纪念馆**

陈白沙纪念馆位于江门市蓬江区白沙大道西 37 号，占地面积 1.8 万平方米，总建筑面积约 3 800 平方米，是一座以保护明代古建筑群为主体的庭院式历史名人纪念馆。该馆以建于明代的白沙祠和木石牌楼（广东省重点文物保护单位）为主轴，正前方是白沙先生铜像广场和陈白沙纪念馆的新建牌楼。牌楼内的用地范围均以围墙围绕。白沙祠前的东西两侧，建有书画廊和碑廊，还有怀沙亭、讲学亭、文献亭、嘉会楼、旅游服务部以及荷花池、泮池等园林式建筑。为弘扬白沙先生的茶文化，两侧的书画廊均设有茶艺馆，方便市民休闲品茗。

白沙祠的东侧，是陈白沙事迹陈列室的三个展区，常年展出陈白沙的事迹及墨宝等名片。距白沙祠东北角约 50 米处，是一个建于明代弘治十年（1497 年）的陈白沙父母合葬墓，墓碑石是白沙先生用茅龙笔书写的。四周松柏常青。白沙祠的西侧，保留了白沙故里的若干旧民居，民居内按民俗风貌布置居室家具，开辟为民俗展区，供游客参观。在白沙故里的北端，建有小庐山碑亭及观景长廊。绿草如茵，竹影婆娑，现已成为江门市民喜爱参观游览的历史文化景点。

2. **梁启超故居与梁启超纪念馆**

梁启超故居位于江门市新会区会城镇茶坑村，建于清光绪年间，是一幢古色古香的青砖土瓦平房，是梁启超出生和少年时期生活、学习的地方。梁启超纪念馆位于故居南侧，馆藏丰富翔实的历史资料。

3. **陈少白故居**

陈少白（1869—1934 年），原名闻韶，号夔石，清同治八年生于江门一基督教牧师家庭。21 岁入香港西医书院，与孙中山、尤列、杨鹤龄并称“四大寇”。1895 年入兴中会，1900 年在香港办《中国日报》，后在香港改组同盟会。辛亥革命后弃政从商，仍被孙中山聘为总统府顾问，后辞官归田，但无法推辞各种乡职，他全力造福乡梓，直

至65岁病逝。陈少白故居位于江门市外海街道南华里1号（图6–8）。近代建筑，故居分为两处，隔河相望，以“白桥”连为一体，分别为“莎萝坪”和“白园”，白园右侧有一池塘。故居总占地面积约4 000平方米。白园为一座封闭式院落，因所有建筑物的梁架和封板以及内墙皆漆以白色，故名白园。由其父陈子桥先生始建，右侧建有“亚字楼”，为故居的主楼，长8.4米，宽7米，青砖水泥砌建，楼高二层，在二楼前有一小阳台，可俯览整个白园之风光，亚字楼是陈少白闲居乡里时，主要的起居之所。二楼的房间内，还保留有一张陈少白睡过的酸枝木大床。故居的后面是一座仿古建筑，面宽进深各三间、硬山顶、四柱、硬山搁檩；面宽约18米，进深5米，在这座建筑的左前方，有一棵米兰树，树干的直径约有13厘米，是陈少白亲手所栽，院内所有建筑皆以檐廊连接。故居门前，有一座陈少白于1934年春兴建的水泥砌筑石桥，称为“白桥”，白桥与莎萝坪相通。莎萝坪既接故居，又临田野，门前流水，屋边鱼塘，树木婆娑，池台倒影，环境清幽。陈少白十分喜爱莎萝坪，间居乡里，多在此度过。陈少白曾亲笔书的对联“如此生涯十亩桑田百为稻，是真风水三分东北二分南”，立于莎萝坪外面。莎萝坪内建有单层带平台建筑，名“瞻云台”，园内有六柱六角亭，内置铁锅，名“粥锅亭”，该锅曾为陈少白被清兵追捕时隐身之所。池塘紧贴白园左侧，西面为民居，池塘周边砌筑石基以作保护，北面和东面用青砖砌筑花圃，塘内遍植荷花。

图6–8　陈少白故居

1983年开展全国第二次文物普查时，陈少白故居被定为江门市文物点，1995年列为江门市爱国主义教育基地，1998年公布为市级文物保护单位，2002年公布为广东省文物保护单位。

4. 开平立园

开平立园位于开平市塘口镇，是已故旅美华侨谢维立先生历时十年建造的花园别墅。该园集传统园艺、江南水乡和西方建筑风格于一体，享“华侨园林第一园”之美誉。该园分 3 部分，各以人工河或围墙隔开，自成一体，又以桥亭回廊相通，互相联系，园内曲径连廊、亭台楼榭，精美别致。园中有园、景中有景，布局幽雅，错落有致，耐人寻味，可称是中国华侨园林一绝。开平立园是全国重点文物保护单位，于 2002 年评为国家 AAAA 级旅游景区。

（五）院士文化、明星文化与影视基地文化

1. 江门市院士路与院士雕像群

院士路是中国第一条以科学家代表，中国两院院士为主题的城市主道路，位于广东省江门市蓬江区北新区，南起五邑大学北门，北至五邑华侨广场。2004 年 11 月 26 日，江门市委、市政府在北新区举行聘任科技顾问暨“院士路”命名仪式，包括导弹控制专家梁思礼院士在内的 21 位“两院”院士被聘为市政府科技顾问，来自京沪津港的 12 位五邑籍中国科学院和中国工程院院士参加了剪彩仪式。这 12 位院士分别为：细胞生物学家薛社普，化学工程学家余国琮，矿物学家叶大年，光谱化学家黄本立，有机化学家黄乃正，结构化学家麦松威，有机化学家陈新滋，肿瘤外科学家汤钊猷，心血管病学家陈灏珠，微生物药物与细胞工程学家甄永苏，空气动力学、航空航天飞行器设计、高速碰撞力学家李椿萱，飞行器导航、制导与控制学家冯培德。

在江门市出生或祖籍在江门五邑籍的两院院士共 32 人，一个市拥有如此多的两院院士，这在全国地级市中极为罕见。院士路两旁立有院士的铜制塑像群，这批铜制塑像由广州美术学院雕塑家们集体创作（图 6–9）。

图 6–9　江门市院士路与院士雕像群（黄冠雄　摄）

2. 星光公园

江门市星光公园于 2010 年落成，星光公园与五邑华侨广场、会展中心、五邑华侨华人博物馆、院士路毗邻，共同构成江门的华侨文化展示中心。该园占地面积 1.4 万平方米，园区采用手印、雕塑和明星墙等形式展示五邑籍影视歌明星风采，目前入园明星有刘德华、梁朝伟等 120 余位。

3. 开平赤坎影视城与台山梅家大院

赤坎影视城和梅家大院（即汀江圩华侨建筑群）都是著名的影视基地，其中梅家大院位于台山市端芬镇大同河畔，1931 年由当地华侨以及侨眷侨属创建。大院占地面积 5 万多平方米，108 幢二至三层带骑楼的楼房，呈长方形排列，鳞次栉比，整齐划一，中间有 2.5 万多平方米专供商贩摆卖商品的市场空地，俨如一座小方城，由于当地梅姓股东占了一半以上，故有“梅家大院”之称。

《临时大总统》等电影、广东省电视台、西班牙国家电视台反映华侨之乡风情的电视剧也以此为外景拍摄，致使梅家大院享有一定的知名度，并被列入省级文物保护重点。因此，梅家大院具有较高的历史价值和欣赏价值。2010 年 12 月 16 日上映的贺岁片《让子弹飞》即以这里为主要拍摄地。

三、江门五邑生态休闲旅游文化

江门市拥有国家园林城市、国家环保模范城市、中国绿色经济十佳城市等称号。现正在申报国家森林城市。

江门市是珠三角土地海洋资源最丰富的城市，陆地面积 9 541 平方公里，约占珠三角面积的 1/4，拥有连绵 615 公里的海岸线，占全省的 1/5，96 个岛屿散布在蔚蓝的南海上，美不胜收。全市山清水秀、田园丰美，是广东省第一批绿化达标城市。江门五邑青山连绵，河网密布，温泉遍布，海岛优美，沙滩众多，葵影婆娑。丰富的生态自然资源在广东省内得天独厚，令人陶醉的生态旅游特色明显。

据此，我们将江门五邑生态休闲旅游文化概括为 4 大主题旅游文化：五邑温泉养生文化、台山上下川岛休闲文化、江门五邑山湖水绿休闲文化、新会榕树葵树文化。

（一）五邑温泉养生文化

江门地热资源分布广，流量大，水质好，环境美。江门市 12 大温泉闻名遐迩：新会区有古兜温泉；开平市有香江温泉；台山市有康桥温泉、富都温泉、喜运来温泉、颐和温泉；恩平市有锦江温泉、金山温泉、帝都温泉、温泉乐园、山泉湾温泉、恒大泉都等。

其中，恩平市有六大温泉，日流总量达 2.1 万立方米，浴区可同时接待 21 500 人，是广东省地热资源最丰富、日接待游客最强的地区之一。2003 年，江门恩平市获得中国矿业联合会授予的全国首个“中国温泉之乡”的命名，2003 年 4 月 8 日，中国矿业联合会会长和江门市领导、嘉宾相聚恩平，为“中国温泉之乡”牌匾揭幕。

1. 锦江温泉

锦江温泉位于恩平市大田镇，首创“温泉冲浪”“温泉漂流”等以动感为主题的温泉产品，被誉为“动感第一泉”。区内温泉池面积达 4 840 平方米，拥有大型冲浪温泉区、环型漂流温泉区及52个特色温泉池区。

2. **帝都温泉**

帝都温泉位于广东省恩平市良西镇，被中国医师协会养生专业委员会授予“健康之都”；被省旅游局选为广东省温泉旅游示范基地；被世界养生组织评定为“世界温泉养生基地”。景区品位高、水质优、温泉文化内涵丰富，200多万平方米原生态自然园区，龙脉环抱，钟灵毓秀，王者气势；15万平方米温泉浴区，拥有以中华传统文化、温泉文化、生态养生文化有机融合的设计理念，运用科学的技术手段建造了太极养生池、宝莲池、泉来运转池以及大小特色温泉池百多个，还有目前世界上最大的温泉瀑布群、温泉浴池及温泉舞台，是目前世界上最大的山水文化温泉。自喷高达73℃超大流量的天然温矿泉富含氟、偏硅酸等多种有益人体健康的矿物元素，是世界罕见的滑温泉（图6–10）。

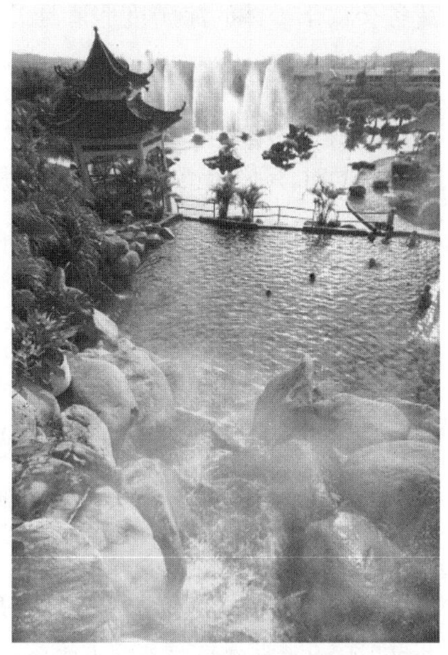

图6–10　恩平帝都温泉（黄冠雄　摄）

3. **山泉湾温泉**

山泉湾温泉坐落在美丽的侨乡恩平市大田镇朗底河边，景区内风景秀丽，山林葱郁、周边山丘延绵起伏，明月松间，清泉石上，树影婆娑，氤氲香弥与山泉湾特色三水“温泉水、山泉水、山涧水”相映成趣。三水潺潺流淌，轻烟漫舞，宛若人间仙境让每一位来到山泉湾的游客，都仿佛走入一片久违的山水世外桃源。

山泉湾温泉占地约20万平方米，是集温泉养生、水上运动、休闲度假、会议观光等多种功能于一体的生态养生旅游胜地。由恩平盛林生态旅游有限公司投资开发，仿东南亚建筑风格的五星级旅游景区标准设计建造。温泉资源丰富，发掘于地下约2 800米处，水温高达68℃，温泉日涌量达6 000立方米，温泉泉质为弱碱性碳酸氢钠泉，也被称为“美人泉”对皮肤有良好的美容、医疗保健功效。

山泉湾温泉内有约50个特色温泉泡池，是五邑首个有温泉亲水滑梯、儿童水国和大型游泳池的温泉度假区。以“健康养生”为文化底蕴，快乐、悠闲为主导，一年四季营业，亲近自然，春沐百花夏逐浪、秋浸八珍冬品泉，泡在温泉水里，别有情调。

4. **金山温泉**

金山温泉度假村恩平市那吉镇那吉墟，山清水秀、空气清新、地热资源丰富，是一个恬静自然、烟雾袅绕的温泉区，犹如人间仙境一般。金山温泉水温常年达80℃以上，露天泉涌300多处，含矿物元素多达48种，有“天下第二泉”美称。

5. **温泉乐园**

温泉乐园位于广东省恩平市南郊那吉镇，是集住宿、饮食、露天温泉、休闲娱乐、商务会议于一体的旅游度假胜地，也是广东省最具特色的天然园林式温泉景区，享有“南国仙泉”之美誉。温泉水富含氡、钙、镁等48种矿物元素，经专家鉴定，对神经骨痛、风湿病、腰肌劳损、肌肉萎缩、肠胃病等多种疾病有明显疗效；对美容、减肥更有特效。同时，还能起到舒筋活络、强身健体、安神定神、抗衰老等作用。

6. **恒大泉都**

恒大泉都位于恩平市，被定位为“全球首席世界温泉度假城”。项目总规划近80万平方米，首期总建筑面积约197万平方米，拥10万平方米的国际级航母配套，荟萃8大风情温泉馆、13大国际风情酒店、3大功能中心、小学和幼儿园等。80万平方米的世界级皇家园林，精心打造8大主题景区，结合原生态森林公园、生态果园，成就集观光、游乐、休闲、运动、会议、度假、体验、居住等于一体的世界航母级旅游综合体。

7. **香江温泉**

香江温泉位于开平市赤水镇，是罕有的偏硅酸型温矿泉，经地矿部门检测该泉含有多种人体必需的微量元素，水质清澈而透明。度假区四面环山，林木苍翠，空气清新，环境优雅。度假区内设有大小多功能池60多个，动感强劲的大型激光喷泉歌舞台，小桥溯溪流水等应有尽有。设有激情冲浪、人造沙滩、浪漫漂流、刺激的高空温泉滑道等大型水上乐园。无论是炎炎盛夏，还是严寒季节都让人们怡情欢乐，尽情放飞心神。度假区依山而建，错落有致兼各具风情特色的别墅群68幢。每单元拥有独享尊贵的独立温泉池。

8. **古兜温泉综合度假区**

古兜温泉坐落于风光秀丽的古兜山下，靠山面海，集山、海、湖、泉于一体。古兜温泉有“一地两泉”美誉，拥有海洋温泉（咸温泉）和氡温泉（淡温泉）两种不同疗效的温泉，是一个集自然风光、娱乐休闲、商务会议为一体的综合型旅游度假区。

9. **康桥温泉**

康桥温泉位于台山市白沙镇朗南村，是一家具有东南亚风情的大型温泉旅游区，设有动感区、休闲区、养生区、情侣区等4大主题温泉区，共有各式温泉池108个，是国内首家超过100个温泉池的温泉度假区。

10. **富都温泉**

富都温泉位于台山市都斛镇，被誉“飘雪温泉”，首创特色温泉区——飘雪温泉，可边泡温泉边享受“千里冰封、万里雪飘”的迷人景致。区内有各具特色的温泉池50多个，亭台楼阁高低错落，回廊水涟脉脉相通，绿树红花交相辉映，宛若人间仙境。

11. **喜运来温泉**

喜运来温泉位于台山市台海公路三合温泉旅游区，毗邻北峰山国家森林公园、凤凰峡野战漂流、立园、浮月村洋楼，交通极为便利，地理位置得天独厚。集住宿、餐饮、会议、商务、娱乐、休闲、理疗、健身和大型露天温泉为一体，是台山唯一四星标准的综合型酒店。总占地面积约 6 万平方米，其中温泉水面积达 3 500 平方米。喜运来温泉的温泉水含有氡、钾、镁、氢、钠等 30 多种对人体有益的微量元素，常浴温泉水对皮肤病、肌肉关节病、消化系统病、循环系统病、动脉硬化、脑充血后遗症、糖尿病等疾病，都有较好的预防和治疗效果，并且还有护肤、美容、瘦身的功效。

12. **颐和温泉城**

位于台山市三合镇，由广州颐和集团总投资 50 亿元开发建设，占地 1 000 公顷。台山颐和温泉城分五期依次开发建设，已于 2019 年全面建成。台山颐和温泉城集温泉、旅游、文化、度假、养生、养老、商业、居住等功能，计划建设十大温泉旅游设施、18 个精品景点，两大主题度假村、一个养老中心、一个养生社区、两个生态居住社区，将打造成为一个以养生温泉、休闲旅游、生态居住、休养度假为主题的国际一流温泉旅游度假区。

（二）台山海岛休闲文化

1. **上川岛飞沙滩**

南海怀抱中的上川岛是广东第一大岛，素有“东方夏威夷”之称。上川岛山峻石奇，森林茂密，拥有 30 多公里的优质沙滩，岛上有飞沙滩旅游度假区、省级猕猴保护区、圣・方济阁墓园、乐川大佛、竹柏林、沙堤渔港等众多景点。飞沙滩旅游度假区沙滩长 4 800 米，滩面宽阔，沙洁如银，浪白如雪，水澈见底，伫立十里沙滩看南海日出，无比壮丽。

2. **下川岛王府洲沙滩**

下川岛温婉秀丽，碧波万顷。王府洲旅游度假区三面环山，沙滩长 1 600 米，海水清澈，滩平浪静，水上活动项目丰富，住宿、饮食、娱乐等配套设施完善，沙滩边情侣大道椰林婆娑，情调浪漫（图 6–11）。小渔船拖网、撒网等活动“渔”味十足，其乐融融。

图 6–11　下川岛王府洲沙滩（黄冠雄　摄）

3. **浪琴湾**

浪琴湾位于台山市北陡镇南部海湾，背山面海，沙滩与碧海、浪花与石林、蓝天与青山，构成一幅幅神韵流动、蔚为壮观的海湾风情画，有“海上石林”之称。这里还出产名贵的台山玉石，大大小小的玉石馆遍布周边渔村，是寻宝的好地方（图 6–12）。

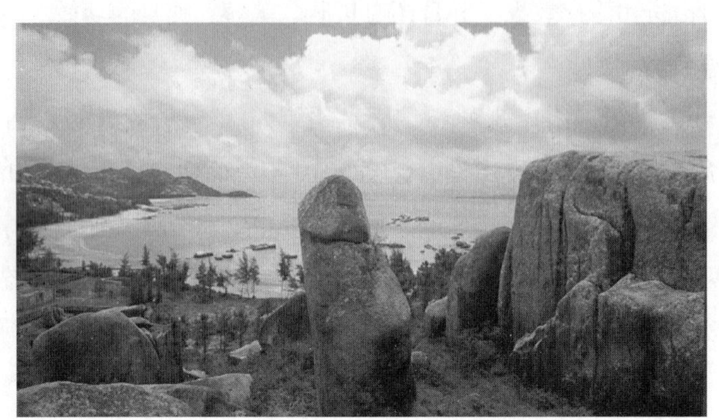

图 6–12　台山浪琴湾（黄冠雄　摄）

4. **铜鼓海岸**

位于台山市东南部的赤溪半岛，三面濒海，海岸风光优美，交通便利，有海角城旅游度假中心、黄金海岸、黑沙滩旅游区、客家山庄等众多滨海景点，以海滨风光、海鲜美食而闻名。

5. **江门中华白海豚自然保护区**

位于台山市大襟岛至三杯酒岛附近海域，为省级自然保护区。中华白海豚是国家一级重点保护水生野生动物，有“海上大熊猫”之称。科考发现，江门市大襟岛和上下川岛附近海域有中华白海豚 200 多头，是我国海域第二大集中分布区域。

（三）江门五邑山湖水绿休闲文化

1. **圭峰山风景名胜区**

新会圭峰山——坐落于新会中心市区北部，濒临南海，毗邻港澳，是广东十大名山之一。有着得天独厚的自然生态风光和逾千年深厚的历史文化积淀，先后被评为“广东省首批风景名胜区”“国家森林公园”“国家 AAAA 级旅游区”和“全国青少年科普教育基地”。在确保自然生态和历史景观的基础上，圭峰山进一步发挥旅游资源丰富的优势，不断开展增景添美工程，已发展成为珠三角中心城市群内集绿色生态、寻古探幽、休闲度假、健身娱乐、旅游观光于一体的旅游风景区，每年接待中外游客达 300 万人次（图 6–13）。

面积达 55 平方公里的圭峰山，奇峰突起于珠三角西部新会银洲湖水网平原之中，山势雄伟，秀峰挺拔，林木葱茏，“三峰一屏四秀水”构成了圭峰山“绿、奇、深、幽”的个性化山水景观。三峰是指挺秀的圭峰、蜿蜒的云峰、传奇的叱石峰；一屏是指三峰交汇中拥出世外桃源般的绿护屏，这是岭南少见的山顶小平原；四秀水是指玉湖、碧绿湖、玉龙湖和天鹅湖，总面积达 5 平方公里的四大名湖，湖区内亭台楼阁，曲径通幽，奇花异木，游艇荡漾，泳客畅游。到了晚上，玉湖、碧绿湖一带更是灯饰璀璨，火树银花不夜天。玉龙湖之上更有飞珠溅玉的百尺龙潭飞瀑，形成高峡出平湖的又一胜景。圭峰山自唐代以来已是广东的名山，传奇的知名景观遍布全山，如牵线过脉、永镇山门、岚光亭、乳泉井、碧霞楼、玉台广场、玉湖小苑、百果园等 18 处各有特色的景观。

图 6-13 新会圭峰山风景区

圭峰山国家森林公园重点区域 35.5 平方公里，林木葱郁，资源丰富，生态环境优良，有大面积保存完好的原始森林，针、阔叶林混交生长，森林郁闭度为 0.8~0.9，绿化覆盖率 98%。圭峰山地处亚热带，海洋气候显著，雨水充沛，土地肥沃，得天地之精华，常年郁郁葱葱，桉树林、松树林、枫树林、荷木林、相思林与原生灌木丛高低起落，交错而生，形成立体化的风景林相，产生着大量的负离子，每立方米空气达 4 万个。不少极具科研价值和受国家保护的珍贵物种汇集其中。如新会奇葩禾雀花、小依兰、野生兰、金桂花等。人迹罕至的圭峰山原生态保护良好，白鹇鸟、白鼻狐、穿山甲、山澎蜞等飞禽野兽珍虫出没密林溪涧之中。山顶绿护屏上还有大片 50 多年树龄的老茶园。而于圭峰脚下的圭峰植物园科普生态旅游资源丰富，在开展植物学及生态环境等相关科学的普及教育及休闲旅游方面具有得天独厚的条件。

圭峰山的历史人文旅游资源十分丰富，唐有著名的一行僧张遂，宋有著名文豪苏东坡，元有知名僧人怀海，明有理学大师陈献章，清有戊戌维新领袖之一的梁启超，当代有被毛泽东称为“国宝”的史学家陈垣……20 世纪 50 年代以来，更有先后曾任和在任的 4 位人大常务委员会委员，6 位国务院总理以及郭沫若、田汉等文学家专程视察、参观圭峰山，留下了不少诗书、对联和纪实文章。特别是元帅叶剑英游圭峰时诗兴大发，挥毫写下了“万众挥锄镌大地，让人拈笔颂诗文。江山岁岁添新景，如此圭峰写不完。”

的著名诗句。

圭峰山每年有三大隆重热烈的节庆活动。一是重阳节，每年农历九月初一至初九，江门、新会等地，甚至台山、开平、中山、顺德等新会周边地区的群众蜂拥而至，专程到圭峰登高度重阳，每年多达 20 万人，最高峰时逾 30 万人。整个圭峰川流不息，人山人海，初八、初九两天更是火爆，不得不实行潮水式上山人流通行管理。二是国庆节在圭峰玉湖举行的万胜杯龙舟赛，现已成为每年的旅游盛事之一。三是每年春节的圭峰之春文化庙会，新春第一钟、高僧祈福、醒狮贺岁、金龙献瑞、新会鱼灯等传统喜庆节目和锣鼓八音、粤剧折子、南派武术、新会美食等文化艺术节目令游人乐而忘返，游客总数超过 60 万人次。

2. 银湖湾湿地公园

银湖湾湿地公园是新会原来的围垦区，位于银洲湖出海口西侧，东与珠海市斗门县隔海相望，西与台山市都斛镇相连，北接崖门镇，南临南海，总面积约 7 000 万平方米。这片绿洲，保存了完好的湿地原生态环境，是珠三角难得的一片黄金宝地。

银湖湾湿地公园土地肥沃，气候温和，雨量充沛，融江、海、湖、田、山、水于一身，具有得天独厚的自然资源优势和景观生态优势。这里有山，有水，有田园风光，风景迷人，历史文化丰厚，到处都是旅游景点。这里的大片湿地和大面积的河塘基围引来各种迁徙水鸟落脚繁衍，成为成千上万种动植物的理想家园。约 27 万平方米南堤种植的木麻黄、落羽杉、桉树，已经形成一道道绿色的风景线，既是护堤屏障，又极具旅游观光价值。游客在这里漫步围堤，可以远眺南门大桥和崖门大桥，一览银洲湖“千帆竞发”的壮丽景象，可以尽情欣赏甘蔗林绿浪翻滚的壮观场面，更可以一睹滔滔海浪迎面拍岸那惊心动魄的气势。

3. 凤凰峡生态休闲度假区

凤凰峡生态休闲度假区位于台山市端芬镇大隆洞风景区，以山清、水秀、瀑美、泉灵、石怪、树奇、花艳、鸟籁著称，区内溪水清澈、山峦起伏。景区有刺激动感的军事漂流、诗情画意的水木云天度假村，被誉为“岭南小九寨”的凤凰峡原生态景区，是理想的天然氧吧，在有“广东千岛湖”之称的凤凰湖寻皇草原上策马奔腾，更有英雄般的豪迈气概（图 6–14）。

4. 北峰山国家森林公园

北峰山国家森林公园位于台山市东北部北峰山中部西坡。公园保存着大面积的南亚热带季风常绿阔叶林，被专家誉为“珠江三角洲最南端不可多得的一片绿洲，北回归线南侧的动物基因库”。北峰山国家森林公园利用热带森林、奇峰怪石、天然瀑布等景观开展风光度假旅游，设有旅游度假区、游乐区、射击场和商业服务中心等，建有北峰寺、济公堂、桃花源、森林探险、峡谷漂流、梅林、野营区等景区。

图 6-14 凤凰峡生态休闲度假区

5. **�石风景区**

位于江门市杜阮镇的羊石坑，圭峰山国家森林公园东北面，处于圭峰绿护屏延伸的山坳丛林之中。叱石山是圭峰山绿护屏向东北延伸的一条支脉，叱石山海拔 380 米，山势峻峭。名山胜景，叱石成羊、水上观音等精致吸引着众多游览者来此祈福、休闲，每逢九九重阳都有万人登高，蔚为壮观。

6. **江门市东湖公园**

东湖公园位处江门市区中心，1958 年建园，占地 53 万平方米，其中湖水面积 17 万平方米，分内湖区、外湖区和北园区三大区域。园内山水相依、林泉幽胜，自然环境优越。2003 年被评为“江门五邑侨乡新八景”之一。公园以绿色生态为主题、南国“葵乡”为特色，桥连山径、楼台枕碧，景色晴雨有别、四季不同：春临东湖繁花铺就，每年一届的“东湖迎春花会”成为江门市一大盛事，中外宾客无不慕名而至、踏青品茗；至秋高气爽则澄湖映碧、寒莺萧唱，驾轻舟游逸于青山绿水之间；每当夜幕降临、华灯初上，另有一番景象，琼楼玉宇连同远山画桥，倒影在澄澈的湖面上，浮光泛彩，湖中的彩色音乐喷泉形声俱备地演绎着现代都市的乐章。

7. **白水带风景区**

江门市白水带风景名胜区位于江门市江海区，是江门市市级风景名胜区，被誉为闹市中的“天然大氧吧”。其独特优美的自然景观和人文景观与悠久灿烂的历史文化交相辉映，相得益彰，旅游资源得天独厚，是人们愉悦身心，休闲观光的好去处。白水带水月宫自清代以来就吸引不少名人雅士前来叙首游览，并留下了大量脍炙人口的诗句。白水带风景旅游区还有一些美丽的特别景观，如朝霞观口、龙泉掏月、桃明岗影、仙人脚印等。1998 年，白水带水月宫公布为市级文物保护单位（图 6–15）。

图 6-15　白水带山上的奇花——禾雀花（邓复群　摄）

8. **古劳水乡**

鹤山市古劳镇古劳水乡又称围墩水乡，据史载，至今已有 600 多年历史。水乡地处西江岸边，明洪武二十七年，古劳人冯八秀奉旨兴建古劳围，从此，古劳便从滩涂泽国逐渐变成美丽的岭南水乡。

如今的水乡，鱼塘土地穿插，河网道路纵横，村落、流水、石桥、古榕散落其中，小舟穿行石桥榕树间，"小桥、流水、人家"的迷人景致随处可见，在炎炎夏日，犹如山水画般的水乡更给人丝丝清凉的感觉。水乡的古榕大多都在百岁以上，根深叶茂，郁郁葱葱，田野、村落、碧水皆掩映在绿叶婆娑中，绿荫下则是村民们茶余饭后消闲娱乐、乘凉避暑的好去处。古劳的榕树就好似一个个小绿洲，穿插于水边屋旁，绘就一幅乡情浓郁、景色独特的岭南水乡风情画。

9. **绿道**

江门市境内有（省立）绿道 3 号线和 6 号线，总长 286.4 公里，连接 40 多个自然景区和旅游景点。建成驿站 17 个，自行车租赁点 14 个，停车场 28 个。绿道按照"都市型、生态型、郊野型"三种类型规划建设，突出滨江山水葵林特色、世界文化遗产特色、侨乡历史人文特色，充分展现了江门市深厚的历史、人文底蕴和优美的自然生态环境。

（1）江门市区滨江风光绿道游：6 号绿道沿着西江从鹤山古劳水乡、大雁山、滨江大道到江门市区五邑华侨博物馆，景观设计结合原有地形植被条件，突出滨江景色，植物景观因地制宜设计为"田园风光""中心绿岛""滨江风情公园"3 部分，充分体现了宜居、宜业、宜游的城市特色。

（2）新会生态人文景观绿道游：6 号绿道新会段将小鸟天堂、梁启超故居、崖门古战场、崖门古炮台、银湖湾湿地公园、古兜温泉等自然生态景观与人文景观连接成一个整体，展现出江门优美的生态环境和深厚的人文历史底蕴。

（3）开平世界文化遗产绿道游：3 号绿道开平段把立园、自力村碉楼群、三门里碉楼群、马降龙碉楼群、锦江里碉楼群、赤坎古镇等各个景点串联起来，展示开平碉楼与村落这一世界文化遗产，让游人饱览散落在乡野间的碉楼神韵。

（4）新会圭峰山风景区绿道游：3号绿道新会段经江门自然生态保持良好的圭峰山国家森林公园，把圭峰体育运动公园、葵博园、周恩来纪念馆、玉湖、碧霞楼、玉台寺、绿护屏、紫云观、石涧水库公园、南坦葵林公园、道北寺、桂林寺等自然生态景观和人文景观串联起来，让游人置身于一条依山傍水的生态休闲风景长廊。

（四）新会大榕树文化与葵树文化

1. “小鸟天堂”——新会大榕树与鸟文化

“小鸟天堂”是广东江门市新会区的一个闻名中外的生态旅游风景区，又名“鸟的天堂”。它是江门市新会区会城镇以南10公里处的天马河的河心沙洲上，“飘浮”着的一座绿色的小岛。岛上有一棵巨榕，榕高15米，树枝垂到地上，扎入土中，成为新的树干，随着时间的推移，大榕树竟独木成林，树冠投影面积达1.15万平方米，枝柯交织，浓荫蔽日，成千上万的鹭鸟、白鹤和其他鸟类栖息其间。当晨曦初露或夕阳西下之时，万鸟翱翔，蔚为壮观。这鸟树相依，人鸟和谐相处，成了世间罕有的一道美丽的生态文明风景线（图6–16）。这一景象出现在人口稠密区，生生不息，延续几百年。直到1933年，文学大师巴金来这里游览，写下了一篇脍炙人口的散文《鸟的天堂》，“小鸟天堂”才由此得名。后来这篇散文被选进了小学课本。“鸟的天堂”，由此闻名遐迩。

图6–16 新会“小鸟天堂”（黄冠雄 摄）

2. 新会葵树文化

（1）新会葵树林

江门市新会区被称为葵乡，因蒲葵而得名。葵树当选为江门市的市树后，新会区广种葵树。新会种植葵树已有1 600多年的历史，作为主要的经济树种，蒲葵为地方经济做出巨大贡献。但从20世纪80年代起，葵扇价格持续偏低，葵树保有量逐年下降，葵林面积不断缩小，除仅存南坦岛100万平方米葵林外，其他大面积的新会蒲葵林已不多

见，为了保护葵乡特色，新会区从城乡园林绿化，道路绿化入手大力推广种植蒲葵，突出葵乡文化特色（图 6–17）。

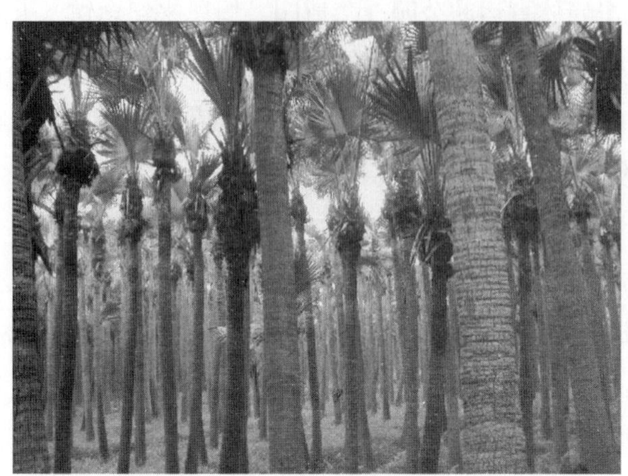

图 6–17　新会葵乡南坦岛二宁村葵树林（谭坚良　供）

（2）新会葵树博览园

新会葵树博览园位于圭峰山管委会办公大楼后侧，与玉湖景区、周恩来纪念馆、体育运动公园相邻。新会葵树博览园展现千年葵乡风情（图 6–18）。

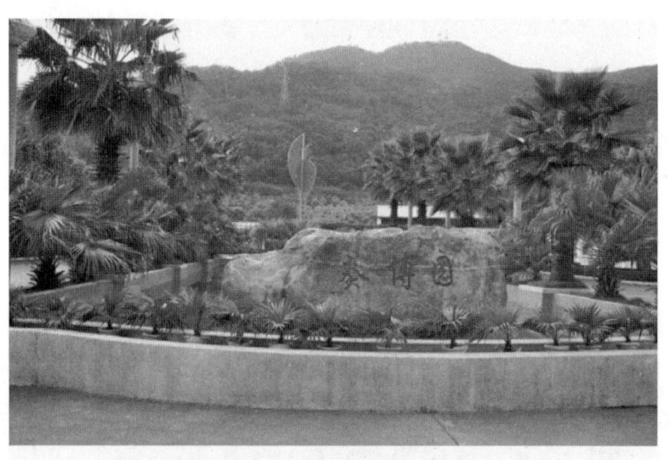

图 6–18　葵树博览园

葵树博览园是反映葵乡新会葵文化的主题公园，也是世界上第一个展示葵文化的公园。公园占地面积 8.7 万平方米，背靠圭峰山，面临圭峰大道。公园入口迎面是一块巨大的黄蜡石，上书“葵博园”三个大字，鲜红夺目。后面是喷水广场，水池内设置了多个喷泉，飞珠溅玉，气势非凡。广场中央矗立着高高的“绿化纪念碑”，纪念新会于 1988 年达到省定绿化县标准。广场四周遍布无数粗壮、敦实的各种葵树，与山边大片郁郁葱葱的葵林和谐地融为一体，展示葵乡的独特风情。

葵博园室外是异国棕榈区，区内种植数千棵新会特色蒲葵和引进适合本地气候的世界各地蒲葵20多个品种，形成大片葵林。游客可以在漫步葵林中认识中外各种葵树的风采神韵。葵博园的主体建筑，是运用了抽象与写实相结合的手法设计建造的葵艺展览馆，从高处俯瞰，展馆外形就像一棵婀娜多姿的葵树，具有鲜明的葵乡特色。

……思考题

1. 五邑旅游文化的特色内容可以概括为哪几大方面？各有哪些旅游文化品牌？

2. 你对江门五邑的生态文明建设，如新会“小鸟天堂”大榕树与鸟文化的保护与发展，新会葵树种植的保护与发展有何进一步的建议？

3. 你对江门五邑侨乡旅游文化产业创新发展有何进一步的建议？

4. 江门五邑地区有许多传统工艺如新会葵艺等正面临着失传的危机，有何措施可以传承这些可贵的工艺？

【参考文献】

[1] 宋维佳．台山广东音乐活态传承与保护研究[J]．北方音乐，2016，36（19）．

[2] 余文星．非遗保护背景下新会葵艺技艺的传承与发展研究[J]．湖北科技学院学报，2018，38（06）．

[3] 宋旭民．宗族背景下非物质文化遗产的保护传承策略：以开平洋村灯会为例[J]．云南民族大学学报（哲学社会科学版），2016，33（02）．

[4] 谢冬兴，姚正国，王建文．浅谈五邑民俗“荷塘纱龙”的传承[J]．湖北民族学院学报（哲学社会科学版），2013，31（05）．

[5] 吴强．共享媒介促进非物质文化遗产项目的保护与创新——浅析蔡李佛拳的传承与发展[J]．中国多媒体与网络教学学报（上旬刊），2018（08）．

……延伸阅读1

江湛高铁驶过“小鸟天堂”创新采用全封闭声屏障属全国首例

（原标题：驶过“小鸟天堂”的高铁）

新华社广州7月1日电（记者吴涛）清晨的阳光穿过浓密的榕树叶洒在碧绿的水面上，“小鸟天堂”的鹭鸟像往日一样在空中翻飞嬉戏，一列高铁以每小时200公里的速度，从距离它们家园800米的地方“安静”地驶过。

7月1日，江湛铁路全线开通，为我国《中长期铁路网规划（2016—2025年）》“八纵八横”中的沿海铁路通道补上重要一节。环保是这条铁路的一个亮点。

“小鸟天堂”位于广东省江门市新会区，是天然赏鸟乐园，因巴金的优美散文《鸟

的天堂》而闻名于世。

“小鸟天堂”由新会区天马河中的几个小岛构成，岛上被水榕树覆盖，其中最大的一棵榕树覆盖面积上万平方米，独木成林。3 万多只鹭鸟栖息其间，晨昏之际，林木静立，河水慢流，群鸟飞翔啼鸣，美不胜收。

受选线条件限制，江湛铁路经过“小鸟天堂”最近距离仅 800 米。保护鸟儿免遭惊扰成为铁路建设的挑战。

“我们联合科研院校共同进行了理论分析和风洞实验研究，决定增支 1.87 亿元，建设一个全封闭声屏障。”中铁四局负责这一标段建设的总工程师李建强说，屏障全长 2 036 米，呈拱形，主要由拱形钢构架和特制的吸声板、隔声板组成，最大限度减少列车运行的声光干扰。

李建强说，经专业机构测试，列车通过的时候，“小鸟天堂”中心区域监测到的音量仅增加 0.2 分贝，也就说是，人和鸟是几乎没有感觉的。

“小鸟天堂”景区旁的天马村村民老陈已在景区工作多年，他说，如果不是有人告知，还不知道已经有高铁开过，“没听到什么声音”。

据广铁集团介绍，“小鸟天堂”的全封闭声屏障是全国首例，初步形成了一套全封闭声屏障设计方案及建造技术，填补了列车气动力效应吸音隔音降噪研究的空白，相关技术已申请国家专利。

“9 000 多万元一公里，买的是绿色发展的理念。‘小鸟天堂’全封闭声屏障的建设，为高铁建设和环境保护提供了有益探索，积累了成功经验。”李建强说。

…… 延伸阅读 2

小岛民宿，新会睦洲镇石板沙的乡村旅游创新

（原标题：江门这座小岛私藏太多美景！醉人又免费，周末约起）

新会睦洲镇石板沙，西江下游的一个小岛，全岛面积约 2.5 平方公里，居民 2 000 多人，出入需搭乘轮渡。正因为交通不便，这里没有工厂。石板沙周边清澈的江水孕育出的黄沙蚬、河虾和黄鱼被誉为石板沙“三宝”。

肥美的黄沙蚬，配上压榨的纯正花生油和葱花清蒸；拇指大的河虾蒸熟后一片鲜红，剥壳后点蒜茸酱油；还有一肚子鱼卵的黄鱼……慕名前来寻味尝鲜的游客络绎不绝。

在岛上骑骑自行车，走走乡村道，呼吸清新的空气，饱览沿途的美景，融入乡村的恬静，悠然、惬意、自在。

在疍家文化街，相信可以满足你体验疍家文化、品尝特别味道、领略乡村风光和回归自然的心理需求。位于石板沙疍家浮雕旁中冲街的疍家文化街全长 400 米，依石板沙

中心河而建，街道的墙身上装饰了疍家风情、疍家故事的墙画，临河的空地点缀了疍家景观小品，与街道两旁分布的石板沙原始的疍家民居，共同诉说着石板沙疍家风情、渔耕文化。

在村内的墙绘前合照，也很不错。

石板沙以美食和疍家文化吸引游客，小岛民宿，搭上了乡村旅游的快车。

2018 年，石板沙共接待游客近 50 万人次，同比增长 32%，旅游经济收入达 3 200 万元，同比增长 25%。2019 年，国庆黄金周更是接待了 5 万多人次。

石板沙，这个昔日的孤岛，搭上了乡村旅游的快车，正在变成为一个以美食和疍家文化为特色的水乡风情岛。许多有经验、有资金的老板来到了石板沙投资，如今，石板沙已经有了 3 家民宿，游客通过网络预订入住民宿，房间在节假日供不应求。

石板沙时光民宿，以疍家文化、水乡文化为主题，共有 23 间房，其中一间豪华大房名为“疍家人家”，两间亲子房名为“虾仔”“蚬妹”，一楼的房间分别名为“疍家花园”“疍家庭院”，二楼的房间分别名为“疍家风情”“疍家风景”，整个民宿将石板沙美丽的自然风光和江南水乡表现在各房间里面，形成一房一景一时光。

小岛民宿迅速成为网红打卡点

石板沙村民以种养和打鱼为生，早年的房屋大多倚河而建，家家户户屋前建有天井，方便晒鱼晒谷；屋后设有码头，方便出海作业，逐渐构成了别具特色的沿岸建筑群，形成了疍家建筑文化。目前，石板沙已建成疍家风情特色街，而村民原先居住的旧屋，加以改造，打造成民宿（图 6–19）。

图 6–19　石板沙小岛民宿

石板沙乡村旅游发展兴旺

石板沙村党支部书记冯郁腾介绍，近几年来，石板沙村围绕“实施乡村振兴战略”要求，以乡村旅游为主抓手，积极打造“一村一岛一世界”的石板沙疍家风情岛，先后建成码头广场、游客服务中心、停车场、运动公园、观景平台、旅游厕所等配套设施，

而在挖掘乡村文化方面，建成疍家文化中心，打造文化创作基地，引入墙画艺术文化。

旅游设施的完善，吸引了大批游客前来观光旅游。去年，石板沙共接待游客近 50 万人次，同比增长 32%，旅游经济收入达 3 200 万元，同比增长 25%。今年，国庆黄金周更是接待了 5 万多人次。

“村里民宿游的发展依托于乡村游。随着石板沙的旅游业发展，吸引和带动了更多村民回乡投身乡村振兴。”冯郁腾说，据统计，2018 年，石板沙新增小吃餐饮、特产销售、休闲农庄等旅游项目近 20 个。

第七章 五邑演艺文化

艺术表演活动，通常包含着一个地区的风俗民情、语言音韵、民族感情等艺术因素，这些因素汇合而成为一种演艺文化。江门五邑人民乡缘文化里长期充满着演艺氛围，透露出浓厚的艺术气息，由此衍生出江门独具特色的演艺文化，即五邑演艺文化。这种演艺文化主要体现在：五邑民间传统演艺文化——江门市非物质文化遗产；江门五邑籍影视编剧、导演、摄影师、影视明星、舞蹈艺术家、戏剧表演艺术家、歌坛明星等从业人员的艺术活动与作品；五邑影视拍摄基地。

五邑演艺文化经历长期发展与演变，也对赴海外发展的五邑人产生着深刻影响，同时，海外游子也带回异域文化的发展因素，为五邑演艺文化发展提供养料，促使其持续创新，激励江门演艺事业的发展，从而形成了五邑演艺文化不断进步与发展的良性循环。

第一节　五邑演艺文化历史

五邑传统文化丰富多彩，五邑演艺文化传承已久。历史上南迁的国人将先进的中原文化带来岭南，五邑地区的民众将之与本地艺术元素融合，创造出绚丽多彩的五邑传统演艺文化。五邑人民靠海而居，有着向海外发展的地缘优势，近代以来，无论是身不由己被“卖猪仔”，还是自主筹资出国后打工还债，还是身为商贾寻求更好的商机，他们到了海外后，会以奋发拼搏的精神面对新环境，面对人生，在各行各业打出五邑人的一

片天地。五邑地区濒临港澳地区，五邑人移居港澳的不计其数，其中涌现出大批影视乐坛人才。无论五邑人在海外还是在中国大陆发展，他们对祖国演艺事业的发展做出了不可磨灭的贡献。

一、五邑传统演艺文化——江门市级非物质文化遗产

2007 年 4 月 10 日，通过江门市非物质文化遗产保护工作联席会议认定、网上公示、市政府审批等工作程序，江门市政府公布了 6 类 22 项非物质文化遗产为市第一批非物质文化遗产名录，其中就包括民间音乐 3 项与曲艺 2 项，2011 年又公布了 2 项传统音乐类的市级非物质文化遗产。以下依次列举这七项音乐曲艺类文化遗产：

（一）台山广东音乐（国家级民间音乐）

“八音”是指用“金、石、土、草、丝、木、匏、竹”八类材料制造的乐器所奏的音乐的总称。台山的八音班，又称锣鼓架，实际上是锣鼓八音，它用木制成一个轿形的音柜，中间放着掌板用的木鱼、沙鼓等敲击乐。作为广东音乐的前身和创作、表演载体，已有 300 多年的历史。最初的八音班，多是演奏佛教音乐和民间小调，人们称这些曲调为“广东音乐”；到了清朝中叶，八音班实行乐曲演奏和戏曲演唱相结合的道路，使八音班逐步走上成熟。八音班的活动，一般在年节、盂兰会、跳禾楼和红白喜事中举行。曲目繁多，就演奏演唱内容来分，可分为锣鼓乐、吹打乐、吹弹唱 3 大类；就乐曲和唱本内容来分，有牌子、小曲小调、广东音乐和戏曲唱本 4 大品类，2006 年入选国家级非物质文化遗产名录（图 7–1）。

图 7–1　台山广东音乐表演

（二）新会大鳌咸水歌（市级民间音乐）

咸水歌是疍家人（长期水上生活工作的人）自娱自乐的一种原始歌谣，在新会大鳌有着 300 多年的历史。在水乡农村和水上居民日常生活、劳作，特别是在谈婚论嫁、丧

葬等过程中，触景生情、随编随唱，以歌谣的形式描绘不同的情感。居住在新会、中山、珠海、顺德等珠江口沿海一带冲积平原上的疍家人广泛传唱，至今仍保留传统的唱法。咸水歌包括：长短句咸水歌、高棠歌、大缯歌、姑妹歌、木鱼歌、龙舟歌等，统称为咸水歌。它是大沙田的传统优秀民间音乐，是大鳌的传统文化，是珠江三角洲及港、澳地区疍家人共通的“语言”，是岭南音乐的重要元素，是中国民歌的瑰宝。

（三）开平民歌（市级民间音乐）

开平民歌是在长期的社会历史演变过程中逐渐形成的具有很强地域性的民间音乐艺术种类。早在先秦时期，被称为南越的开平这块地方便有人居住。晋唐以来，中原多次战乱，大批民众避乱南迁，中原文化随之带入。人们口头创作、传唱的民间歌谣与周边地区的民谣交流融合，逐渐形成了风格独具的开平民歌。至20世纪初，木鱼、夹房歌、童谣、女嫁歌、哭丧歌等已颇为流行。后来又在喃呒（道士）歌的基础上发展了卖鸡调、禾楼歌、八仙腔、梅花调、小卖鸡等曲种，在民间广为传唱。民国时期，开平民间又创作、改编出版了一批木鱼书。新中国建立后，开平文化部门开展对开平民歌的挖掘、整理和普及工作，至20世纪五六十年代，是开平民歌演唱活动的全盛时期，涌现了一大批作者和歌手，创作了一大批民歌作品，使开平民歌从乡间田野走上了大舞台（图7–2）。

图7–2 开平民歌表演

开平民歌是宝贵的民族民间文化遗产，是侨乡文化的重要组成部分，是当今先进文化发展和延续的根基，它在人类学、语言学、民俗学、中外文化交流史等学术研究方面都有一定的价值；近年来，开平民歌唱出开平，唱到北京，唱出国门，并在全省和全国的比赛中屡获大奖，产生了较大的影响，说明它具有一定的审美价值；此外，它还为五邑籍的海外华侨、港澳同胞所喜闻乐见，成了传递乡音、沟通乡情侨情的纽带。

（四）恩平木鱼（市级曲艺）

木鱼歌，是明清时期开始在恩平地区流行的诗与歌相结合的一种自由说唱体，距今

有500多年的历史。人们效法僧尼敲木鱼念经的行腔唱词，成为基调，便称为木鱼腔。恩平木鱼是独立体系的演唱文学，其作品口语化，朴实浅白，语句押韵，形象鲜明，易唱易记，从用途分类可分为叙事性的和情感性的两大类。恩平木鱼的唱腔有金腔、龙舟腔、龙头凤尾腔、庚子腔、东风腔、三级浪、洪流腔、春雷腔、忆苦腔、新腔等十多种。庚子腔是由圣堂歇马村的失明艺人梁庚子所创造，自成一派，与其他行腔有一个明显的区别，即善于利用节奏的变化来叙述情感、事情缓急等变化，使人有身临其境的感觉。

恩平木鱼是恩平人生产和生活必不可少的一种文化表达方式，更是凝集民心、联系乡音、维系侨情、激发华侨同胞参与家乡建设热情的有效载体，是恩平人构建和谐社会的精神支柱。

（五）恩平民歌（市级民间音乐）

明清年间随着汉人南迁，中原文化逐渐扎根在恩平大地上，酿造了恩平民歌产生的土壤。明成化年间，在恩平民间开始兴起一种诗与歌相结合的清唱体，表达人们的情感和诉求，这种清唱体就是恩平民歌的雏形。此后恩平劳动人民发挥聪明才智，对恩平民歌不断加以丰富和发展，创造出地方风味浓郁的劳动民歌、仪式民歌和生活民歌，包括花笺歌、夹房歌、牧歌、舞春牛歌、莲花歌、摇钱树歌、喊三国、螃蟹歌、收旧歌、童谣等十多个歌种，用于借景喻志、托志言情、感叹世态、针砭时弊、劝人从善、反映时政等。恩平民歌具有“广、特、变、美”的基本特征，不仅是恩平人民言情达志、沟通交流的一种文化表达方式，而且是维系海外侨胞、港澳台侨胞乡情的精神纽带，对激发其参与家乡建设的热情具有重大作用，具有标杆性的文化认同意义和较高的社会价值、审美价值。

（六）台山民歌（市级民间音乐）

台山民歌可以追溯到宋代理宗时期，至今已有800年历史，主要有卖鸡调、禾楼歌、新娘歌、龙船歌、嫁女歌、咸水歌、客家山歌、刘三妹调和童谣等。新中国成立后，文艺工作者挖掘、整理民间歌曲，加上音乐伴奏，使之由原来单声唱发展为对唱、合唱、二重唱、小演唱、民歌舞和民歌剧，将台山民歌由民间推向舞台，成为城乡人们喜闻乐见的一个品牌。台山民歌在世界各地广泛流传，成为维系华侨华人和海内乡情感情的重要纽带。台山市连续举办了十届艺术节，每届都有台山民歌专场表演。一大批台山民歌作品，在市、省、全国发表、录播、表演和获奖。通过收集整理，《台山民间歌曲集》《台山民歌专辑》等作品相继发表。

市级非物质文化遗产项目具有鲜明的地方特色和重要的历史、文化和科学价值，充分体现城市民族民间文化丰富内涵，这些曲艺音乐类文化遗产支撑了江门演艺文化的传承与发展，为五邑艺术家提供深厚扎实的基本功底与永不枯竭的灵感源泉。

二、五邑影视拍摄基地——五邑演艺文化的特色地标

文化出现以后，当它进一步形成规模，批量制成产品，以便传播扩散的时候，就有了文化产业。当代文化产业，必然是一种创意产业，亦指“那些从个人的创造力、技能和天分中获取发展动力的产业，以及那些通过对知识产权的开发，可创造潜在财富和就业机会的活动”。对影视产业而言，编剧、导演、演员的创造力、技能和天分，都是十分宝贵的。他们把自己的人生经历、理念信念、生活风格代入到影视作品之中，实现这种“来源于生活，超脱于生活，又回归于生活”的艺术创造，才能给作品带来与众不同的艺术触感与火花。创业产业不仅要求创意者要有独特开创的精神，而且对创意环境的要求同样苛刻。一个良好的艺术文化创作环境，需要具备浓厚的艺术气息与人文氛围。

五邑地区自古以来就是人文荟萃之地，留下了唐代海上丝绸之路的辉煌和宋元崖门海战的悲壮，也有近代中西合璧的建筑瑰宝。自然风光上，这里有天马河中独木成林的“小鸟天堂”，万顷碧海上椰风轻拂的上下川岛，绿野田畴里水汽氤氲的温泉仙境。这些人文与自然景致，为江门影视事业的发展提供了得天独厚的有利环境。

（一）赤坎影视城

赤坎影视城位于广东省开平市赤坎镇上埠，建于2004年，面积6 000多平方米，整体建筑按照电视剧《三家巷》的剧情、场景进行设计和兴建，主要建筑包括“洋买办”的陈家洋楼、封建地主何家的大宅和小市民阶层的周家民宅，并设有当时的警察局、地下党活动场所等，完全按照20世纪20年代的建筑风格兴建，使得这里具有那个年代旧广州、旧香港的丝丝韵味，逐渐演变成为“电影街”，已有数十步电影电视剧在这里拍摄，包括《醉拳Ⅱ》、央视《香港的故事》，以及《寻找远去的家园》等香港电影。三家巷影视城也是40集大型电视连续剧《风雨西关》的拍摄取景处。身处赤坎古镇，仿佛回到了当年的情境中，使人鲜明深刻地感受着极具岭南文化特色的“三家巷”风情。自从2012年著名香港电影导演王家卫于此地拍摄了电影《一代宗师》，2015年该电影的3D版本在内地火爆上演后，赤坎影视城更是使得游人慕名而来。

赤坎影视城四周江水环绕，古榕婆娑，江上舟来楫往。堤西路、中华西路、堤东路、中华东路等600多座骑楼依水而建，串联出一道独特的侨乡景象，丰富了“欧陆风情街”的建筑文化和历史内涵，使这座古城更具有迷人的风采。人们不禁惊叹：明明是岭南的乡村，却又像是西洋的古城。骑楼下，商铺一个挨着一个，林林总总，各式各样（图7-3）。

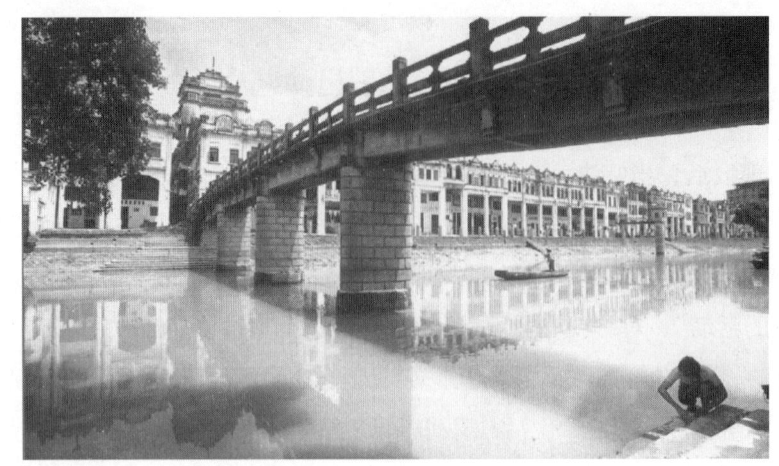

图 7-3　开平市赤坎影视城、赤坎欧陆风情街旧街（黄冠雄　摄）

（二）梅家大院

梅家大院（即汀江圩华侨建筑群）位于台山市端芬镇大同湖畔，河岸绿树婆娑，河中“一里三桥”。大院于 1931 年由当地梅姓华侨以及侨眷侨属所建。大院占地面积约 5 万平方米，108 栋二至三层带骑楼的洋房，呈长方形排列，鳞次栉比，整齐划一。中间有约 2.5 万平方米专供商贩摆卖商品的市场空地，俨如一座小方城。梅家大院不仅是《让子弹飞》《临时大总统》等电影的取景场地，还是广东电视台、西班牙国家电视台中国侨乡题材电视剧的外景拍摄地（图 7–4）。

图 7–4　台山端芬镇梅家大院

此外，在梅家大院附近也有相当数量的拍摄点，如电影《让子弹飞》剧中的“鹅城”（台山水步镇冈宁墟）等，这些拍摄点的建立，进一步扩大了五邑影视基地的规模与影响，吸引越来越多的剧组前来拍摄（图 7–5、图 7–6）。

图 7-5　台山水步镇冈宁墟

图 7-6 《让子弹飞》中的“鹅城”（台山水步镇冈宁墟）（黄冠雄　摄）

三、五邑演艺文化的史上精英

（一）黎氏三兄弟——中国电影与香港电影拓荒者

1. 黎海山、黎北海、黎民伟兄弟的电影艺术生涯

黎海山、黎北海（1889—1955 年）、黎民伟（1893—1953 年）三兄弟的祖籍是广东新会，父亲黎兆昆长期于海内外经商，家境殷厚，三兄弟也曾随父经商。

1909 年，黎北海参与了香港首部电影《偷烤鸭》的演出，在剧中饰演警察与梁少坡饰演的偷烤鸭的小偷展开了一系列斗智斗勇的故事。该电影标志着黎家三兄弟数十年的影视征途正式开始。

黎民伟 16 岁加入同盟会，17 岁剪辫，18 岁与同盟会成员共创“清平乐”剧社（辛亥革命后改组为人我镜剧社），任演员，在香港学校、社区演出剧目，推动革命，亦用戏箱偷运枪械，支持广州黄花岗起义。后来他感到戏剧的力量始终较小，黎民伟将目光

转向影响更为广泛的电影行业。

黎民伟一生的电影制作生涯主要分为 3 个阶段。

第一个阶段是在香港时期，黎氏兄弟合作拍摄的第一部电影是 1913 年开拍，1914 年完成并公映的短片《庄子试妻》。该片取材于明代传奇剧本《蝴蝶梦》中“扇坟”一段，表现战国时哲学家庄周诈死以试探妻子是否守节的故事。该片利用阳光露天拍摄，实地取景，而片中人物都穿了民初的服装，更首次使用了摄影特技，把庄子的鬼魂拍得忽隐忽现，以加强戏剧效果。《庄子试妻》是香港出品的第一部故事片，第一部有特技摄影的香港电影，此片和广东优秀的传统艺术——粤剧结合在一起，创始了粤剧电影，开香港电影粤剧长期雄霸之风。该片从未在香港公映过，由布拉斯基（出资方）带回美国，并曾在美国洛杉矶地区公映。它是第一部在国外放映的中国影片。《庄子试妻》一片的编剧，以及反串演出庄子妻子田氏的是黎民伟，扮演庄子和执行导演工作的是黎民伟的胞兄黎北海（图 7–7、图 7–8）。片中扇坟的婢女由黎民伟的妻子严珊珊扮演，她是香港电影史上乃至中国电影史上第一个电影女演员（图 7–9）。不可思议的是，旧中国电影（包括香港电影）从开创时期 1905 年至 1913 年，有 8 年时间没有女演员，凡是女角一律由演新剧的男演员扮演。这时候，严珊珊出现了，她是中国电影历史上第一个由女人扮演的女人。

1921 年，黎民伟、黎北海在长兄黎海山的资金支持下，创建了香港首间电影厂“民新制造影画片有限公司”（以下简称“民新”）。1923 年正式成为民新影片公司，黎海山为经理，黎民伟为副经理，以拍摄新闻片为主。厂址位于香港大坑，香港政府后来将该地命名“银幕街”。和那个时期国外影人拍摄中国纪录片大多反映在风景异趣相比，黎民伟的镜头更多对准了中国现实，除了人物传记与时政要闻外，还涉及戏曲演出、公众活动等。1923 年初黎民伟东渡日本拍摄了《中国竞技员赴日本第六届远东运动会》，1924 年黎民伟带摄影机到北京，为梅兰芳拍摄《西施》中的“羽舞”、《霸王别姬》中的“剑舞”，以及其他京剧舞蹈片段，剪辑成一部戏曲短片，曾多次在影院映出。同年冬，民新在广州建立摄影场，黎民伟热情地为当时的广东革命政府拍摄了一批反映孙中山革命活动的新闻纪录片。曾拍摄记录孙中山、廖仲恺、李大钊、周恩来等人的珍贵镜头，在战火纷飞的时代里不畏艰险，拍成《孙中山先生北上》《孙大元帅誓师北伐》等片。在无任何资助的情况下，他扛着笨重的摄影机械跟随孙中山，记录北伐，前后 8 年留下大量珍贵影片史料。1927 年，黎民伟将这些素材剪辑成一部长纪录片《国民革命军陆海空大战记》，1941 年年底又经过整理编成《勋业千秋》。这部黎民伟呕心沥血的影片首先在香港放映，曾历经炮火而幸免于难，辗转运至大后方，在桂林、重庆等地多次放映，反应热烈，后还发行到东南亚地区，为中华民族留下了关于国父革命奋斗的珍贵影像记录。黎民伟饱含壮志豪情，为弘扬国粹和宣传革命运动付出了艰辛的汗水与努力。

图 7-7　黎民伟及反串演出庄子妻的剧照

图 7-8　黎北海

图 7-9　严珊珊

香港民新后来因亏本而解散，黎民伟认识到上海是电影文化的中心，决定北上上海重振旗鼓，与李应生合办“上海民新”，这就开始了他电影制作的第二个阶段，亦是他事业的高峰时期。第一部影片《玉洁冰清》一炮打响，另外还拍摄了《西厢记》等经典影片。自 1926 年至 1929 年，上海民新公司在 4 年内共摄制了 20 部影片。然而正当民新的事业到达顶峰之际，他最费心血拍摄的《木兰从军》却亏损严重，上海民新再一次面临倒闭。此时，罗明佑向他提出合作，妻子林楚楚也从旁鼓励。他们创办了“联华影片公司”（以下简称“联华”），打出“复兴国片，改造国片”的旗号，拍摄《故都春梦》，影片上映大获成功，被誉为复兴国片运动之“嚆矢先声”，随之又有《野草闲花》《恋爱与义务》问世，此三片“各地卖座特盛，破前纪录”。黎民伟的电影事业也因三部片而进入辉煌顶点。联华背景雄厚，资本充足，产销一体，下辖 6 个制片厂，并开办歌舞班和电影学校，形成一个庞大的电影集团和实体。影片除在辖下的 20 几家影院放映，还联络上海、香港、哈尔滨、广州等地的影院公映，盛极一时。1928 年，黎民伟以 1925 年拍摄的上海“五卅惨案”纪录片为基础，导演摄制了《祖国山河泪》。同

年，担任《蔡公时》的导演，描写1926年5月3日“济南惨案”。影片摄制中威逼恫吓便不断袭来，完成后租界禁映，黎民伟便拿到上海南市中国人聚居区小影院放映，大为轰动。无论从开始时间、题材广度、影片质量等角度考虑，黎民伟都无愧于“中国纪录片之父”的称誉。1932年1月28日，日寇侵犯上海，黎民伟立即放下当时职务，带领摄影师和创作人员赶赴现场，又沿铁路至苏州，拍摄中日战事实况。1937年8月13日，上海遭到日军狂轰滥炸，黎民伟携家人和创作人员，不顾危险，参加支持抗日赈济难民的活动，用摄影机把这些活动和敌人暴行摄入镜头，后编成抗战初期上海军民团结抗日的珍贵影像实录《淞沪抗战纪实》。由于联华台柱阮玲玉的突然去世，影响了联华的号召力，再加上1937年抗战全面爆发，联华公司被敌伪势力查封，在战争背景下逐渐衰落。

黎民伟电影制作的第三阶段回归香港。1940年，黎民伟接管设在九龙的启明制片厂（以下简称“启明”），一年多时间里摄制了《情人四万万》《春色满园》等近十部影片，整理编辑纪录片《勋业千秋》。后太平洋战争爆发，敌机袭港，启明厂毁于一旦，也摧毁了黎民伟“电影救国”梦。仅在民新的短短几年里，黎民伟便损失了私产40多万元（按今天估值约一亿元），之后在联华和启明，他也不时拿出私产来苦苦支撑，以致妻子过生日只得清茶一杯。中华人民共和国国歌义勇军进行曲的作者聂耳与田汉都曾在黎民伟的片厂里得到工作与磨炼的机会。抗战期间，黎民伟在桂林时，田汉以诗相赠，其中有云：“卅年银坛苦斗人”，算是道出了黎民伟的伟大与辛酸。

1941年，香港沦陷，制片厂被毁，黎民伟将财产变卖，得款分给员工还乡，他因拒绝与日本侵略者合作，全家逃亡到广西，参加了欧阳予倩主持的广西省立艺术馆。在生命的后期，他带病坚持电影的技术革新。1953年，黎民伟病危，虽然当时家境困难，他依旧托付妻子林楚楚将《勋业千秋》与《淞沪抗战纪实》无偿送往北京，他说：“这是我替国家拍的，不要收取报酬。”同年，黎民伟因颈部肿瘤在香港去世，享年60岁，仅留下现金22元和价值港币6 200元的财产。黎民伟一生爱国报国、为国忧国的精神堪称电影艺术家的典范。

除了黎民伟本人外，其家族众多成员都与香港电影有着不解之缘。他的两位兄长黎海山与黎北海是他的合作伙伴，两任妻子都为早期的电影明星，侄女黎灼灼也为著名女星，长子黎铿三岁登台，是当时著名的童星和朗诵家，女儿黎萱是话剧演员和影视艺员，而以出演《古惑仔》系列电影闻名的当代玉女明星黎姿则是他的孙女。时至今日，电影史对黎民伟作为“香港电影之父”的评价比较确定，并且黎民伟的哥哥黎北海对香港电影的贡献也不容忽视。

香港资深影评人石琪先生著文曾说：“黎北海对香港电影发展贡献很大，不应遗忘，而且他才是‘香港电影第一人’。”黎北海出生于1889年，1909年布拉斯基在香港拍的第一部短片《偷烧鸭》中，黎北海参与了演出，《庄子试妻》中，黎北海参与了制作并扮演了主角庄子；1924年，黎北海又在香港第一部长故事片《胭脂》中，担任编剧及导演，并扮演了重要角色。他最大的历史贡献是：省港罢工结束后，第一个站出来重建香港电影（在罢工期间，香港电影人纷纷北移内地）。1928年，黎北海开创了香港影片公司，这是当时香港唯一的电影公司，其创作的影片《左慈戏曹》标志了香港电影工业的复苏。在此之后，黎北海在香港电影最困难的时期，连续办了3间电影公司，先后拍出13部影片，尽管耗尽家财，却令此时的香港电影史不致空白。据李以庄先生考证，黎北海还是香港电影教育的鼻祖，先后开办4所电影演员养成所，为电影事业培养了不少演员、导演等优秀人才。1937年48岁的黎北海退出影坛，生活拮据，有时候吃18粒蚕豆就去上班了，但是在生活如此煎熬的情况下，他也没有忘记电影事业，一度与阮玲玉前夫张达民商议合拍电影，最后因资金问题无奈放弃。或许是身在弟弟黎民伟的光环之下，黎北海的贡献鲜为人知，1955年在广州病逝家中。

黎氏三兄弟只是当时大批赴香港奋斗发展的五邑人之中的一份子。著名编剧、黎氏兄弟的战友关文清（开平赤坎镇大梧村人），“香港电影的活字典”、香港电影金像奖“专业精神奖”得主余慕云（台山县人，生于上海）等也都是五邑人。可以说，五邑人为香港演艺界的历史发展立下了不可磨灭的功劳。

2. 黎氏三兄弟的电影艺术成就

在黎民伟的追悼会上，11位电影前辈翘楚共同拟定，为他赠上了“国片之父”四字，可以想象黎民伟在当时中国电影界的影响力和号召力。在很长一段时间里，在老电影史上，黎民伟只是和《庄子试妻》联在一起，一笔带过，当年的一些事件记录与影像资料已经散逸，以致于香港资深电影工作者、影评人罗卡说：“如果当时的中国是个盛世平治的中国，香港是个注重历史文化的香港，在电影诞生百周年或者中国电影九十周年，黎民伟兄弟也许会像卢米埃尔兄弟之于法国人般，被供奉在中国电影的殿堂里享尽尊荣，大事庆祝。”

1994年，第13届香港电影金像奖将“最高致意奖”颁给黎民伟，赞之曰：“香港电影拓荒者，缔造历史第一人”。2005年，位于北京的中国电影博物馆揭幕，国家广播电影电视总局选定5位中国电影开拓者并立铜像纪念，分别是任景泰、郑正秋、黎民伟、夏衍、袁牧之。同年，第5届华语电影传媒大奖尊黎民伟为“华语电影的创始人”，2009年，香港电影档案馆举办了《黎民伟的足迹》专题展览，内地亦有《黎民伟评传》出版。在去世并沉寂半个多世纪之后，他和他的家族终于得到了应得的尊重，黎锡（黎民伟之子）家中所挂的“天下为公”，是孙中山手书赠予黎民伟的。黎锡说，中山先生为电影界人士手书“天下为公”相赠，历史上仅黎民伟一人。

从史料上看，黎民伟的“香港电影之父”的称号是香港电影界普遍认同的。2001年还有一个叫《“香港电影之父”黎民伟》的纪录片采访了许多老电影人、电影学术界人士、电影制作方，展示了许多民间的珍贵收藏，比较有说服力，黎民伟的“香港电影

之父”的称号是难以撼动的。1923年黎海山、黎北海、黎民伟三兄弟发起创办“民新制造影画片有限公司”，开创了香港电影新纪元，这是黎氏兄弟们为香港电影业做出的巨大贡献。电影是集体协作的产业，个人的光环是建立在许多人淡泊名利的奉献基础之上的，可以说没有黎氏兄弟的奠基，就没有香港电影的繁荣，所以黎氏三兄弟是当之无愧的香港电影，乃至中国电影的原始拓荒者。为什么黎氏三兄弟能完成拓荒中国影视史的壮举？其父亲黎兆昆长期在海外经商，黎民伟也是在日本出生的，作为在海外耳濡目染先进技术与观念的海归分子，黎氏兄弟不仅具备开创电影事业的硬性条件，他们也秉承五邑人爱国爱家，不畏艰险，勇于创新的冒险精神，同时发扬拼搏敬业的风格骨气，屡败屡战，最终成就黎氏兄弟之英名。

（二）胡蝶——中国第一位电影皇后

1. 胡蝶的电影艺术生涯

胡蝶（1908—1989年），原名胡瑞华，原籍广东鹤山沙坪坡山水寨村，中国早期著名女演员，民国时期“电影皇后”。胡蝶是横跨中国默片时代和有声片时代的著名影星，早期与阮玲玉同为中国无声电影的代表性演员。

胡蝶的祖先是宋代从珠玑巷南迁的中原移民后裔，定居江门鹤山数百年，鹤山至今留有胡蝶祖居、家族祠堂。1924年，16岁的胡瑞华随家人从广州迁往上海，当年就受电影热潮影响，投考了由顾肯夫等人创办的中国第一家电影学校——上海中华电影学校，成为首届训练班学员。考入影校后，胡蝶比较系统地学习了戏剧、电影理论和表演方面的课程，她尤其喜欢表演课程，几乎投入了全部精力去钻研表演，在名师指导下，她很快就显示出演艺方面的超常才华。1925年，她参加生平第一部电影《战功》的拍摄。1931年主演中国第一部有声电影《歌女红牡丹》，上映后轰动全国，甚至吸引众多海外侨胞的目光。胡蝶一生饰演过娘姨、慈母、女教师、娼妓、舞女、阔小姐、劳动妇女等多种角色，气质富丽华贵、雅致脱俗，表演温良敦厚、娇美风雅。

胡蝶加盟明星公司后，迎来了事业全盛期，她的几部影片都创造票房纪录。《火烧红莲寺》是无声片时代的武侠大片，由明星公司于1928年摄制，改编自平江不肖生的小说《江湖奇侠传》。该片上映后轰动全城，明星公司赢利颇丰，从1928年到1931年，一直拍到18集方告收兵。自第三集开始，胡蝶加入剧组，扮演“红姑”。自从明星公司“放了第一把火”，影坛一片“火烧”，各公司竞拍神怪武侠片，片名纷纷冠之“火烧”二字。

1931年3月公映的《歌女红牡丹》是我国第一部蜡盘发音的有声片，胡蝶扮演京剧昆伶红牡丹，由明星公司和百代公司合作录音摄制。片中穿插京剧片断，观众第一次在银幕上“听戏”。因为拍有声片还处在摸索阶段，《歌女红牡丹》反复试验，耗资甚巨，上映后盛况空前。胡蝶把一个忍受丈夫虐待与压榨而毫无反抗、心地善良又有几分愚昧的女性刻画得相当成功。

她主演的《姊妹花》是她表演艺术的高峰。在影片中，她一人饰演有着不同生活道路的双胞胎姐妹大宝、二宝，把两个身份悬殊、性格各异的女性刻画得非常成功，能想象当时的观众该是多么新奇和惊讶。影片在 1934 年的上海连映 60 多天，打破国产影片上座率最高纪录，后来到东南亚、日本、西欧诸国演出，也大获好评。摄影场的胡蝶以“听话”著称，她很听导演的话，也很敬业，演戏严谨认真，深得明星公司三巨头领导的赏识与喜爱。电影圈是个是非之地，胡蝶时时都很注意自己的言行举止，力求给人以无懈可击的印象。

1933 年元旦，上海《明星日报》以“鼓励诸女明星之进取心，促成电影之发展”为宗旨，发起了一场评选电影皇后活动。在选举过程中，3 位著名电影女明星——明星公司的胡蝶、联华公司的阮玲玉、天一公司的陈玉梅的票数开始时非常接近，竞争相当激烈。结果胡蝶得 21 334 票，陈玉梅得 10 020 票，阮玲玉得 7 290 票，胡蝶以巨大的优势胜出，获得了“电影皇后”的称号。在一年内，胡蝶又获得了英商中国肥皂公司的“力士香皂电影明星竞选”第一和“1934 年中国电影皇后竞选”的冠军，两年之内“三连冠”。胡蝶在回忆录中谈及此事只是轻描淡写：“几十年来这个像游戏之举的称号一直跟着我，这是观众对我的爱护，我自己都不敢妄自尊大。”

1937 年 11 月上海失守。不久，明星公司在上海枫林桥的总厂被日军占领，明星公司从此不复存在。此时丈夫潘有声已在香港发展事业，于是胡蝶携同家人避居香港。1941 年 12 月 25 日，港英政府、驻港英军向日本华南派遣军总司令酒井隆中将投降。为了表达自己对残暴日军的反抗，她把香港投降日称之为一个“蝶耻日”。日军占据香港后，为了利用中国名人出面宣传所谓的“大东亚共荣圈”“中日亲善”，达到欺骗世界舆论的卑鄙目的，一方面对香港百姓凶残肆虐，一面又对匿居在港的文化界知名人士施以怀柔政策。日方曾重金邀请胡蝶出演《胡蝶游东京》，但被她以自己已经息影，而且有了身孕，短期内无法再现银幕为由，严正拒绝，表现出一位电影表演艺术家的铮铮铁骨（图 7–10）。

图 7–10　胡蝶

1946年，胡蝶为香港大中华公司拍摄了《某夫人》《锦绣天堂》等片。但在1949年丈夫潘有声逝世后，胡蝶停止拍片10年之久。直到1959年，她应邵氏公司之请重下银海，展开了她影视生涯的第二阶段，在香港、台湾先后拍摄了《街童》《两个女性》《后门》等片，其中以著名导演李翰祥执导的伦理片《后门》最为出色。胡蝶在片中扮演女主角徐太太，她炉火纯青的演技，得到行家们一致的赞赏。1960年在日本举行的第七届亚洲电影节上，《后门》获得最佳影片金禾奖，胡蝶获得最佳女主角奖，同年，该片再获日本文部大臣颁赠的最佳电影奖，52岁的胡蝶跃登"亚洲影后"的宝座。

1966年，胡蝶参加了《明月几时圆》《塔里的女人》两片拍摄之后，正式退出了影坛。在台湾住了几年后，胡蝶于1975年移居加拿大温哥华，1989年4月23日，胡蝶因中风并发心脏病在温哥华病逝，临终前留下最后一句话："胡蝶（蝴蝶）要飞走了！"可见其毕生对艺术的追求，对真我的渴望之深。

2. 胡蝶参与演出的电影作品

1925年，《战功》《秋扇怨》。

1926年，《夫妻之秘密》《电影女明星》《梁祝痛史》《义妖白蛇传》（第一、二集）、《珍珠塔》（上下集）、《孟姜女》《孙行者大战金钱豹》。

1927年，《白蛇传》（第三集）、《女律师》《新茶花》《铁扇公主》《蒋老五殉情记》。

1928年，《大侠复仇记》（前后集）、《女侦探离婚》《白云塔》《血泪黄花》。

1928—1931年，《火烧红莲寺》（3~18集）。

1929年，《富人的生活》《爱人的血》《爸爸爱妈妈》。

1930年，《桃花湖》（前后集）、《碎琴楼》。

1931年，《歌女红牡丹》《如此天堂》（前后集）、《红泪影》《三箭之爱》《铁血青年》《银星幸运》。

1932年，《落霞孤鹜》《战地历险记》《自由之花》《啼笑因缘》。

1933年，《满江红》《狂流》《脂粉市场》《盐潮》《姊妹花》《春水情波》。

1934年，《三姐妹》《路柳墙花》《麦夫人》《女儿经》《美人心》《再生花》《空谷兰》。

1935年，《夜来香》《兄弟行》《劫后桃花》。

1936年，《女权》。

1937年，《永远的微笑》。

1938年，《胭脂泪》。

1940年，《绝代佳人》。

1941年，《孔雀东南飞》。

1947年，《春之梦》《某夫人》。

1953 年，《青春梦》。

1959 年，《两代女性》《后门》《苦儿流浪记》《街童》。

1966 年，《孤儿奇遇记》《塔里的女人》《明月几时圆》。

（三）戴爱莲——中国当代舞蹈艺术先驱者和奠基人之一，“中国舞蹈之母”

戴爱莲（1916—2006 年），祖籍广东省新会区杜阮镇，生于加勒比海西印度群岛的特立尼达，侨居海外多年。她是中国共产党优秀党员，历任中央戏剧学院舞蹈团团长，北京舞蹈学校校长，中央歌剧舞剧院芭蕾舞团团长，中央芭蕾舞团艺术指导、顾问，中国舞蹈家协会副主席，中国文学艺术界联合会委员，国际拉班舞谱学会副主席，联合国教科文组织国际舞蹈理事会副主席，中国舞蹈家协会名誉主席等职。她是中国当代舞蹈艺术先驱者和奠基人之一、著名舞蹈艺术家、舞蹈教育家、中国舞蹈家协会名誉主席，被誉为“中国舞蹈之母”（图 7–11）。

图 7–11　戴爱莲

1. 戴爱莲的艺术生涯

1930 年，戴爱莲赴英国伦敦学习舞蹈，曾先后师从著名舞蹈家安东·道林（Anton Dolin）、鲁道夫·拉班（Rudolf Laban）等，后来又投奔现代舞大师玛丽·魏格曼（Mary Wigman）。在当时芭蕾与现代舞相互对立的状态下，戴爱莲已经有了博采众长，发挥创造的开放意识，这对她以后的艺术道路具有积极意义。留英期间，她就结合自己所学，创作了《波斯广场的卖花女》《杨贵妃》《伞舞》等舞蹈。1937 年抗日战争全面爆发之后，戴爱莲的艺术生涯达到第一个顶峰，诞生了系列唤醒国民意志、抵抗侵略者的优秀作品。她在伦敦多次参加中国运动委员会为宋庆龄领导的保卫中国同盟筹集抗日资金举办义演，自编自演《警醒》《前进》等舞蹈，歌颂中国人民抗战精神。第二次世界大战爆发之后，她回到祖国，1940 年春宋庆龄在香港会见她。珍珠港事件后，她取道澳门到桂林，随即参加支援抗战募捐演出活动，创作以抗日救国为题材的舞蹈《游击队的故事》《卖》《空袭》《东江》《思乡曲》等，对宣传抗日起到了积极作用；同时也

推动中国舞蹈事业的发展。戴爱莲还从事各民族民间舞蹈的采集和整理、演出和研究工作，她以桂系瑶族同胞喜庆时击鼓歌舞为素材，创作《瑶人之鼓》；根据“哑背疯”改编了舞蹈《老背少》。1942 年秋，她到重庆，先在国立歌剧学校和国立社会教育学院任教，之后应教育家陶行知之聘，创办育才学校舞蹈组。在此期间，周恩来和邓颖超经常关心和帮助她，鼓励戴爱莲向民间学习，努力发展中国民族舞蹈事业，这对她后来的艺术实践产生了深刻的影响。

第二次世界大战结束后，戴爱莲把艺术创作重心转移到民族舞上来，提倡民族团结，又攀上了她艺术生涯的第二座高峰。1945 年她在重庆新华日报社看了延安文艺工作者演出的新秧歌剧之后，创作歌舞《朱大嫂送鸡蛋》。当年夏天，戴爱莲和著名画家叶浅予一起到川北和西康等地采风，搜集大量少数民族舞蹈素材，用拉班舞谱记录 8 个藏族舞蹈（现分别存在美国纽约舞谱中心图书馆与伦敦舞蹈中心图书馆）。

1946 年戴爱莲在重庆推出了一台由她创作并主演的多彩多姿的“边疆舞蹈大会”，作品有：充满活力的维吾尔族舞《青年舞曲》、优美的苗族舞《苗家月》、欢快的藏族舞《春游》、抒情的彝族舞《倮倮情歌》等。这些作品让观众目不暇接，很多人惊叹：天下竟有这么多美妙的舞蹈！人们纷纷表示：作为中国人，过去只欣赏西洋舞蹈，看到戴爱莲的演出，才知道中华民族的舞蹈竟是这样的丰富多彩。戴爱莲的“边疆舞”，一时成为当时山城的热门话题，媒体盛赞她为“人民艺术家”。不久，她的“边疆舞”风又刮到了上海，并如燎原之火般迅速在上海大中学校的学生中传播。这个健康而进步的舞蹈运动，实际上在学生解放运动的开展上，起到了团结同学的积极作用。“反饥饿、反内战、要民主、要和平”的学生运动遍及全国，有口号处就有边疆舞的歌声舞影。戴爱莲的“边疆舞”，成就了中国现代舞蹈史上的一段佳话。同年秋，戴爱莲和叶浅予赴美国讲学，向美国人民介绍中国的民间舞蹈。

1947 年回国后，戴爱莲主持了私立上海乐舞学校的工作。1948 年在国立师范学院与北平国立艺术学院任教。戴爱莲为中国新舞蹈艺术的开创人之一，为新舞蹈事业培养一批专业人才。

新中国成立之初，中国没有一家专业的舞蹈团体。面对百废待兴中国舞坛的贫瘠景象，戴爱莲扛起了发展中国舞蹈事业的重担，她像一位辛勤的园丁，开始为祖国的舞蹈百花园育苗、施肥、浇灌，同时她在艺术生涯上进一步融合中华民族特色进行创作，达到第三个巅峰。戴爱莲在华北大学文艺学院舞蹈队工作时，为新中国培养了第一批舞蹈演员。她主持组建了新中国第一个舞蹈团——中央戏剧学院舞蹈团，该团后来成为中国中央歌舞团。当时国家的重要演出任务，都是由该团完成的，并在国际上屡次获奖。为庆祝世界和平大会的召开，戴爱莲参加编导并主演了中国第一部芭蕾舞剧《和平鸽》。作为第一任校长，戴爱莲于 1954 年主持了新中国的第一个舞蹈学校——北京舞蹈学校的教学工作。在她的领导下，一批又一批舞蹈人才，源源不断地成为中国舞坛上的生力军。

作为中国当代舞蹈艺术先驱者和奠基人之一，新中国的舞蹈事业，与戴爱莲息息相关，正是她的辛勤栽培，才让中国舞蹈事业从荒原变成绿色一片。

最值得让后人永远记住的是，戴爱莲为新中国的舞蹈创作做出的贡献。她不仅身体力行，创作出流芳百世的《荷花舞》，更为重要的是，她的创作从思想和艺术两个角度，深深影响了中国舞蹈艺术的发展。女子群舞《荷花舞》，是戴爱莲一生最重要的代表作。《荷花舞》取材于流传在陇东、陕北的民间舞“荷花灯”。1953 年，戴爱莲以高超的编舞技法进行了再创造，以比兴的手法，表现了荷花出淤泥而不染的秉性，以“盛开的荷花”象征欣欣向荣的祖国。舞蹈形象鲜明、动作流畅、结构凝练，于简洁中颇显大师功力。在当时许多外国人的眼中，《荷花舞》几乎成为中国舞蹈的代名词。台湾著名舞蹈家林怀民来大陆访问时就曾表示，他被戴爱莲的《荷花舞》感动得无以复加，他说舞蹈所表现出来的那种中国人所独有的大气和健康之美，让他感喟不已。

创作于 1954 年的女子双人舞《飞天》是戴爱莲的另一部传世之作。它是中国当代第一部取材于敦煌壁画的舞蹈，戴爱莲成功地运用了戏曲中“长绸舞”的形式，并把它加工为独立的纯舞蹈艺术。舞蹈追求的不是敦煌壁画的描摹再现，而是以绸带飞扬瞬间的舞姿造型和流畅、滑翔、腾跃的步伐，表现翱翔天宇的一种意境——寄予人类的希冀与向往。

2. 戴爱莲的主要艺术成就与当代指引

戴爱莲是中国当代舞蹈艺术先驱者和奠基人之一、著名舞蹈艺术家、舞蹈教育家、中国舞蹈家协会名誉主席，被誉为“中国舞蹈之母”。

《荷花舞》与《飞天》先后于 1953 年和 1955 年参加在柏林与华沙举行的世界青年与学生和平友谊联欢节国际舞蹈比赛并获奖；1994 年被确认为“20 世纪中国舞蹈经典作品”。

在英国皇家舞蹈学院的接待厅里，陈列着世界 4 位杰出的女性舞人的肖像艺术品，其中之一便是戴爱莲的石雕头像。在揭幕式上，她曾深情地说；“荣誉属于我的祖国。”

2011 年，戴爱莲的故乡江门市举行“纪念中国舞蹈之母戴爱莲 95 周年诞辰系列活动”，其中包括将蓬江区杜阮镇中心广场命名为“戴爱莲广场”等系列活动。戴爱莲倡导“人人都可以快乐舞蹈”的理念，她的艺术精神对家乡影响深远，在戴爱莲“快乐舞蹈”“健康舞蹈”“文明舞蹈”理念的指引下，江门市作为“百姓健康舞”全国第一批试点城市、广东省第一个试点城市，与中国舞蹈家协会合作，大力开展“我舞蹈 · 我健康”百姓健康舞全民推广活动，计划用 3 年时间在该市全面推广普及“百姓健康舞”。江门在文明城市建设中，以推广普及百姓健康舞为抓手，大力实施文化惠民工程，用制度规范管理“广场舞”，切实解决“广场舞大妈”扰民问题，并积极创建“中国舞蹈之城”，取得显著成效，有近百万名市民加入舞蹈的行列，戴爱莲“人人舞蹈”的夙愿得

到实现。江门市采取免费培训师资、免费授课、免费赠送音响教材、免费赠送参赛服装“四免费”措施，通过电视、网络、广场义务授课的“三义务”途径，首先在江门市区推广普及，分市区、县（市）区、乡村和企业三个层次逐年推进。2012 年，江门被中国舞协授予迄今为止唯一的“全国百姓健康舞文化惠民示范城市”。

2015 年 5 月 10 日，在中国现代舞之母、中国舞蹈教育先驱戴爱莲先生诞辰 99 周年之际，“中国舞蹈之城”授牌仪式在“中国现代舞之母”戴爱莲的故乡广东江门市举行。

江门市已经在 2017 年 11 月与 2019 年 5 月举行了两届“戴爱莲杯”人人跳全国群众舞蹈展演活动（图 7–12），这是中国舞蹈家协会目前批准设立的唯一的全国性广场舞展演项目，每两年举办一届，也是目前唯一落户江门的全国性文艺活动，江门舞蹈产业创新发展已初见成效。

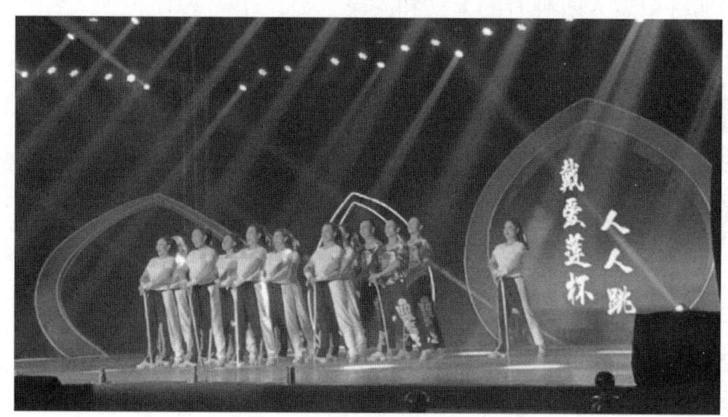

图 7–12 “戴爱莲杯”人人跳全国群众舞蹈展演活动

（四）红线女——粤剧一代宗师、粤剧红派艺术创始人

红线女（1924—2013 年），原名邝健廉，祖籍广东开平，中国现代著名粤剧表演艺术家、红派艺术创始人。历任广东粤剧院副院长，中国戏剧家协会广东分会副主席，广州粤剧团艺术总指导，第二届全国政协委员，第三、四、七、八、九届全国人大代表。2009 年荣获首届“中国戏剧终身成就奖”（图 7–13）。

1. 红线女的粤剧艺术生涯

红线女的堂伯父邝新华，是同治年间粤剧再度兴起时的著名武生。他在广州重建粤剧行会组织八和会馆，并被推为“会首”，更因其演艺高超，同行尊奉为泰山北斗。红线女的外祖父声架南是驰名于东南亚的武生。舅父靓少佳是历任人寿年、胜寿年等省港大班的正印小武，在省、港、澳、东南亚和美国均享有盛誉。舅母何芙莲也是著名花旦。红线女生长在这样一个与粤剧渊源很深的家庭，从小就受到粤剧艺术的熏陶，八九岁时就跟留声机学唱粤曲，经常在父亲招待客人时，被叫出来演唱一曲，得到客人的夸奖和父亲奖励的二毫硬币。抗日战争前，她家住广州西关，常随母亲到戏院看戏，回来

图 7-13 红线女及按手印进入江门星光公园的老年红线女（中）

在家中仿效演唱。1938 年因日军侵华而失学，同年 7、8 月间，14 岁的红线女随母亲经澳门赴香港，拜舅母何芙莲为师，正式学艺，取艺名小燕红，红线女事业发展的第一个阶段由此开始。后来同班著名艺人靓少凤对她讲述了“红线盗盒”的侠义故事，改艺名为红线女。1939 年她在胜寿年班首次登台演出，从此，她在戏班中练功、学唱，夜场演出扮丫鬟、宫女的角色。在香港郊区演出日场时，也担任一些戏份不多的配角，在“天光戏”中，还有机会演主角。抗日战争时期香港沦陷后，她随马师曾的太平剧团（抗战剧团、胜利剧团）在广东、广西各地演出，在两广地区崭露头角。抗日战争胜利后回到香港，学京剧 3 年，同时向声乐专家求教，并吸收电影的表现手法，并在香港、澳门、广州及越南、新加坡、马来西亚各地演出。

抗战胜利后，红线女定居香港，成为影剧两栖演员。她不甘做资本家、“班蛇”的摇钱树，用私房钱组建真善美剧团，与马师曾、薛觉先合演《蝴蝶夫人》《清宫恨史》等剧，20 世纪 50 年代初，又组建了红星粤剧团，与马师曾领衔来广州演出了现代戏《珠江泪》等剧。1951 年，红线女在香港演出《一代天骄》，在剧中以动作、表情来丰富唱腔，香港媒体出现了“女腔”一词，红腔自此确立，风靡海内外。这个时期，红线女在香港演出了《一代天骄》《昭君出塞》《苦凤驾怜》《蝴蝶夫人》《清宫恨史》等代表剧目，以粤剧传统花旦唱腔为基础，融入京腔、昆腔演唱艺术和西洋美声技法，结合个人的声线条件，融汇创造出“甜、脆、圆、润、娇、水”的红腔风格，把粤剧花旦唱腔发展到了崭新的阶段。正如著名文艺评论家李凌所说的：“音质优美，基础深厚稳实，

音色清脆秀丽，富有变化，高、中，低音区的声音统一、匀称，既有嘹亮的歌喉，音域特别宽阔，又柔美而有力度。”

1955年，红线女抛弃了在香港演艺界的显赫位置和极其优越的物质生活，毅然回大陆参加广东粤剧团（今广东粤剧院）的工作，迎来了她事业发展的第二个高峰。她先后在广东粤剧团、广东粤剧院、广州粤剧团工作，曾任广东粤剧院副院长、广州粤剧团艺术总指导，并曾当选为广东省戏剧家协会主席。自此以后，她更如饥似渴地学习，学后而知不足，拜梅兰芳为师，她请教梅派唱法；请程砚秋帮她设计身段、水袖；请俞振飞指点《桂芝告状》；请周小燕为她丰富《思凡》的唱腔；还有昆曲名家朱传茗、歌唱家郭兰英、王昆等她都虚心请教。她把所学、所识和所获，化为艺术血液，丰富了自己的艺术素养，在《搜书院》《昭君出塞》《苦凤莺怜》《打神》《李香君》《关汉卿》《山乡风云》等剧目的人物形象塑造中，最终完成了红派艺术的创造。她塑造的王春娥、焦桂英、林黛玉、李香君、王昭君、翠莲等一系列妇女形象里，不论小家碧玉、大家闺秀、宫廷贵人或青楼妓女，都能荡尽艳丽的铅华，清除庸俗的珠光宝气，展示出东方女性清香淡雅的气质、高洁端庄的风韵以及在抗拒苦难或悲剧命运中磨砺出的富于韧性的品格。而在《关汉卿》的朱帘秀的形象里，则又透露出敢爱敢恨、藐视豪强的侠肝义胆和凛然正气。她演出的《山乡风云》，在现代戏和传统戏表演格式的结合上，又跨了一大步，上了一个新的台阶。

红线女事业的第三个阶段是十年动乱后至今，这个阶段的显著特点是，舞台人物性格的刻画和唱腔的表现更加细腻，更加融入生活，达到了大气深沉、柔韧有余、炉火纯青的境界。她响应国家和人民的号召，不断创新自己的表演风格和样式，演出了现代剧《白燕迎春》《西关女人》，历史剧《昭君公主》等，并将“中国古代四大美人”同时搬上舞台，在70多岁高龄之时，将四位妙龄少女的艺术形象演绎得迥然有别、惟妙惟肖。这个时期，红线女还参与编写和自导自演了多部粤剧，并率先探索以交响乐等西方乐器伴奏粤剧。20世纪80年代以来，面对粤剧舞台演出的不景气，为振兴粤剧，她奔走呼号，身体力行，重排旧剧，编演新戏。1988年国庆前夕，红线女率广州粤剧团到北京举行了“红线女专场”演出，独领风韵的“红腔”再以醇美、委婉的风姿撩拨着观众的心扉；1994年，红线女又在北京主演《白燕迎春》，成功地塑造出一个外科医生沈洁的艺术形象。她不辞劳苦送戏下乡，还到学校演出、讲课，致力于培养和争取新一代观众，她竭尽心力创办红豆粤剧团，身教言传，提携新秀，培养粤剧艺术接班人，她率团进京演出、出国交流，力振粤剧昔日雄风。

2. 红线女的艺术成就

红线女是粤剧艺术的一代宗师，红线女开创了迄今为止中国粤剧史上花旦行当中影响最大的唱腔流派之一——红派艺术，为岭南粤剧艺术乃至中华文明树立了不朽的丰碑。“五四”新文化运动思潮引领着现代粤剧史开篇，红派艺术在现代粤剧花旦行当发展进程中具有初创和里程碑意义，唱腔流派影响深远。

红派艺术以粤剧传统花旦唱腔为基础，吸收京剧、昆剧、话剧、歌剧、西洋歌唱、电影等技巧，创造出龙头凤尾、跌宕起伏、音域宽广、清脆秀丽、刚柔相济的唱腔风格。红线女饰演过《一代天骄》《昭君出塞》《关汉卿》《荔枝颂》《李香君》《山乡风云》《白燕迎春》等剧目，折射出妇女在追求自由、民主、正义道路上百折不挠的抗争精神。其中《荔枝颂》以粤曲去颂唱“南国荔枝红”，寓意新中国社会主义建设事业的如火如荼，与时代主旋律完美契合，脍炙人口、广为传颂，粤剧也因红线女而被周恩来同志誉为“南国红豆”。至今，许多粤剧演员和民间粤剧社团、私伙局，唱腔和表演，仍都以红派艺术为典范。

为了表彰红线女对我国文艺事业的杰出贡献，广州市委、市政府兴建了“红线女艺术中心”，1998年12月20日，广州市人民政府隆重举行“红线女从艺60年庆贺活动”暨“红线女艺术中心落成典礼”，全国各地的文艺界要人名流以及美国、加拿大、马来西亚、新加坡及中国港澳等地的“红派”挚友、剧界同仁300多人出席了盛会。73岁的红线女仍参加演唱晚会的演出，敢于向自己的高龄挑战。

2013年12月8日，红线女在广州逝世，终年88岁，其子著名时事评论员马鼎盛在她的追悼会上回忆：“母亲，她的精神，最核心的部分就是爱国，从1955年12月回到祖国之后，她和国家，和民族，荣辱与共，不离不弃，直到最后一刻。”马鼎盛也明言母亲最后的意愿就是希望粤剧能重拾辉煌。红线女在生命的最后时刻，遗嘱告诫后人一定要振兴粤剧，她仍然不忘艺术，不忘人民，真正地做到“我的生命属于艺术，我的艺术属于人民”。

红线女对艺术的态度是精益求精，与时俱进的，他坚持按社会需要进行创作。为了促进民族团结，周总理建议她到内蒙古向同胞们表演粤剧艺术，但是在内蒙古草原上，她不可能再按原来悲悲切切的套路表演自己的首本名戏王昭君。她谨遵总理的嘱咐，把自己的经典表演中悲伤的王昭君，过渡到曹禺剧本里欢欢喜喜的王昭君，并维持了一贯的高水准演出。一个专业演员艺术家的职业道德，是将完美主义，细致严格的追求做到了淋漓尽致。正如她儿子马鼎盛感慨：“她很严格，极其地严格……和她合作你就等着挨骂吧。”

红线女在70多年的艺术生涯中，有50多年是学习、工作、生活在祖国的怀抱里。红线女共拍摄了70多部电影，演出了近200个剧目，既有传统戏、新编历史剧，又编演外国名剧和现代戏。作为“民间艺术大使”，她多次向东南亚和美洲的广大观众传播戏曲文化，以优美的乡音、乡情滋润着无数华侨的心田。党和政府的教导、支持，人民群众的哺育，使她的思想政治觉悟有了质的飞跃，同时获得了更为广阔的艺术创造天地。她热爱党，热爱社会主义祖国，她全心投入社会主义文化事业，全心全意为人民服务；她虽有过坎坷，却不改其志；她始终牢记毛主席在1958年给她的信中提出的希望，

身体力行，努力做“劳动人民的红线女”。红线女以自己半个多世纪的艺术实践和人生道路证明，她真正成了劳动人民的艺术家。

3. **红线女的艺术荣誉**

1957年7月29日至8月10日，在莫斯科举行的第六届世界青年与学生和平友谊联欢节上演唱《昭君出塞》《荔枝颂》，获“东方古典歌曲比赛金质奖章”。

1985年，获美国亚洲协会和联合国交响乐协会分别颁发的“杰出艺人奖”和“太阳和平奖”。

1990年，获“广东省人民政府通令嘉奖”。

1992年，当选为中国戏剧家协会广东分会主席。

2001年6月15日，红线女在纽约林肯艺术中心接受“2001年度最杰出艺术家终身成就奖”。这是由美国纽约州文化事务部设立的，每年向在艺术领域取得显著成绩的亚洲艺术家颁奖。

2001年，获广东省人民政府颁发“粤剧艺术杰出贡献奖”，文化和旅游部首届“造型和表演艺术创造研究成就奖”。

2002年1月1日，广东省人民政府授予红线女“粤剧艺术杰出贡献奖”。

2009年，获首届“中国戏剧终身成就奖”。

2010年4月7日，获“白玉兰”终身成就奖。

2010年12月21日，获广东首届“文艺终身成就奖”。

（五）黄宗沾——好莱坞电影首位荣膺奥斯卡金像奖的华人摄影师

1. **黄宗沾的电影艺术生涯**

黄宗沾（1899—1976年），祖籍江门市台山市白沙西村永安村。1904年随父亲移民美国华盛顿州。黄父是铁路工人，黄宗沾连高中学业也未曾完成。他少年时靠砸碎石子挣了些工钱，买了一堆废旧零件，自制了一台摄影机，第一次使用就被父亲禁止了，因为这部摄影机没有取景框，他给家人拍合影时，都没能将人头拍下来。黄父迷信，认为此物不祥，从此禁绝，但他没想到这短命的机器奠定了儿子毕生的路向。

黄宗沾15岁时即离家闯荡天下，落脚洛杉矶谋生。他打过职业拳击（最轻量级），为摄影店铺打杂，并于1917年进入好莱坞，从扫地、清洁、洗版做起，接着是做场记、助理摄影师，1922年他就掌控了有声电影的拍摄技术，成为主摄影师。20世纪之初，电影业才刚刚起步，黄宗沾从无声电影时代开始，就跻身成为摄影界权威，他更是世界电影史上使用长焦摄影和手提摄影机进行动态摄影的先驱。

1926年，黄宗沾在派拉蒙电影公司拍摄克拉拉·宝主演的《男人陷阱》（Man trap），精致、瑰丽的影像风格，使得一代尤物在平面的大银幕上变成立体突出的性感女神，迷倒众生，效果奇佳。好莱坞其他各家片厂见状，便争相邀请黄宗沾担任新片摄影指导，1928年米高梅公司出品的《悲欢小丑》（Laugh，Clown，Laugh）更让黄宗沾登峰造极，继拍完好莱坞最美的几位性感女神之后，又有机会于片中捕捉默片时期第一小生约翰·吉尔伯特的巨星丰采。

20 世纪 30 年代是黄宗沾电影事业的全盛时期，在业界，他为自己赢得了“Low-Key-Howe”的绰号；“Low-key”指的是一种特别的摄影风格，在黑白电影的全盛时期，黑色与白色的光线反差，是决定整个画面戏剧张力与重心的关键，高反差曰为“Low-key”，低反差曰为“High-key”；黄宗沾的影棚内景摄影风格，是以高反差的明暗对比为主，巧妙地将戏剧重心烘托出来的。1934 年，他以 18 个工作日完成经典喜剧名片《瘦人奇案》（The Thin Man），又以 28 个工作日完成另外一部经典言情片《曼哈顿通俗剧》（Manhattan Melodrama），超高的工作效率，让他被视为最理想的片厂工作者之一，原本忙碌的他，片约更如雪片般纷飞而来。大约在此同时，电影公司又决定将他的本姓“黄”（粤语译音为“Wong”）加入原本的“James Howe”当中，以增添黄宗沾的异国风情吸引力，从此，“James Wong Howe”就成为好莱坞举足轻重的一个名字。比起其他以稳重见长的摄影大师，黄宗沾的摄影手法始终保持着它应有的高度弹性，以服膺不同导演的不同手法，以及不同剧本、不同角色的不同心理状态。

进入 20 世纪 40 年代，因为战争的关系，美国社会掀起一阵“反亚裔”的涟漪，黄宗沾每每被误认为是“日本鬼子”而受辱，他一气之下就在衣襟上挂了“我是中国人”（I am Chinese）的别章，情形虽然稍微好转，却没有太大改善，他的挚交詹姆斯·卡格尼（James Cagney）为了声援好友，居然也学黄宗沾，挂上“我是中国人”的别章，为当时影坛带来了不小的震撼（图 7-14）。

图 7-14　黄宗沾

2. **黄宗沾的电影艺术成就**

20 世纪 20 年代，黄宗沾主导拍摄的一部无声电影里面有追逐打斗的场景，他穿上滑轮鞋，抱着手提摄影机，追着演员拍摄，从此首创了动态摄影的技法。这在电影发展历程上是革命性的。到今日，任何一部电影都已离不开动态摄影和长焦摄影，这均拜黄宗沾的创意所赐。1938 年他拍摄的《海角游魂》第一次获得奥斯卡奖提名，1948 年还曾回到祖国拍摄了《骆驼祥子》这部他唯一的华语电影。他毕生拍摄了 135 部电影，导演过 3 部电影，总共获得过 11 次奥斯卡最佳摄影奖提名。1953 年，他拍摄的《玫瑰刺青》摘取了第 28 届奥斯卡“最佳摄影金像奖”，1963 年，他拍摄的《赫德》一片，再次获得奥斯卡“最佳摄影金像奖”。他是首位荣膺奥斯卡金像奖的华人，点燃了中国人在奥斯卡奖征程上的希望之火。他的事迹载入了美国《不列颠百科全书》，他被誉为“美国最伟大的电影摄影师之一”。

第二节　五邑籍当代香港爱国爱港演艺明星

一、五邑籍当代香港明星——香港影视歌坛中流砥柱

（一）五邑籍当代香港爱国爱港演艺明星

中国电影事业的发展，经历了曲折跌宕的阶段。当影视的商业性得到正视之后，追求影视的商业价值也就成了顺理成章的事。明星制下的明星制造实际是影视产业场实现自律发展的造血机制。“明星”称号所凸显的是被命名者从个人形象到艺术表演等方面综合形成的为大众所追慕的个性魅力，以及这种个性魅力所具有的票房号召力。一句话，“表演艺术家”是经典化的著名演员，“明星”是大众化的著名演员。电影事业的发展使更多演艺人士能够把自己的风采展现于银屏之上，从而越来越多的演艺人士成为明星。自从电影工业开始传入中国以来，江门籍人士在影坛上占据了重要的地位。香港，是中国最早出现明星的地区之一。香港的影视歌坛事业成就在世界上也是有目共睹的，特别是在 20 世纪中后期，在这块弹丸之地上成就了一大批影视明星。祖籍江门的香港明星数量为何如此之多，素质为何如此之高，这是与江门地区优秀的传统演艺文化熏陶，爱国主义影响，拼搏创新思维塑造分不开的。

据估计，祖籍是江门五邑地区的现代香港明星总人数在 200 位左右，这些明星不仅人数多，阵容强，而且实力雄厚，横跨影视歌三界，支撑起香港娱乐圈的半边天，现列出百位明星如下：

新会区：

谭咏麟、李克勤、林子祥、梁咏琪、唐季礼、米雪、黎姿、黄凯芹、钟镇涛、刘家

良、苏永康、阮兆辉、徐少强、盖鸣晖、赵学而、黎民伟、林楚楚、狄龙、杨婉仪、陈欣健、阮德锵、梁舜燕、陈芷菁、谭俊彦、陈美琪、刘家辉、吴浩康、白茵、黎萱、区永权、赵震宇、刘家荣、阮佩珍、耿娜、陈友、黎彼得、赵颂茹、黄又南、蔡雪敏、林凤、廖一原、秦剑、靓次伯、谭兰卿、黎北海、李晨风、林敏俐、谭炳文、刘凤竹

蓬江区：

刘德华、容祖儿、陈启泰、夏雨、欧阳震华、郭蔼明、陈秀雯、刘美君、黄新、卢敦、吴回

江海区：

曾志伟、陈宝珠、林建明、曾宝仪

台山市：

梁朝伟、梅小蕙、甄子丹、陈百强、麦嘉、陈豪、张可颐、林家栋、吕奇、陈慧珊、胡杏儿、黄家驹、黄家强、余文乐、冯德伦、梁汉文、曹达华、朱玲玲、汤宝如、黄丽梅

开平市：

周润发、邝健廉、关德兴、谭耀文、龙贯天、戚美珍

恩平市：

甄妮、郑伊健、芳艳芬、何家劲、岑建勋

鹤山市：

胡蝶、黄百鸣、刘兆铭、李美珊

这些明星当中，有的人与故乡的联系相当密切，如刘德华（华仔），他的名字已经多次出现在荷塘步村的捐赠榜上。在他父亲曾经就读的远昌小学，有一栋他捐建的、以“刘德华”命名的教学楼，他也曾专程回故乡祭祖。文化认同是人类对于文化的倾向性共识与认可。由于人类存在于不同的文化体系中，因而认同文化也使人们产生不同的归属情感。文化认同是与文化发展紧密相连，不可分离的。祖籍江门五邑的港台明星，对于家乡怀着深厚的情感，对于五邑也存在一定程度上的认同。

（二）江门市星光公园

江门市北新区的发展大道旁的星光公园，采用塑像、浮雕、星光幕墙和手印诸形式，展示 100 多位江门籍香港歌、影、视明星的艺术成就、迷人风采。星光公园与五邑华侨广场、会展中心、五邑华侨华人博物馆、院士路毗邻，共同构成江门的华侨文化展示中心。该园占地面积 1.4 万平方米，以一池故乡水萦绕期间，尽显园林之美，并采用独特的影视灯光效果衬托。星光公园于 2010 年 11 月举行了竣工仪式，红线女、刘德华、梁朝伟、曾志伟、黄百鸣、狄龙、夏雨等演艺界“大腕”现身星光公园开园仪式，香港无线电视、英皇娱乐公司等公司的领导皆来庆贺。“没想到星光公园这么漂亮，今天我们看到的时候深为佩服和感动。很感谢江门市政府这么有诚意，这么有魄力，为市

民建了一个如此美丽的公园！”曾志伟代表江门五邑籍明星致辞时表示：“放心吧，我们会多回来。希望能和家乡的政府多合作、多联系，为江门多做贡献。希望大家对我们这股浓情不变，继续支持我们。”（图 7–15）园区采用手印、雕塑和明星墙等形式展示五邑籍歌影视明星风采，2010 年入园明星已有刘德华、梁朝伟等 124 位，星光公园已成为江门新的城市地标和旅游景观。这些明星取得的艺术成就，拼搏向上的创业精神，都值得家乡人民为其彰显和纪念。星光公园的建设进一步擦亮了江门五邑的“明星之乡”品牌，推动了江门市文化名市建设。

图 7–15　2010 年 11 月江门市星光公园开园仪式。红线女、刘德华、梁朝伟、曾志伟、黄百鸣、狄龙、夏雨等演艺界明星出席（黄冠雄　摄）

二、五邑籍当代香港明星代表人物概览

（一）五邑籍当代香港影视明星代表人物

1. 刘德华

祖籍江门蓬江区，是香港歌、影、视多栖发展的著名演员。香港太平绅士，获选为"世界杰出青年"，为香港歌坛"四大天王"之一。曾获香港荣誉勋章，也是亚洲地区乐坛和影坛巨星，华人娱乐圈的代表人物之一。吉尼斯世界纪录大全中获得最多奖项的香港歌手，曾三度夺得香港电影金像奖最佳男主角，至今演出的电影已超过 140 部（图 7–16）。刘德华被称为香港演艺圈的"劳模"，生活十分自律。为了保持身材，刘德华自称已经超过 30 年没有喝过冷饮，只喝温水，茶和咖啡都是趁热喝。

图 7–16　刘德华剧照及刘德华（中）按手印进入江门星光公园（李振江　摄）

2. 梁朝伟

祖籍江门台山，香港电影界著名实力派演员，因为出色的演技以及曾经囊括多个电影奖项，被传媒称为"影帝"。截至 2009 年，他是获得香港电影金像奖和台湾电影金马奖最佳男主角最多的人，共得 14 次"影帝"殊荣。并荣获戛纳电影节最佳男主角、亚洲电影大奖最佳男主角等奖项。代表作品有《重庆森林》《花样年华》《无间道》《赤壁》《英雄》《悲情城市》等（图 7–17）。2012 年他主演《一代宗师》，在采访中谈道："我被王家卫抓去了开平，闭关生活。我一个人在房间 9 个月，除了拍戏，我从没有出去过。我在房间打坐、潜修、看书，有时看看'李小龙'，有时看看'叶问'。我创作的过程是孤独的，没有人知道我的创作过程。"

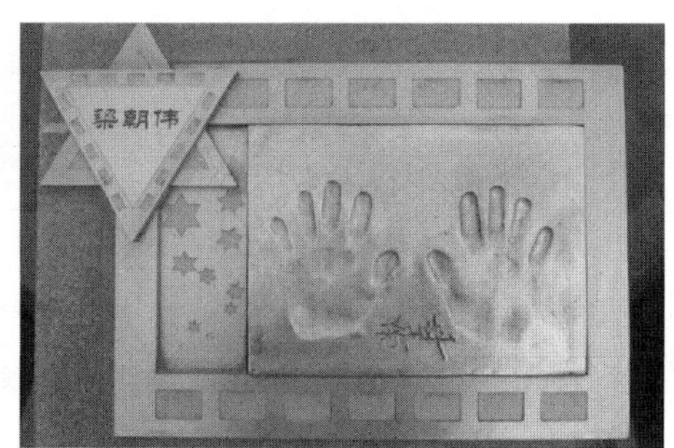

图 7–17　梁朝伟剧照及梁朝伟在江门星光公园的手印

3. 甄子丹

祖籍江门鹤山，香港著名武打演员、武术家、导演。国际知名的华人武打演员、香港李小龙协会理事、世界明星厨师联合会副主席。曾被美国《功夫精深》杂志评选为“年度最佳武者”以及最年轻的殿堂级武术家之一。多次获香港电影金像奖、台湾电影金马奖“最佳动作设计”殊荣。凭电影《叶问》系列红遍整个东南亚，奠定功夫巨星的地位，其在主演的武打角色动作干净利落、凌厉迅猛，充满力度与视觉观赏性，在香港诸多动作演员和武术指导中可谓独成一派（图 7–18）。

图 7–18 甄子丹剧照及按手印进入江门星光公园

4. 曾志伟

祖籍江门礼乐，香港知名艺人，龙虎武师出身。其后成为电影演员；近年多为电视节目主持人，偶为电影导演。他同时亦投资、策划及参与电影制作。曾志伟于演艺界工作多年，因地位崇高被称为“掌门人”，更是香港无线电视台的“镇台之宝”。在内地、香港地区和台湾地区有广泛的影响力被称为“志伟大哥”及“掌门人”。在香港娱乐圈以资历深，人脉广，脑筋转数快、拥有急才和搞笑本领见称，凭《双城故事》夺得香港电影金像奖“最佳男主角”和《甜蜜蜜》夺得“最佳男配角”，奠定了他演艺事业的位置（图 7–19）。

图 7–19 曾志伟及剧照

5. 麦嘉

原名麦嘉尚，祖籍台山，香港著名电影演员、导演、编剧、制片人。擅长拍摄喜剧，如《最佳拍档》《英雄本色》《龙虎风云》《监狱风云》等，其光头形象深入民心。

1982 年他主演《最佳拍档》获第二届香港电影金像奖“最佳男主角”（图 7–20）。

图 7–20 麦嘉剧照及按手印进入江门星光公园

6. 夏雨

原名黄成，祖籍蓬江，香港著名影视演员。20 世纪 70 年代成名，2005 年获香港无线电视“最佳男配角奖”，2008 年凭《溏心风暴之家好月圆》在香港无线电视 41 周年的“万千星辉”颁奖典礼获“最佳男主角奖”（图 7–21）。

夏雨（中）

图 7–21 夏雨及按手印进入江门星光公园

7. 陈豪

祖籍台山，香港著名演员。1994 年参演第一套电影《早九晚五》。2000 年进入电视行业。近年，不断打入香港无线电视万千星辉颁奖典礼最佳男主角五强，2007 年凭《溏心风暴》，夺得香港无线电视万千星辉颁奖典礼“我最喜爱的电视男角色”及“最佳男主角”两个大奖（图 7–22）。

图 7–22 陈豪按手印进入江门星光公园

8. **张可颐**

祖籍广东台山，香港著名电视女演员，前香港无线电视（TVB）及香港电视网络（HKTV）合约艺员和当家花旦之一，曾被誉为“千禧年代无线五大当家花旦之一”及“港视一姐”。2003 年 11 月 19 日，她在 2003 年的万千星辉颁奖典礼中，凭《九五至尊》吕四娘一角，勇夺“最佳女主角”及“我最喜爱的电视角色”两个奖项，成为双料视后（图 7–23）。

图 7–23　张可颐按手印进入江门星光公园

9. **陈启泰**

祖籍蓬江区，香港著名节目主持人、演员、歌手。他 1990 年开始进入电视圈，2002 年进入乐坛，推出个人唱片专辑《最后答案》。2007 年，获上海电视节“最具人气奖”。2009 年，他获华语音乐盛典“最爱流行爵士歌手奖”（图 7–24）。

图 7–24　陈启泰按手印进入江门星光公园

10. **林家栋**

祖籍恩平，香港著名演员和歌手，先后获得“十优歌手”“全年最高销量歌手大奖”“香港特别行政区优秀男歌手”、韩国富川国际电影节“最佳男主角”“经典 2000 年代杰出电影风尚人物”大奖等殊荣（图 7–25）。

图 7-25 林家栋按手印进入江门星光公园

（二）五邑籍当代香港歌坛明星代表人物

1. 谭咏麟

祖籍新会，香港著名粤语流行曲歌手、电影演员，20 世纪 80—90 年代的乐坛巨星。其唱片《雾之恋》《爱的根源》《爱情陷阱》，被誉为“爱情三部曲”，从 1984 年起连续 4 届获得香港“最受欢迎男歌星”奖。1981 年他主演电影《假如我是真的》获第 18 届台湾金马奖影帝（图 7–26）。

图 7–26 谭咏麟

2. 林子祥

祖籍新会，香港著名创作歌手、演员，被公认为香港最具实力与高超唱功的“天皇巨星”之一。1980 年，他凭《在水中央》及《分分钟需要你》两首歌曲在第 3 届十大中文金曲颁奖音乐会连获两个金曲奖。他在 1994 年香港电台第 17 届“十大中文金曲颁奖音乐会”上，获颁香港乐坛最高荣誉——“金针奖”。2003 年，他获得香港作曲家及作词家协会（CASH）音乐成就大奖，是首位唱作人获得此殊荣，曾创作《活色生香》《男儿当自强》《千亿个夜晚》《最爱是谁》《十分十二寸》等多首名曲（图 7–27）。

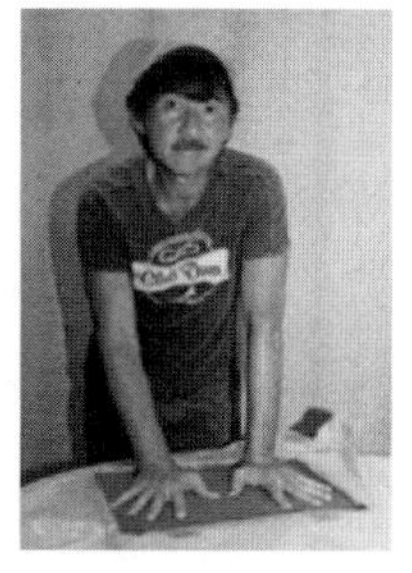

图 7–27 林子祥及按手印进入江门星光公园

3. 甄妮

祖籍恩平，香港、台湾著名歌手，20世纪七八十年代台湾国语流行曲及香港粤语流行曲女歌星，共出版超过130张专辑唱片及精选辑，销售量过千万。她先后获台湾金钟奖“最佳女歌星奖”、香港十大劲歌金曲颁奖典礼“最受欢迎女歌星”等奖项（图7-28）。

图7-28　甄妮宣传封面及按手印进入江门星光公园

4. 容祖儿

祖籍蓬江，香港著名歌手，被誉为“香港乐坛天后”。1999年，她的首张专辑《未知》以新人之姿打入国际唱片业协会（香港会）IFPI销售榜第1名，创下跨世纪连续停留在榜上长达23周的纪录。她曾获2003年、2004年度“四台联颁音乐大奖——传媒大奖”，连续两届成为四大电子传媒音乐颁奖典礼的大赢家，2007年，更在“十大劲歌颁奖典礼”中平了梅艳芳连续5年夺得“最受欢迎女歌星”的纪录（图7-29）。

图7-29　容祖儿按手印进入江门星光公园

（三）五邑籍当代香港电影导演代表人物

1. 黄百鸣

祖籍鹤山，香港著名演员、电影监制、编剧、电影制片人。20世纪80年代任新艺城影业有限公司主席。导演《最佳拍档》《开心鬼》《家有喜事》等多部电影，打破香港票房纪录。他是香港贺岁片的一位代表人物，参与的影片达200多部。1991年成立东方电影发行有限公司，是香港电影“三巨头”之一。1983年创作的情感悲剧《搭错车》获第20届台湾金马奖最佳作品奖等5项奖。1983年创作《最佳拍档》，获第2届香港金像奖最受欢迎华语片奖（图7–30）。

图7–30 黄百鸣按手印进入江门星光公园

2. **唐季礼**

香港著名导演。他的主要作品有：《警察故事3超级警察》《警察故事4之简单任务》《红番区》《十二生肖》《神话》等。他曾夺得第15届香港电影金像奖最佳动作指导、第33届台湾电影金马奖最佳动作指导（图7–31）。

图7–31 唐季礼按手印进入江门星光公园

艺术虽然有分派别，但却无分高下。无论是阳春白雪，还是下里巴人，五邑艺人为港澳台地区，广东省，以致全国观众、全球华人及其他观众带来了高超的视听享受与艺术感触。如上文所述，五邑演艺文化产业已经稍具规模，五邑文化为五邑演艺人士提供了艺术灵感与根基，期望在未来的时间里，这种演艺文化又能为五邑地区的创意文化产业种下蓬勃发展的种子，破土而出，长成巍峨的参天巨树。五邑籍演艺人士的明星效应与五邑影业的规模效应，也会吸引更多的优秀人才，参与到影视文化创新活动

之中。

…… **思考题**

1. 你认为目前江门五邑演艺文化在创新发展上还可以从哪些方面进一步加强？
2. 你认为五邑籍香港明星在演艺界取得成功的因素有哪些？

【参考文献】

[1]台山广东音乐[EB/OL].（2014-07-12）[2019-05-01]. http://www.gd.gov.cn/gdgk/whyc/mjyy/200709/t20070928_25311.htm.

[2]开平民歌[EB/OL].（2014-07-13）[2019-05-02]. http: //wenhuaju.kaiping.gov.cn/ReadNews. asp? NewsID=405.

[3]蓝爱国，马薇薇. 文化传承与文化消费：电影产业的文化道路[M]. 北京：北京大学出版社，2009.

[4]中国广东江门台山市梅家大院景点介绍[EB/OL]（2014-07-12）[2019-05-02]. http: //www.17u.net/wd/detail/4_224448.

[5]李已庄，周承人. 中国电影第一案[M]. 广州：花城出版社，2012.

[6]黎民伟：不仅是香港电影之父[EB/OL]（2014-07-14）[2019-05-03]. http: //www.time-weekly.com/story/2009-11-05/104303.html.

[7]百度百科：黎海山[EB/OL].（2014-07-10）[2019-05-03]. http: //baike.baidu.com/subview/591284/10213771.htm? fr=aladdin.

[8]百度百科：黎民伟[EB/OL].（2014-07-16）[2019-05-02]. http: //baike.baidu.com/view/99798.htm? fr=aladdin.

[9]百度百科： 蝴 蝶[EB/OL].（2014-07-16）[2019-05-01]. http: //baike.baidu.com/subview/14063/10663534.htm.

[10]百度百科：戴爱莲[EB/OL].（2014-07-16）[2019-05-03]. http: //baike.so.com/doc/5422629.html.

[11]肖健. 红线女粤剧流派是中华文明和岭南文化不朽丰碑[EB/OL]（2014-07-14）[2019-05-01]. http: //news.xinhuanet.com/ent/2013-12-19-c_125885116.htm.

[12]红线女追思会：马鼎盛谈女姐刻苦一生落泪[EB/OL].（2014-07-16）[2019-05-02]. http: //video.baomihua.com/yiliu/28862454.

[13]百度百科：黄宗沾[EB/OL].（2014-07-13）[2019-05-01]. http: //baike.baidu.com/view/453308.htm.

[14]尹继红. 家在五邑[M]. 广州：岭南美术出版社，2006.

[15] 李启军．中国影视明星的符号学研究[D/OL]．成都：四川大学，2005．
[16] 孟华．符号表达原理[M]．山东：青岛海洋大学出版社，1999．
[17] 星故乡星灿烂：五邑籍香港明星大搜寻．[EB/OL]（2014-07-09）[2019-05-01]．http://www.jmnews.com.cn/c/2010/03/24/10/c_1071325.shtml．
[18] 星光公园正式开园[J]．学习与创新，2010（11）．
[19] 朱燕霞．专访梁朝伟："我的孤独，她们没法知道"[N]南方都市报，2013-01-14．

……延伸阅读

新时代五邑侨乡演艺文化创作

一、《闯金山》

《闯金山》是由江门原创，后由北京、广州、江门三地艺术家共同打造的大型情景音乐舞蹈史诗。历经了两年多时间的打磨，《闯金山》融合了现代舞美艺术，采用了目前国际最流行的 3D 全息投影舞台技术，实现了近乎完美的舞台效果。2016 年 4 月 30 日第一版在江门演艺中心完成首演，2016 年 11 月完成第二版的合成。《闯金山》是国内首部华侨历史题材的大型舞蹈音乐作品。2017 年 1 月组歌桥段《五星红旗》入选东南卫视 2017 年世界华侨华人春节联欢晚会。

第一版的组歌由 11 首单曲构成，分别为男女声对唱《水埠头》、男声独唱《海的诉说》、女声独唱《天使岛》、男声独唱《道钉无声》、男声小合唱《唐人街》、男女声对唱《银信》、女声独唱《月上碉楼》、混声合唱《海棠红》、男声独唱《金山箱》、女声独唱《乡图》、领唱合唱《凤凰花开》。

第二版在 11 首单曲的基础上增加了《淘金郎》和《五星红旗》两个桥段，其中《五星红旗》深情演绎了海外赤子的爱国情怀，《淘金郎》则再现了华工漂洋过海去淘金的艰辛岁月。串联方式也由原来的舞者"女画家"视角变成表演式朗诵，增加新的演员、新的舞美效果、增加了数台投影仪，丰富了 3D 全息投影舞台技术的内容（图 7-32）。

图 7-32 《闯金山》宣传画及舞台照

二、《大道无疆》

2019 年 4 月 2 日晚，讲述中国铁路建设先驱陈宜禧修建新宁铁路故事的话剧《大道无疆》在广东省友谊剧院上演。该话剧是江门市与广东省友谊剧院合作推出的一部作品，由江门市委宣传部、江门市文联联合出品，由江门市文联主席尹继红担任编剧，国家一级导演王佳纳和优秀青年导演李子南执导，国家一级演员李仁义领衔主演（图 7-33）。该剧讲述了晚清时期，台山爱国华侨陈宜禧在美国参加了太平洋铁路的修建后，意识到“路通”才能“政通”“财通”，立志用铁路、实业来强国，于花甲之年毅然从美国西雅图回到家乡新宁（今江门台山），开启了修建中国第一条民办铁路——新宁铁路的漫漫征程。该剧以陈宜禧修建铁路的艰辛历程为线索，于根深蒂固的传统观念与兴修铁路的利弊矛盾中，展现出人物复杂的生存状态。目前，该剧已入选《广东省文艺创作生产重点选题规划（2018—2021 年）》，是江门市重点打造的文艺精品，以此纪念新宁铁路通车 110 周年。

图 7-33　话剧《大道无疆》剧照

第八章 粤港澳大湾区创新创业规划与五邑创新创业文化

党的十九大报告提出，“创新是引领发展的第一动力，是建设现代化经济体系的战略支撑。”国家实施创新驱动发展战略以来，在“大众创业　万众创新”新时代发展浪潮的推动下，粤港澳大湾区要建成具有国际竞争力的创新发展区域和具有全球影响力的国际科技创新中心。

2019年2月18日，中共中央、国务院印发了《粤港澳大湾区发展规划纲要》，将粤港澳大湾区提升到了国家建设与发展的重要战略地位。广东省发展规划从“科学发展，先行先试”的《珠三角地区改革发展规划纲要》到“创新引领，高质量发展”的《粤港澳大湾区发展规划纲要》，是中国特色社会主义和改革开放探索与实践取得伟大成功的最生动、最充分的诠释。在国家创新驱动发展战略的引领下，粤港澳大湾区借助良好的区位优势，完善区域协同创新体系，集聚国际创新资源，建设具有国际竞争力的创新发展区域和全球影响力的国际科技创新中心。在创新创业引领粤港澳大湾区发展的背景下，江门市依靠独有的“侨”文化，将发展定位为“中国侨都、海丝节点、粤港澳大湾区西翼枢纽门户城市、岭南生态儒城”，积极打造具有侨乡特色的五邑创新创业文化平台，最终建设成粤港澳大湾区先进制造业强市、华侨华人交往窗口城市、国际特色旅游目的地、滨海生态宜居城市。

第一节　粤港澳大湾区创新创业平台规划与建设

一、创新创业引领粤港澳大湾区发展

改革开放以来，粤港澳大湾区取得了举世瞩目的成就，但在产业结构、核心技术、知识产权、区域发展和体制机制方面仍存在屏障和弊端，主要表现在粤港澳大湾区产业结构不合理，技术提升靠国外引进的依赖度相当高，产品科技含量不高，缺乏自己的核心技术和自主知识产权，大湾区城市区域之间的发展依然存在不协调、不均衡的尴尬现状，行政区域之间的发展壁垒仍旧没有打破，城市之间协同融合发展的体制机制瓶颈尚未突破，粤港澳大湾区协同创新平台亟待建立。

创新创业发展是一项复杂的系统性工程，站在未来“智高点”，科学规划与建设粤港澳大湾区，提升大湾区在全球经济体系中的竞争力和发展层次，必须借助全球创新创业环境和资源，积极融入全球化创新创业平台，在理论、制度、科技和文化等方面实现“多维度”创新，将粤港澳大湾区的发展重点聚焦在创新发展上，这是创新创业引领大湾区发展的必由之路和时代趋势。

党的十九大报告关于科技创新引领发展的新时代定位和划时代论断，为粤港澳大湾区实施创新创业引领发展指明了方向，彰显科技创新对整个社会经济高质量发展的重要意义和引领作用。《粤港澳大湾区发展规划纲要》进一步强调了粤港澳大湾区建设“创新发展区域”和“国际科技创新中心”的紧迫性、必要性和重要性，科技创新为大湾区的可持续发展提供源源不断的原动力，在创新精神、创新创业环境和创新人才培养等方面为大湾区集聚创新创业资源，有利于打破大湾区城市地域之间的发展壁垒，突破大湾区城市之间创新创业的体制机制瓶颈，搭建大湾区创新创业信息共享平台，建立科学有效的大湾区创新创业激励机制，构建高效、集约化的科技创新和服务体系，推动大湾区建设国际科技创新中心和世界级产业集群，培育可持续发展的大湾区创新创业生态系统。

二、粤港澳大湾区创新创业平台规划与建设

《粤港澳大湾区发展规划纲要》（以下简称《纲要》）作为粤港澳大湾区当前和未来一个时期协同创新发展的纲领性文件，科技创新引领大湾区发展成为国家战略的重中之重。《纲要》提出“构建开放型融合发展的区域协同创新共同体，打造高水平科技创新载体和平台，优化区域创新环境”等具体措施，提出建设“国际科技创新中心”，为京

津冀一体化协同发展（雄安新区规划与建设）、建设全国科技创新中心的北京、长江三角洲区域一体化发展等提供了科学有益的经验借鉴。

根据《纲要》的总体规划与建设要求，结合《广东省推进粤港澳大湾区建设三年行动计划（2018—2020 年）》，粤港澳大湾区在创新创业方面作出了具体的规划与部署：

（一）构建开放型区域协同创新共同体

借助广东改革开放 40 年的实践成果和深厚基础，充分发挥粤港澳科技和区域产业发展的先发优势，主动对接全球创新创业资源，构建开放互通、布局合理的区域协同创新共同体。制定有利于促进大湾区人才、资本、信息、技术等创新要素跨境流动和区域融通的政策措施，共建粤港澳大湾区大数据中心和国际化创新平台。鼓励粤港澳企业和科研机构参与国际科技创新合作，共同举办科技创新活动，支持企业到海外设立研发机构和创新孵化基地，鼓励境内外投资者在粤港澳设立研发机构和创新平台。

建立以企业为主体、市场为导向、产学研深度融合的技术创新体系，支持粤港澳企业、高校、科研院所共建高水平的协同创新平台，推动科技成果转化。实施粤港澳科技创新合作发展计划和粤港联合创新资助计划，支持设立粤港澳产学研创新联盟。

（二）打造高水平科技创新载体和平台

优化创新资源配置，培育与建设一批产业技术创新平台、制造业创新中心和企业技术中心。推进国家自主创新示范区建设，有序开展国家高新区扩容，将高新区建设成为区域创新的重要节点和产业高端化发展的重要基地。推动珠三角九市军民融合创新发展，支持创建军民融合创新示范区。支持港深创新及科技园、中新广州知识城、南沙庆盛科技创新产业基地、横琴粤澳合作中医药科技产业园等重大创新载体建设。支持香港物流及供应链管理应用技术、纺织及成衣、资讯及通信技术、汽车零部件、纳米及先进材料等五大研发中心以及香港科学园、香港数码港建设。支持澳门中医药科技产业发展平台建设。推进香港、澳门国家重点实验室伙伴实验室建设。

（三）优化区域创新环境

进一步优化区域科研创新环境，畅通粤港澳大湾区协同创新的渠道，实施促进粤港澳大湾区出入境、工作、居住、物流等更加便利化的政策措施，鼓励科技和学术人才跨境交流与合作。允许香港、澳门符合条件的高校、科研机构申请内地科技项目，并按规定在内地及港澳使用相关资金。支持粤港澳设立联合创新专项资金，就重大科研项目开展合作，允许相关资金在大湾区跨境使用。香港、澳门在广东设立的研发机构按照与内地研发机构同等待遇原则，享受国家和广东省各项支持创新的政策，鼓励和支持其参与广东科技计划。

（四）加强科技基础与科研能力建设

加快推进大湾区重大科技基础设施、交叉研究平台和前沿学科建设，着力提升基础

研究水平。加强创新基础能力建设，支持重大科技基础设施、重要科研机构和重大创新平台在大湾区布局建设。支持粤港澳有关机构积极参与国家科技计划。

加快粤港澳大湾区综合性国家科学中心建设，推进散裂中子源、江门中微子实验站、强流重离子加速器装置、加速器驱动嬗变研究装置等国家重大科技基础设施建设。加快推进再生医学与健康、材料科学与技术、网络空间科学与技术、先进制造科学与技术等领域省实验室建设，启动化工、海洋、能源、环境、农业等领域省实验室建设，争取国家在大湾区布局国家实验室。支持相关高校参与国家空间探测与空间科学等重大航天工程项目。到 2020 年，大湾区内地新型研发机构力争达到 200 家。

（五）推进“广州—深圳—香港—澳门”科技创新走廊建设

加快中新广州知识城、深圳光明科学城、东莞中子科学城、佛山三龙湾高端创新集聚区等重点创新平台建设。创建国家（广东）军民融合创新示范区。推动国家高新区扩容，支持专业性园区、产业转移工业园区转型升级为省级高新区，探索高新区“一区多园”管理模式。到 2020 年，力争大湾区内地实现 R & D（Research and Development，“研究与开发”）占 GDP 比重达到 2.8%。

（六）打造三大科技创新合作区

深港科技创新合作区及深港双方毗邻区域重点开展要素流动、财税政策、创业、产业监管、科技法制等创新试点；南沙粤港深度合作区及庆盛科技创新产业基地重点开展财税政策、合作办学、职业资格互认、生物医药和人工智能监管等创新试点；珠海横琴粤澳合作中医药科技产业园及周边适宜开发区域主要开展财税政策、中医医疗职业人员资格准入、中医药价格形成机制、中医药标准和国际化等创新试点。

（七）强化科技创新资金支持

出台支持港澳高等院校、科研机构参与广东省财政科技计划的政策措施。争取国家支持大湾区内地财政科技经费过境港澳使用。设立省基础与应用基础研究基金，向粤港澳大湾区企业开放申报渠道。推动设立粤港澳联合创新专项资金。

（八）实施关键核心技术攻关行动

在新一代信息技术、高端装备制造、绿色低碳、生物医药、数字经济、新材料、海洋经济、现代种植业与精准农业、现代工程技术等重点领域实施关键核心技术攻关。实施高新技术企业树标提质行动、新型研发机构高质量发展计划。到 2020 年，大湾区内地每万人发明专利拥有量达到 2.6 件。

（九）打造科技成果对接转化平台

争取国家支持开展科研成果转化创新特别合作区试点，推进成立“名校 - 名企联合实验室”。加快建设珠三角国家科技成果对接转化示范区，培育建设华南技术转移中心、国家技术转移南方中心等，支持设立粤港澳产学研创新联盟。

（十）搭建科技创新金融支持平台

鼓励符合条件的创新创业企业在市场发行超短期融资券、中期票据、项目收益债等进行直接融资。支持港澳在大湾区设立创投风投机构，推动设立粤港澳大湾区科研成果转化联合母基金。依托区域股权市场，建设科技创新金融支持平台。

（十一）突破创新体制障碍

制定向港澳有序开放国家在广东建设布局的重大科研基础设施和大型科研仪器的相关措施，建立面向港澳开放的散裂中子源谱仪；推动实施香港、澳门在广东设立的研发机构按照与内地研发机构同等享受国家和广东省各项支持创新的政策；开展外籍创新人才创办科技型企业享受国民待遇试点。

（十二）创新科研用品与数据流动的体制机制

争取国家允许粤港澳科研合作项目需要的医疗数据和血液等生物样品，在大湾区内限定的高校、科研机构和实验室跨境使用。研究允许科研、医疗仪器设备及药品在港澳和大湾区内地异地购置使用政策。创新通关模式，简化研发设备、样本样品进出口手续。

（十三）强化知识产权行政执法和司法保护

更好发挥广州知识产权法院、深圳知识产权法庭等机构作用，探索制定商业模式等新形态创新成果的知识产权保护办法，推进电子商务领域知识产权保护地方立法。开展知识产权保护规范化市场培育和“正版正货”承诺活动，推动通过非诉讼争议解决方式处理知识产权纠纷，建立大湾区知识产权信息交换机制和信息共享平台。

（十四）打造先进制造业产业集群

加快建设电子信息、汽车、智能家电、机器人、绿色石化五个世界级产业集群。以新型显示、新一代通信技术、5G 和移动互联网、智能网联汽车、蛋白类等生物医药、高端医学诊疗设备、基因检测、现代中药、智能机器人、3D 打印、北斗卫星应用等领域为重点，培育壮大一批新兴产业集群。

（十五）打造港澳青年创新创业基地

加强港澳青年创新创业基地建设，在深圳前海、广州南沙、珠海横琴建立港澳创业就业试验区。鼓励社会资本探索设立港澳青年创新创业基金，推进粤港澳大湾区（广东）创新创业孵化基地、深港青年创新创业基地、前海深港青年梦工场、南沙粤港澳（国际）青年创新工场、横琴·澳门青年创业谷、佛山港澳青年创业孵化基地、中山粤港澳青年创新创业合作平台、中国（江门、增城）“侨梦苑”华侨华人创新产业聚集区、东莞松山湖（生态园）港澳青年创新创业基地、惠州仲恺港澳青年创业基地等建设，推动建设粤港澳大湾区青年家园。

第二节　打造具有侨乡特色的五邑创新创业文化平台

根据《纲要》和《广东省推进粤港澳大湾区建设三年行动计划（2018—2020年）》，粤港澳大湾区发展规划在创新创业方面将江门定位为中国（江门）“侨梦苑”华侨华人创新产业聚集区，加快江门人才岛、全国博士后创新（江门）示范中心建设，建设江门华侨华人文化交流合作平台，支持江门大广海湾经济区建设，加快江门银湖湾滨海地区开发，推动江澳绿色经济合作，探索粤澳合作发展的新模式。这是国家、广东省站在新时代产业发展“制高点”进行科学规划和顶层设计，从粤港澳大湾区区位优势、产业结构、国内外创新创业资源与地方特色文化的维度，对江门五邑地区作出的具有划时代意义的战略部署。

一、中国（江门）“侨梦苑”华侨华人创新产业聚集区

根据《广东省推进粤港澳大湾区建设三年行动计划（2018—2020年）》的战略部署，“打造港澳青年创新创业基地……推进粤港澳大湾区（广东）创新创业孵化基地、深港青年创新创业基地、前海深港青年梦工场、南沙粤港澳（国际）青年创新工场、横琴·澳门青年创业谷、佛山港澳青年创业孵化基地、中山粤港澳青年创新创业合作平台、中国（江门、增城）“侨梦苑”华侨华人创新产业聚集区……”

2015年12月22日，中国（江门）“侨梦苑”华侨华人创新产业聚集区正式揭牌，“侨梦苑”正式落户江门，这是继天津武清区、河北秦皇岛、福建福州、江西南昌后，广东首批两个“侨梦苑”之一。[①] 江门“侨梦苑”总面积达3 300多平方公里，包括江门高新区和大广海湾经济区两大启动平台，以“华侨华人创业创新之都”为发展愿景，进一步优化江门市创新创业资源配置，为华侨华人构建“三中心、六平台”的创业创新格局——“侨之家”综合服务中心、创业创新配套服务中心和江门市跨境电子商务快件分拣清关中心；火炬大厦、高新创智城、电子商务园、中小企业创业创新集聚区、银洲湖临港产业基地和崖门滨海旅游集聚区六个平台，致力于打造独具侨乡特色的全球华侨华人创业创新之都。江门“侨梦苑”作为国务院侨务办公室重点支持的创新载体，是海外侨商和高端科技人才共享江门发展新机遇的投资和创业的载体，也是江门凝聚侨心、汇集侨智、发挥侨力的新平台，将打造成为海外高层次人才集聚区、华侨华人创新创业综合服务枢纽、“一带一路”开放共享协同创新合作示范区以及全球华侨华人创新创业

① 广东省首批两个“侨梦苑”包括中国（江门）“侨梦苑”华侨华人创新产业聚集区和中国（增城）“侨梦苑”华侨华人创新产业聚集区。

政策支撑高地。

二、世界江门青年大会

作为中国第一侨乡，江门五邑地区的海外华侨有 440 多万人，每年江门都会举办一场侨界盛宴来邀请各国、各地区的华侨共聚一堂。世界江门青年大会（以下简称“江门世青会”）自 2008 年创办以来，为海内外江门籍青年精英提供了一个相互认识、联络感情、共谋发展的合作交流平台，对增进各国华裔青年对家乡的了解，凝聚各国侨界的青年力量，推动在更多的层面、更多的领域加强合作，促进各位侨胞所在国与中国的经济、科技、文化交流，发挥着积极和重要的作用。

江门世青会每两年举办一次，由世界各国（地区）江门籍社团或联络分部主办。2008 年至今，江门世青会已举办 6 届，分别在江门、中国澳门、马来西亚、中国香港、印尼、美国举行，通过加强沟通交流与华侨服务工作，切实增强与新生代华侨华人的血肉联系，推动侨文化持续走出去，吸引广大侨胞回来探亲访友、观光旅游、投资发展。第六届江门世青会上，江门市推出集网上办事、信息宣传、投资发展、政策咨询、社团服务等功能于一体的互联网平台——全球华侨华人“一门式”服务平台和拥有全球 108 个联络点的“侨创工程”创业平台，为江门华侨华人提供更优质和贴心的创新创业服务，真正打通江门华侨华人办事服务最后一公里。江门正努力建设成为粤港澳大湾区新的增长极，打造中国（江门）“侨梦苑”等平台，为广大华侨青年回乡发展提供载体，受到新生代华侨华人的广泛关注。

三、中国青创汇

为打造服务小微企业“双创”新平台，江门市与中国青年报社共同建立“中国青创汇”，面向青年创业者和小微企业，致力于联合国内外知名高校、科研院所、地方政府、企业、创投机构，汇聚人才、项目、技术、资本等资源，为青年创业者和小微企业提供政策扶持、培训指导、孵化加速、人才引进、技术对接等各项服务，实现创新项目落地有空间（众创）、技术需求对接有渠道（众包）、创业项目扶持有优惠（众扶）、资金获得有平台（众筹），最终实现助力青年创业者和小微企业实现创业梦想，推动“大众创业，万众创新”、助力全国小微企业创业创新基地城市示范建设。

“中国青创汇”立足广东江门，力争三年内打造成辐射珠三角，在国内外有较大影响力的小微双创服务平台，全方位服务小微企业创业创新发展，打响“北有中关村、南有青创汇”的品牌，成为创新创业的南方门户，吸引创业青年飞往珠三角创新创业。“全球华侨华人青年创梦工场”作为“中国青创汇”首个服务工程，依托“中国侨都”

江门，面向全球华侨华人青年，以创业项目征集、评审、指导、对接、交流等多种形式，吸引和服务全球华侨华人青年回国创新创业。

四、南方教育装备创新产业城

教育装备产业是江门市“十三五”时期重点发展的五大产业集群之一，南方教育装备创新产业城作为其发展载体。南方教育装备创新产业城位于广东省江门市蓬江区，地处快速发展的珠三角西部，属于粤港澳大湾区中“承东启西”的关键节点，是珠三角国家自主创新示范区西岸区域的核心地区，国家小微企业创业创新核心示范基地，国家珠江—西江经济带智力资源最集中的地区之一。在粤港澳大湾区二区九市的规划中，江门地处“承东启西”的关键节点，腹地纵深广阔，是大湾区最具发展潜力的城市之一。未来，在粤港澳大湾区，将形成一个以广州、深圳、江门为中心的三角地带，成为人才、金融、土地等各种优势互补的希望地带。

南方教育装备创新产业城是教育部教育装备研究与发展中心、江门市人民政府合力共建，由专业运营商江门同宏投资管理有限公司管理，是教育部教育装备研究与发展中心在江门培育的千亿教育装备产业项目。南方教育装备创新产业城以创新设计为抓手，以智能化教育装备为核心，致力于打造集研发设计、生产制造、展示交易、互动体验和教育培训于一体的现代教育装备“智造”全产业链，建成中国教育装备创新发展的示范点（图 8-1）。

图 8-1　南方教育装备创新产业城

五、江门海创空间

“侨”是江门这座城市的显性基因，江门五邑地区的发展离不开海内外侨胞的智慧和力量。江门市侨联还积极推进江门“海创空间”建设，举办多场引才引资活动，为创业者、创新团队、创投机构开展资源分享与项目对接，提供广阔的舞台。“海创空间”积极打造美国硅谷、深圳和江门三地创业创新论坛活动品牌，通过“双创”论坛，以“海创空间”为载体，促进硅谷、深圳、江门三地科技项目与金融资本的对接。推进海创基金与高科技项目合作运营，计划从智能装备产业入手，为持有订单、需科研技术支持升级的企业寻找到合适的科研团队，注入海创基金的扶持，完成订单并面向全国市场推出占领技术前沿的产品，把企业、科研团队产业化、海创基金共同做大做强。

六、江门市大学生创业孵化基地

江门市大学生创业孵化基地是在广东省人力资源社会保障厅和江门市委、市政府的关怀指导和大力支持下，由江门市人力资源和社会保障局建设的省级创业带动就业孵化基地、国家级科技企业孵化器培育单位、江门市科技企业孵化器、江门市侨青创业孵化中心、江门市小微双创示范重点基地。该基地已成为江门市扶持大学生、留学归国人员、高层次人才等有志青年创新创业的政府公共服务平台。自正式启动运营以来，累计入驻创业团队 232 个，累计直接带动就业人数超过 1 900 人。

江门市大学生创业孵化基地现有西区基地和潮连基地。西区基地位于江门市西区工业路 12 号（江门市人力资源市场内），占地面积 15 759 平方米，建有 1 栋 3 层楼的办公大楼，建筑面积 6 370 平方米。办公大楼配备用电、网络、空调等配套设备设施，建有 43 个创业室、2 个培训室、3 个功能室、1 个创客咖啡室。创业孵化基地总占地面积 22 759 平方米，建筑面积 13 170 平方米。主要面向以家政服务为主的相关民生创业项目孵化。潮连基地位于江门市潮连大道 6 号（江门职业技术学院校内），占地面积 7 000 平方米，建有一栋 6 层楼的办公大楼，建筑面积 6 800 平方米。办公大楼配备用电、网络、电梯、监控防盗报警系统等配套设备设施，划分为邑创空间、公共服务区、创业办公区、项目展示区、创业培训区和科技研发区等 5 大功能区域，可同时容纳近 60 个创业团队入驻孵化，主要面向各类大学生创业项目孵化。

江门市硕士研究生创业孵化基地位于江门市江海区（国家高新区）金瓯路 288 号高新区火炬大厦 10–11 层，建筑面积 5 660 平方米，附有办公家具和空调等，可接纳 40 个创业团队入驻。基地划分创业办公区、公共服务区、项目展示区和人才公寓区。

七、大学生众创空间

《“雏鹰计划”江门市国家小微企业创业创新基地城市示范工作方案（2015—

2017 年）》提出："建设一批大学生众创基地。以江门市的院校、职业教育基地、企业实训基地为依托，面向大学生、青年群体，建设大学生众创基地，促进大学生创业创新。

江门职业技术学院"小微企业"众创空间于 2018 年 5 月基本建成并投入试运营，旨在为优秀创业团队提供创业初期的办公场所、创业指导咨询等服务，促进专业知识、科研成果、就业意识、创业创新意识与校园文化的融合。该众创空间建筑面积达 1 300 多平方米，分为服务厅、培训室、运营办公室、培育室、孵化室、导师工作室、洽谈室等功能区。一楼主要是沙龙活动室、培训室及服务展示厅，主要是用于团队的沙龙活动、组织的创新创业培训、项目路演等，服务展示厅主要是展示项目的创新创业成果、学校的创新创业成绩以及为入驻团队提供服务。

第三节　五邑创新创业优惠政策与制度保障

一、江门市高新科技企业扶持政策

依据《高新技术企业认定管理办法》（国科发火〔2016〕32 号）认定的国家级高新技术企业，是指在《国家重点支持的高新技术领域》内，持续进行研究开发与技术成果转化，形成企业核心自主知识产权，并以此为基础开展经营活动，在中国境内（不包括港、澳、台地区）注册的居民企业。

为贯彻落实《中共广东省委　广东省人民政府关于全面深化科技体制改革　加快创新驱动发展的决定》（粤发〔2014〕12 号），根据《中共江门市委　江门市人民政府关于实施创新驱动发展战略　加快创新型城市建设的意见》（江发〔2015〕2 号）以及全省推进珠三角创新驱动发展培育高新技术企业工作现场会会议精神，为推动高新技术产业的发展，鼓励、引导企业通过高新技术企业认定并持续按高新技术企业要求规范管理，江门市修订了《江门市科学技术局　江门市财政局关于促进高新技术企业发展补助资金试行细则》（江科〔2016〕163 号）。

促进高新技术企业发展补助资金（以下简称"补助资金"）是指财政预算安排，为促进高新技术企业发展实行补助的资金。

江门市促进高新技术企业发展补助资金的对象及标准：

（一）对 2016 年 1 月 1 日后初次通过高企认定的企业，一次性给予 30 万元补助。

（二）对 2016 年 1 月 1 日后重新通过高企认定的企业（2008 年以来曾经通过高企认定的），一次性给予 10 万元补助。

（三）对 2016 年 1 月 1 日后从省内其他地市整体迁移（符合《中华人民共和国公司

登记管理条例》第二十九条所述）到我市，并能按照我国现行科技统计报表制度要求真实准确报送本单位R&D经费投入情况的高新技术企业，按照企业迁入当年起连续三年的平均财政贡献量（参考企业实际缴纳入库的企业所得税额+增值税额）的50%给予补助，单个企业补助金额不低于10万元，最高不超过100万元。

（四）对于符合以下条件的中介服务机构，在2016年1月1日后，每服务1家企业初次通过高企认定，给予1万元奖励。每家机构最高奖励不超过10万元。中介服务机构应符合以下条件：

1. 已在市科技局备案（备案办法另行制定）。

2. 为企业提供高企认定咨询、高企申报材料制作咨询的中介服务机构（不包括仅提供审计业务的会计师事务所）。

上述属（一）（二）类的补助资金由市本级财政与企业所在县级市（区）财政按1∶1比例分担；属（三）类的补助资金由企业所在县级市（区）财政承担；属（四）类的补助资金由市本级财政承担。

二、江门市科技创新优惠与扶持政策

为贯彻落实创新驱动国家战略，江门市科技局、市财政局、市人社局出台了《江门市激励企业研究开发财政补助试行细则》等八项科技创新扶持政策，旨在扶持研发投入、科技孵化器、新型研发机构、创新产品与服务政府采购、技术交易和高层次人才安居等方面，给予企业及人才更多的扶持优惠政策，其中包括企业搞研发最高可获100万元补助，科技企业孵化器可获最高50万元的孵化面积补助等。

（一）企业加大研发力度可获补贴

1. 政策：《江门市激励企业研究开发财政补助试行细则》。江门市激励企业研究开发财政补助资金（以下简称“补助资金”）是指市县财政预算安排，参考企业研发实际投入实行补助的资金。

2. 补助对象：在江门市内注册，具有独立法人资格、健全的财务管理机构和财务管理制度的企业。

3. 资金补贴额度：企业上年度研发费用额 × 系数（当年财政补助资金总额 / 符合申报条件企业上年度研发费用额）。每个企业获得的年度补助额一般不超过50万元。对研发投入超过5 000万元以上的企业，采用一企一策扶持政策，财政加大投入，安排专项资金支持企业开展研究开发。

4. 申请程序：企业需提供研究开发经费的专项审计报告，向所在市（区）科技主管部门、财政部门提交申请。各市（区）科技主管部门、财政部门审核后汇总报送给市科技局、市财政局。市科技局将根据专家评审结果、研发经费统计情况，拟定当年我市

补助资金分配计划。

（二）小微企业年可申领最高 30 万元创新券

1. 政策：《江门市科技创新券后补助试行细则》。创新券是指政府为鼓励和支持创新资源缺乏、能力不足的中小微企业积极开展科技创新活动，向高校、科研院所等知识服务类机构购买研发、设计等技术服务以及开展产学研合作等活动而设计发行的一种补助凭证。

2. 支持对象：科技型中小微企业、科技服务机构、高校和科研机构。

3. 申请程序：申报材料应包含创新券申请书（含申请表、项目可行性报告、研发经费需求情况说明），以及工商营业执照、组织机构代码证；年度国、地税缴税凭证；上年度财务报告；相关专利证书。凡符合创新券资助条件的企业，填报创新券申请材料后，交所在辖区科技行政管理部门初审后推荐至市科技局；受委托的服务机构应对申报材料进行形式审查并组织专业领域的技术、财务专家评审，最终确定创新券发放金额。

4. 兑现额度：每家企业每年度申请资助额度最高不超过 30 万元。同时，创新券兑现额度不超过企业实际投入项目自行研发经费（不含研发人员工资）以及支付给高校、科研院所或第三方专业机构的研发、检测等科技服务等费用总额的 1/3。

（三）创业投资失败可获补偿

1. 政策：《江门市关于科技企业孵化器创业投资及信贷风险补偿资金试行细则》。创业投资及信贷风险补偿资金，是指由市、辖区二级财政按比例配套统筹安排，用于孵化器发展，对孵化器内创业投资失败项目和对在孵企业首贷出现坏账项目所产生的风险损失，按一定比例进行补偿的财政专项资金。

2. 支持对象：创业投资风险补偿资金：具有融资和投资功能，投资于孵化器内初创期科技型中小微企业的公司制或有限合伙制创业投资机构；信贷风险补偿资金：为孵化器内在孵企业提供贷款的金融机构。

3. 补偿标准：对孵化器内创业投资失败项目，创业投资风险补偿资金按项目投资损失额的 20% 给予创业投资机构补偿；对在孵企业首贷出现的坏账项目，信贷风险补偿资金按坏账项目贷款本金 40% 分担损失；对单个项目的风险补偿或本金损失补偿金额不超过 100 万元。

4. 申请程序：创业投资机构对孵化器内企业创业投资失败或金融机构对在孵企业首贷发生坏账后，向所在地科技主管部门申请风险补偿。各市、区科技主管部门对申报单位提交的材料进行初审并推荐。

（四）支持科技企业孵化器

1. 政策：《江门市关于科技企业孵化器后补助试行办法》。科技企业孵化器是以促进科技成果转化、培育科技型企业和企业家为宗旨的科技创业服务载体。

2. 补助对象：孵化器新增孵化面积（按照国家、省和市有关孵化器管理规定新建并经市级以上科技主管部门认定的新建孵化器，在 2015 年 1 月 1 日以后竣工验收的符合安全生产要求的孵化面积）和运营成效良好的孵化器（已建孵化器在 2015 年 1 月 1 日以后，将自有或租赁建筑物通过改造扩建，建设符合安全生产要求的孵化面积）。

3. 补助标准：新建孵化器面积按 100 元 / 平方米的标准给予一次性补助，最高补助 100 万元人民币；改建、扩建的孵化器面积按 50 元 / 平方米的标准给予一次性补助，最高补助 50 万元人民币。

4. 申请程序：申报单位填报《江门市科技企业孵化器新增孵化面积补助申请书》，以及申请补助的孵化面积及服务设施证明；孵化器成立的批准、备案文件复印件，事业法人证书、企业法人或民办非企业法人营业执照（副本复印件），单位账户的银行开户证明，孵化器机构设置与相关管理的章程性文件等。

（五）大力推动科技成果转化

1. 政策：《江门市关于发展技术交易促进科技成果转化试行办法》。技术交易包括技术开发、技术转让以及与技术开发、技术转让业务相关的技术咨询和服务，是指通过江门市技术交易中心专属网络平台（以下简称专属平台）成交并签订规范、完整的技术交易合同，完成交易金额支付的交易。

2. 补助对象：在江门市内注册，具有独立法人资格、健全的财务管理机构和财务管理制度的企业；对通过专属平台促进技术成果交易转化做出积极成效的服务机构；对在专属平台中实现技术成果交易做出积极贡献的经纪人。

3. 补贴额度：企业通过专属平台引进高校、科研院所、非关联企业和个人的技术成果实现的技术成果交易，按交易额的 8% 给予买方补助。单个交易补助不超过 10 万元，单个企业每一年度补助额度不超过 30 万元；对在专属平台中实现技术成果交易做出积极贡献的经纪人，按交易额的 1% 给予补助，同一技术成果多次转让不重复补助，单个交易补助不超过 5 万元。

4. 申请程序：企业先向所在市（区）科技主管部门、财政部门提交申请。由市科技局会同市财政局组织专家对申报材料进行审核，确定拟补助的企业、经纪人以及补助金额标准等。

（六）省级新型研发机构可获超百万元经费

1. 政策：《江门市支持江门市新型研发机构发展试行办法》。江门市新型研发机构是指由市科技局认定，主要从事研发及其相关活动，投资主体多元化，建设模式国际化，运行机制市场化，管理制度现代化，创新创业与孵化育成相结合，产学研紧密结合的独立法人组织。

2. 认定条件：注册地在江门，具有企业、事业单位或社会组织性质等的独立法人资格，拥有一定的经济实力和较稳定的资金来源，主要办公和科研场所设在江门；机构投资主体多元化，包括通过政府部门，高校、科研院所、企业、社会组织、产业联盟等，以及其他投资主体联合共建；具有稳定的经费来源、研发队伍、研发基础、新型的管理体制机制、明确的主攻方向以及突出的成果转化能力。

3. 申请程序：申请单位可向市科技局提出认定申请，申请材料包括：江门市新型研发机构认定申请书；营业执照副本或登记证、税务登记证、机构章程复印件及法定代表人履历表；相应的财务报表；有关自主知识产权的证明材料等。

4. 政策扶持：通过市级新型研发机构认定的给予50万元的经费资助，通过省级新型研发机构认定的给予100万元以上的经费资助。

（七）政府采购“青睐”创新产品与服务

1. 政策：《江门市创新产品与服务政府采购的试行细则》。创新产品与服务政府采购包括中小企业创新产品与服务政府采购和创新产品与服务远期约定政府采购。

2. 采购对象：在江门市内注册的独立法人；单位具有大学专科以上学历的科技人员占单位当年职工总数的30%以上，其中研发人员占单位当年职工总数的10%以上；企业中标单位中标前一年研究开发费用总额占营业收入比例不低于3%；能提供中小企业创新产品与服务。

3. 实施程序：市财政局、市科技局组织专家对征集的采购需求进行甄别和筛选，凝练出当年度拟开展远期约定采购的需求，经征求采购单位意见后向全社会公布，征集反馈意见和解决方案。经征求采购单位意见后，确定采购数量、价格、完成时间和各项技术指标，交由市公共资源交易中心进行远期约定采购。市公共资源交易中心再根据确定的采购数量、价格、完成时间和各项技术指标，向全社会发布远期约定采购需求，以招标形式确定中标单位。

（八）高层次人才可获千元租房补贴

1. 政策：《江门市高层次人才安居暂行办法（讨论稿）》。高层次人才安居是指利用市、县级市（区）两级财政资金以及发动社会力量筹措的其他资金、实物，鼓励各类高层次人才来我市长期或短暂工作并居住。

2. 补助对象：即申请高层次人才租房补贴的高层次人才。需符合以下条件：与我市用人单位签订工作合同或工作协议；本人及配偶、未成年子女在我市范围内无持有任何房屋产权；本人及配偶、未成年子女未在我市享受过政府购房优惠政策；在申请租房补贴期间，本人或配偶、未成年子女，未同时在我市享受实物出租。

3. 补贴额度：与我市用人单位签订一年以内的工作合同或工作协议的高层次人才，可享受800元/月的租房补贴；与我市用人单位签订一年以上（含一年）的工作合同或工作协议的高层次人才，可享受1 000元/月的租房补贴，最多可以累计申请3年。对两院院士、国家重大科技项目首席科学家、重大工程项目首席工程技术专家或者是管理专家等领军型人才，按1 000元/天的标准据实逐月发放服务合同期内的租房补贴。

4. 申请程序：申请人需向所在单位提交：申请报告及申请表；毕业证、学位证、职称或资格证书；申请人及其配偶、未成年子女身份证（护照）复印件；工作合同（工作协议）或由人才创办企业的营业执照；所在企业的纳税证明；在本市工作的社保证明；经登记或者备案的房屋租赁合同等。

三、江门市大学生就业创业优惠政策

为实现高校大学生高质量就业，鼓励和扶持大学生自主创业，营造良好的社会创业氛围，江门市制定和出台了一系列人才引进政策与就业创业优惠政策，更好服务江门市人才岛建设，吸引更多人才为江门社会经济发展提供智力支撑（表8–1）。

文件依据查阅：

《关于印发〈广东省省级促进就业专项资金使用管理办法〉的通知》（粤财社〔2014〕188号）；

《关于明确广东省省级促进就业专项资金补贴项目申请和核发有关事项的通知》（粤人社发〔2014〕213号）；

《关于印发〈广东省省级创业带动就业专项资金管理办法〉的通知》（粤财社〔2015〕109号）；

《江门市人民政府关于进一步促进创业带动就业的实施意见》（江府〔2015〕10号）；

《广东省人民政府关于进一步做好新形势下就业创业工作的实施意见》（粤府〔2015〕78号）；

《转发财政部人力资源社会保障部关于印发就业补助资金管理暂行办法的通知》（粤财社〔2016〕94号）；

《关于激励创新型人才促进产业发展和创办科技型小微企业的奖励暂行办法》（江科〔2017〕67号）；

《江门市市级就业创业专项资金管理办法》（江人社发〔2016〕355号）；

《就业补助资金管理办法》（财社〔2017〕164号）。

表 8-1 江门市就业创业优惠补贴一览表（2018 年 5 月 29 日）

序号	项目	补贴领取对象	政策受益群体	条件	标准	补贴期限	申请材料	备注
1	就业补贴	高校毕业生	应届高校毕业生、技工院校取得高级工和技师（高级技师）相应职业资格证书的毕业生和特殊教育院校职业教育类毕业生可参照享受高校毕业生就业补贴政策，下同	应届高校毕业生到中小微企业就业，与企业签订 1 年以上期限劳动合同并按规定参加社会保险的	2 000 元	一次性	（1）身份证、毕业证书复印件； （2）高校毕业生与企业签订的劳动合同复印件； （3）就业创业证（就业失业登记证）复印件； （4）6 个月以上缴纳有关社会保险费的明细账（单）； （5）个人银行账户； （6）用人单位出具的上年度从业人数、营业收入情况和所属行业的证明。 注：具备网上申请条件的，应通过“江门市人力资源和社会保障网上服务平台”或智慧五邑一卡通手机 APP 程序网上申请，需提供的纸质资料以网站说明的要求为准。下同 网上申请可通过联网核查的信息不再要求提供纸质材料。根据我市信息化建设现状，暂未推行“告知承诺制”	应届高校毕业生（包括毕业学年高校毕业生及按发证时间计算，获得毕业证书起 12 个月以内的高校毕业生，下同） 就业困难人员是指：①城镇户口女满 40 周岁、男满 50 周岁；②经评定的残疾人员；③享受最低生活保障待遇人员；④城镇零就业家庭成员；⑤农村零转移就业贫困家庭成员；⑥因被征地而失去全部土地的农民；⑦连续失业一年以上的人员；⑧退役士兵、刑释解教人员、戒毒康复人员、精神病康复人员、需赡养患重大疾病直系亲属人员。下同

续表

序号	项目	补贴领取对象	政策受益群体	条件	标准	补贴期限	申请材料	备注
2	求职创业补贴	高校毕业生	毕业年度高校毕业生（同等享受补贴的必须是技师学院或特殊教育院校职业教育类学生）	在毕业年度内有就业意愿并积极求职，且属于城乡困难家庭高校毕业生、残疾高校毕业生或获得国家助学贷款的高校毕业生	1 500元	一次性	（1）广东省高校毕业生求职补贴申请表； （2）广东省高校毕业生求职补贴申请人员花名册； （3）高校毕业生本人身份证复印件； （4）表明属城乡困难家庭的相关证件复印件或证明（包括城乡低保证、五保供养证、特困职工证、扶贫卡和零就业家庭证明，下同），残疾高校毕业生只需提供残疾人认定证件复印件；或提供国家助学贷款合同复印件； （5）高校毕业生个人银行账户	（1）符合条件高校毕业生向学校提交求职补贴申请，由所在高校组织初审，对符合补贴条件的予以公示，公示期满后由高校集中向所属人力资源和社会保障部门申请补贴； （2）毕业年度是指毕业所在自然年，即1月1日至12月31日； （3）城乡困难家庭是指持有城乡低保证、五保供养证、特困职工证、扶贫卡和零就业家庭证明等的家庭

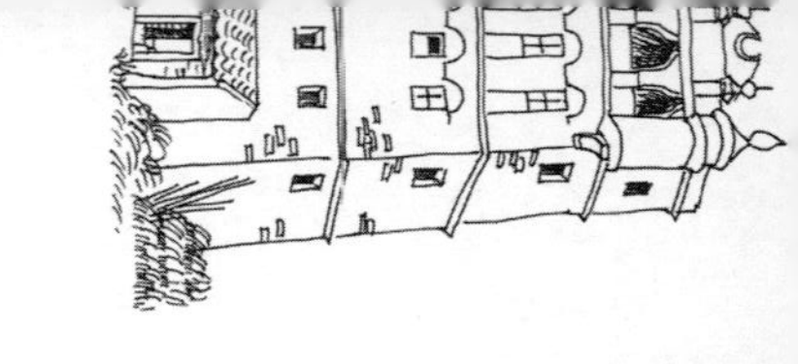

续表

序号	项目	补贴领取对象	政策受益群体	条件	标准	补贴期限	申请材料	备注
3	灵活就业社会保险补贴	就业困难人员、应届高校毕业生	就业困难人员、离校未就业高校毕业生	就业困难人员或离校未就业高校毕业生灵活就业后，向公共就业人才服务机构申报就业并以个人身份缴纳社会保险费的	同时参加职工养老保险及参加基本医疗保险一档和二档的，补贴标准为260元/人/月；仅参加职工养老保险的，补贴标准为182元/人/月；仅参加基本医疗保险一档和二档的，补贴标准为78元/人/月	一般3年，离退休不足5年的，补贴至退休	（1）由本人签名、雇主签名确认或本人所在社区盖章确认的灵活就业岗位和地址等证明材料； （2）身份证复印件； （3）就业创业证（就业失业登记证）复印件； （4）高校毕业生毕业证书复印件； （5）社会保险费征缴机构出具的上季度（或半年）缴纳有关社会保险费的明细账（单）； （6）个人银行账户	离校未就业的高校毕业生的身份期限是毕业后一年内。 申请材料在灵活就业人员首次申报时应全部提供，以后正常申报时，只需提供上季度（或半年）缴纳有关社会保险费的明细账（单）

续表

序号	项目	补贴领取对象	政策受益群体	条件	标准	补贴期限	申请材料	备注
4	创业资助	创业者本人	普通高等学校、职业学校、技工院校学生（在校及毕业5年内）和出国（境）留学回国人员（领取毕业证5年内）、复员转业退役军人以及登记失业人员、就业困难人员、回国创业华侨、在读休学创业大学生、高校、科研院所等事业单位在职创业、离岗创业的专业技术人员	在本市领取工商营业执照（或其他法定注册登记手续），本人为法定代表人或主要负责人）的，正常经营6个月以上	5 000元，属于团队创业，且团队成员均为在校生或毕业5年内高校毕业生的，按照每名合伙人或股东补贴5 000元的标准追加资助，累计资助金额不超过1.5万元，且受资助对象不得跨企业重复享受	一次性	（1）申请人的身份证； （2）相关身份证明。其中，属登记失业人员、就业困难人员应当办理了失业登记或就业困难人员认定，提供就业创业证；属在校生的提供学生证；属毕业生的提供毕业证书；在读休学大学生由学校出具身份证明；属军转干部、复退军人的应提供军官转业证或退伍证等证明材料；出国（境）留学回国人员的毕业证书应经国内法定学历认证部门认证；回国创业华侨由外事侨务部门出具证明或在申请书上加具意见；高校、科研院所等事业单位在职创业、离岗创业的专业技术人员由所在单位出具证明。（下同）； （3）营业执照或其他登记注册证明复印件；	社会保险登记证的说明。 （1）符合条件申请人创办创业实体属《社会保险法》第五十七条所指“用人单位”的，申请相关补贴时应按规定提供社会保险登记证件。社会保险登记证件的具体形式和核发（提供）部门，按地市具体规定办理（包括以社会保险费缴费凭证作为社会保险登记凭证）。 （2）符合条件申请人创办创业实体属“无雇工的个体工商户”、且本人未“自愿参加社会保险”的，可凭工商登记文件和本人未参加社会保险的声明申领相关补贴。 符合条件的人员向创业所在地人力资源社会保障部门提出申请。下同

续表

序号	项目	补贴领取对象	政策受益群体	条件	标准	补贴期限	申请材料	备注
							（4）申请人的银行账户； （5）税务登记证复印件及社会保险登记证复印件。（已实现五证合一的无需提供）	
5	租金补贴	初创企业	普通高等学校、职业学校、技工院校学生（在校及毕业5年内）和出国（境）留学回国人员（领取毕业证5年内）、复员转业退役军人以及登记失业人员、就业困难人员、回国创业华侨、在读休学创业大学生、高校、科研院所等事业单位在职创业、离岗创业的专业技术人员	租用经营场地（含社会资本投资的孵化基地）创办初创企业并担任法定代表人或主要负责人的，可申请租金补贴	每年最高6 000元	补贴累计不超过3年	（1）申请人的身份证及相关身份证明（参照创业资助的要求提供）； （2）营业执照或其他登记注册证明复印件； （3）初创企业的银行账户； （4）场地租用合同（租用地址应与注册登记地一致）； （5）缴纳租金的凭证复印件（发票、收据或银行流水）； （6）税务登记证复印件及社会保险登记证复印件。（已实现五证合一的无需提供）	申请人在领取营业执照（或办理其他法定登记注册手续）起3年内，可按年度申请租金补贴

续表

序号	项目	补贴领取对象	政策受益群体	条件	标准	补贴期限	申请材料	备注
6	社会保险补贴	高校毕业生的创业实体	毕业5年内的高校毕业生和应届高校毕业生	毕业5年内的高校毕业生自主创业，本人及其招收应届高校毕业生可同等享受	创业者本人及其招收的应届毕业生按照创业实体为他们实际缴纳的基本养老保险费、基本医疗保险费、失业保险费、工伤保险费、生育保险费给予补贴	一般为3年	（1）人员的花名册； （2）劳动合同复印件（创业者本人除外）； （3）就业创业证（就业失业登记证）复印件； （4）毕业证书复印件； （5）创业实体营业执照（或其他法定注册登记证明）复印件（只需首次申报提供）； （6）社会保险费征缴机构出具的上季度（或半年）创业实体为享受社会保险补贴条件人员缴纳有关社会保险费的明细账（单）； （7）创业实体的银行基本账户	

续表

序号	项目	补贴领取对象	政策受益群体	条件	标准	补贴期限	申请材料	备注
7	临时生活补贴	高校毕业生本人	登记失业的应届高校毕业生	登记失业的困难家庭应届高校毕业生或登记失业满6个月的应届高校毕业生（办理失业登记时属应届毕业生）	补贴标准按户籍所在统筹地区的失业保险金标准确定	最长不超过6个月	（1）身份证和户口本复印件； （2）毕业证书复印件； （3）就业创业证（就业失业登记证）复印件； （4）属困难家庭的提供困难家庭相关证件复印件或证明； （5）个人银行账户	申请后第二个月起毕业生申报继续享受的，只需提供本人签名确认的未就业声明。 申请补贴的应届毕业生已实现就业或无正当理由，连续两次或累计3次拒不接受当地公共就业人才服务机构介绍工作的，应当终止领取
8	社会保险补贴	小微企业	应届高校毕业生	小型微型企业招用应届高校毕业生，与其签订1年以上期限劳动合同并按规定缴纳社会保险费的	按照用人单位为高校毕业生实际缴纳的基本养老保险费、基本医疗保险费、失业保险费、工伤保险费、生育保险费给予补贴	1年	（1）人员花名册； （2）劳动合同复印件； （3）就业创业证（就业失业登记证）复印件； （4）高校毕业证书复印件； （5）用人单位营业执照（或其他法定注册登记证明）复印件（只需首次申报提供）； （6）用人单位上年度从业人数、营业收入情况和所属行业的依据；	

续表

序号	项目	补贴领取对象	政策受益群体	条件	标准	补贴期限	申请材料	备注
							（7）社会保险费征缴机构出具的上季度（或半年）用人单位为享受社会保险补贴条件人员缴纳有关社会保险费的明细账（单）； （8）用人单位的银行基本账户	
9	创业带动就业补贴	初创企业	初创企业（初创企业，是指在我市登记注册3年内的（以初次正式申领补贴之日核定，包括本《通知》下发之前已登记注册的）小微企业、个体工商户、民办非企业单位和农民专业合作社、家庭农场等）	初创企业吸纳就业并按规定缴纳社会保险费的，按其吸纳就业（签订1年以上期限劳动合同）人数（法定代表人或主要负责人除外）给予创业带动就业补贴	招用3人（含3人）以下的按每人2 000元给予补贴；招用3人以上的每增加1人给予3 000元补贴，总额最高不超过3万元	初创期内（3年）	（1）用人单位法定代表人或主要负责人的身份证复印件； （2）营业执照或其他注册证明；（属于企业的应当提供小微企业划型材料）； （3）招用人员花名册及劳动合同复印件； （4）初创企业的银行账户； （5）税务登记证复印件； （6）社会保险费征缴机构出具的最近3个月用人单位为相关人员缴纳有关社会保险费的明细账（单）	创业带动就业补贴可按年度申请，首次申领此项补贴，以申请时实际吸纳就业人数核发补贴。后续年度申请时，按其实际净增用工人数核发补贴。最后一次申请时间不得超过初创企业登记注册之日起4年。被招用的人应不能同时在两个企业有合同记录

续表

序号	项目	补贴领取对象	政策受益群体	条件	标准	补贴期限	申请材料	备注
10	职业培训补贴（含鉴定补贴）	组织学生进行培训的高校	男16—60周岁、女16—55周岁的本省户籍城乡劳动力（全日制在校生、机关事业单位在编人员除外）和外省来粤务工人员，余刑在24个月内的在粤服刑和强制戒毒人员，普通高等学校毕业学年学生（毕业学年指毕业前一年7月1日起的12个月，含非广东生源），未享受过本省政府补贴培训的	参加本省有关培训教育机构、行业组织或企业组织的职业培训或者自学，获得本省颁发的相关职业资格证书，自相关资格证书核发之日起一年内可申请技能晋升培训补贴。普通高校毕业学年学生参加职业技能培训，经考核合格取得职业资格证书（含计算机信息高新技术考试合格证书），给予职业技能培训补贴	按照参与培训的工种和标准实施目录按200元—3 500元不等进行补贴；其中高等职业院校毕业学年学生考取职业资格证书（含计算机信息高新技术考试合格证书）的，给予每人200元的职业技能鉴定补贴。已享受政府补贴培训的，每年可享受一次提升一级资格等级（含跨工种）的技能晋升培训补贴	一次性	学员个人申请技能晋升培训补贴，应同时提交以下书面材料： （1）技能晋升培训补贴申请表； （2）身份证（或户口本）复印件； （3）居住证复印件（仅限外省户籍学员以及需要在居住地申请补贴的本省户籍学员提供）； （4）资格证书复印件（或http: //www.gdosta.org.cn“证书验证”栏目的个人资格证书验证信息页面打印件）； （5）广东省区域内制发的社会保障卡复印件； （6）贫困户帮扶记录卡（或低保户凭证）复印件（仅限贫困家庭学员提供）；	高校组织符合条件学生参加职业技能培训的，应事先向当地人力资源社会保障部门办理开班申请。学生参加职业技能培训并取得职业资格证书后，由高校向当地人力资源社会保障部门提出补贴申请，并提交以下申请材料： （1）学生的身份证复印件； （2）学校开具的毕业学年在校生身份证明； （3）学生的职业资格证书复印件； （4）学生签名的花名册（注明参加培训机构名称）； （5）高校的银行基本账户。 高等职业院校毕业学年学生职业技能鉴定补贴由高校向当地人力资源社会保障部门提出补贴申请，并提交以下申请材料：

续表

序号	项目	补贴领取对象	政策受益群体	条件	标准	补贴期限	申请材料	备注
							（7）广东省区域内制发的社会保障卡金融账户或银行账号。 符合条件的培训教育机构、行业组织或企业组织学员参加免费培训的，须按照程序进行	（1）学生的身份证复印件； （2）学校开具的毕业学年在校生身份证明； （3）学生的职业资格证书复印件； （4）学生签名的花名册（注明参加培训机构名称）； （5）高校的银行基本账户
11	见习补贴	吸纳高校毕业生的见习单位	离校2年内未就业高校毕业生（同等享受补贴的必须是技师学院或特殊教育院校职业教育类学生）	参加由县级以上人力资源社会保障部门认定的见习单位安排的见习活动	政府每月补贴标准为当地最低工资标准的50%。 对见习期满留用率达50%以上的见习单位，见习补贴由见习单位和政府共同承担，其中政府按不超过最低工资标准的60%承担见习补贴	最长为6个月	（1）营业执照副本或组织机构代码证原件及复印件（只需首次申领提供）； （2）见习人员身份证、毕业证书复印件； （3）见习协议书复印件； （4）见习人员签名的花名册； （5）见习单位向见习人员发放见习补贴明细账（单）； （6）见习单位的银行基本账户	见习补贴标准不低于当地最低工资标准的80%，由见习单位按月发放给见习者本人。见习补贴由见习单位和政府共同承担。政府补贴部分由见习单位先行垫付。见习期满后，由见习单位一次性申请

续表

序号	项目	补贴领取对象	政策受益群体	条件	标准	补贴期限	申请材料	备注
12	岗位补贴	吸纳高校毕业生的基层岗位用人单位	毕业5年内的高校毕业生	毕业5年内的高校毕业生到乡镇、街道、社区等基层岗位就业（含“三支一扶”和大学生村官等大学生服务基层项目），从事社会管理和公共服务工作	每人每月300元	一般为3年	（1）人员花名册； （2）身份证复印件； （3）就业创业证（就业失业登记证）复印件； （4）高校毕业生毕业证书复印件和就业证明材料； （5）社会保险费征缴机构出具的上季度（或半年）缴纳有关社会保险费的明细账（单）； （6）用人单位的银行基本账户	以上材料在用人单位首次申报时应全部提供，以后正常申报时，除享受人员发生变动外，只需提供上季度（或半年）缴纳有关社会保险费的明细账（单）和享受补贴人员签名

续表

序号	项目	补贴领取对象	政策受益群体	条件	标准	补贴期限	申请材料	备注
13	创业培训补贴	城乡各类劳动者	城乡各类劳动者（含普通高等学校、职业学校、技工院校全日制非毕业学年在校学生）	具有创业要求和培训愿望并具备一定创业条件的城乡各类劳动者，参加创业培训并取得合格证书的	每人1 000元。由有关创业服务机构、行业协会等开发，并经省人力资源社会保障厅会同相关部门组织评审纳入补贴范围的创业培训（实训）项目，每人最高2 500元	一次性补贴、不能重复享受	（1）学员的身份证复印件； （2）学校开具的毕业学年在校生身份证明（如需要）； （3）学员的培训合格证书复印件； （4）学员签名的花名册； （5）创业培训机构的银行基本账户	创业培训机构向当地人力资源社会保障部门办理开班申请，经批准同意组织学员免费创业培训并取得培训合格证书后，向当地人力资源社会保障部门提出补贴申请，并提交规定的申请材料。经审核后，资金拨付到创业培训机构的银行基本账户

续表

序号	项目	补贴领取对象	政策受益群体	条件	标准	补贴期限	申请材料	备注
14	创业担保贷款（小额担保贷款）贴息	初创企业	创业的劳动者	劳动者创办初创企业（国家限制行业除外）自筹资金不足的，可申请创业担保贷款（小额担保贷款）	在规定的贷款额度内，个人贷款和捆绑性贷款可按照贷款基准利率最高上浮3个百分点据实给予贴息；劳动密集型和科技型小微企业贷款，按贷款基准利率的50%给予贴息	贷款贴息的最长期限为2年	一般申请贷款前应先到所在地人社部门进行审核，贴息申请为自行先负担利息，后申请贴息。具体按照各市区合作的担保机构或者合作银行的相关流程进行 由于我市目前正在实施创业担保贷款风险补偿试行，因此贷款申请人可直接向创业地邮政储蓄银行咨询创业担保贷款相关事宜	个人贷款额度最高20万元，合伙经营或创办小企业的可按每人不超过20万元、贷款总额不超过200万元的额度实行“捆绑性”贷款；符合贷款条件的劳动密集型和科技型小微企业，贷款额度不超过300万元 劳动者创办初创企业（国家限制行业除外），国家限制行业主要有建筑业、娱乐业以及销售不动产、转让土地使用权、广告业、房屋中介、桑拿、按摩、网吧、氧吧等项目

续表

序号	项目	补贴领取对象	政策受益群体	条件	标准	补贴期限	申请材料	备注
15	社会保险补贴	吸纳就业困难人员的用人单位	就业困难人员	用人单位招用就业困难人员，与其签订1年以上期限劳动合同并按规定缴纳社会保险费的	按照用人单位为就业困难人员实际缴纳的基本养老保险费、基本医疗保险费、失业保险费、工伤保险费、生育保险费给予补贴	一般3年，最长不超过5年	（1）符合享受社会保险补贴条件人员的花名册； （2）符合享受社会保险补贴条件人员的劳动合同复印件； （3）符合享受社会保险补贴条件人员就业创业证（就业失业登记证）复印件； （4）用人单位营业执照（或其他法定注册登记证明）复印件（只需首次申报提供）； （5）社会保险费征缴机构出具的上季度（或半年）用人单位为享受社会保险补贴条件人员缴纳有关社会保险费的明细账（单）； （6）用人单位的银行基本账户	以上材料在用人单位首次申报时应全部提供，以后正常申报时，除享受人员发生变动外，只需提供上季度（或半年）用人单位为享受社会保险补贴条件人员缴纳有关社会保险费的明细账（单）

续表

序号	项目	补贴领取对象	政策受益群体	条件	标准	补贴期限	申请材料	备注
16	岗位补贴	吸纳就业困难人员的用人单位	就业困难人员	用人单位招用就业困难人员，与其签订1年以上期限劳动合同并按规定缴纳社会保险费的，按其实际招用人数给予岗位补贴	每人每月300元	一般3年，最长不超过5年	（1）符合享受岗位补贴条件人员的花名册； （2）符合享受岗位补贴条件人员的身份证复印件； （3）符合享受岗位补贴条件人员的就业创业证（就业失业登记证）复印件； （4）用人单位与就业困难人员签订的劳动合同复印件； （5）社会保险费征缴机构出具的上季度（或半年）缴纳有关社会保险费的明细账（单）； （6）用人单位的银行基本账户	以上材料在用人单位首次申报时应全部提供，以后正常申报时，除享受人员发生变动外，只需提供上季度（或半年）缴纳有关社会保险费的明细账（单）和享受补贴人员签名

续表

序号	项目	补贴领取对象	政策受益群体	条件	标准	补贴期限	申请材料	备注
17	公益性岗位补贴	就业困难人员	公益性岗位安置（公益性岗位是指县级以上人民政府投资或者扶持开发的，具体范围包括《广东省实施〈就业促进法〉办法》第四十六条规定）的就业困难人员	对于公益性岗位安置的就业困难人员给予岗位补贴	参照当地最低工资标准	除距法定退休年龄不足5年的就业困难人员可以延长至退休外，其余人员最长不超过3年	待我市公益性岗位办法出台后再明确	以工资补贴的形式对就业困难人员试行补贴
18	创办科技型小微企业奖补	原籍江门的异地高校毕业生	原籍江门的异地高校毕业生（指取得全日制普通高校本科及以上学历）	原籍江门的异地高校毕业生（指取得全日制普通高校本科及以上学历）回乡所创办的科技型小微企业、或成功转型为科技型小微企业的企业	20万元	一次性	符合本办法规定条件的申请单位向受理部门提出申请，并提交以下资料（提供复印件的资料需同时提供原件验证）： （1）江门市创新型人才创办科技型小微企业奖励申请表； （2）江门市高层次人才证明及博士、博士后或留学归国人员、普通高校本科及以上学历资格证明材料复印件；原籍江门的异地高校毕业生还需提交原户籍证明材料	创新型人才创办科技型小微企业奖励申报工作每年开展一次（具体时间以通知为准）。该创新型人才在该企业中担任法定代表人或为企业最大个人股东（占股比例不低于30%），且该企业已列入《江门市科技型小微企业名录》

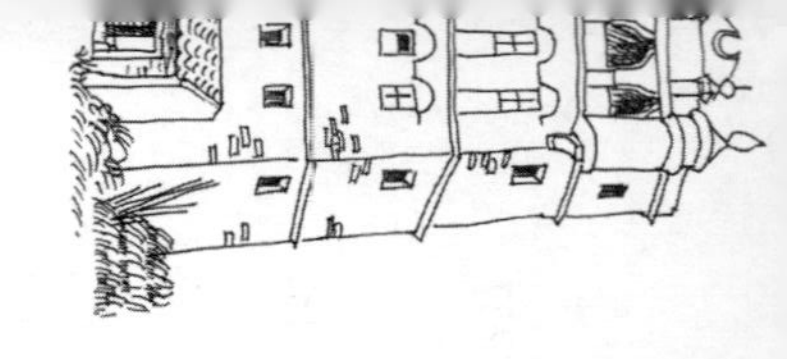

续表

序号	项目	补贴领取对象	政策受益群体	条件	标准	补贴期限	申请材料	备注
19	社会保险补贴	用人单位	困难家庭高校毕业生	用人单位吸纳困难家庭高校毕业生就业的，与其签订1年以上劳动合同并按规定缴纳社会保险费的	按用人单位实际吸纳高校毕业生的人数，按照其为劳动者实际缴纳的基本养老保险费、基本医疗保险费、失业保险费、工伤保险费、生育保险费总额给予社会保险补贴	不超过6个月	参照用人单位吸纳人员享受社会保险补贴政策执行	
20	岗位补贴	用人单位	困难家庭高校毕业生	用人单位吸纳困难家庭高校毕业生就业的，与其签订1年以上劳动合同并按规定缴纳社会保险费的	按用人单位实际吸纳高校毕业生的人数给予岗位补贴	每人每月300元的岗位补贴	参照用人单位吸纳人员享受岗位补贴政策执行	

续表

序号	项目	补贴领取对象	政策受益群体	条件	标准	补贴期限	申请材料	备注
21	创业孵化补贴	创业孵化基地	入驻创业孵化基地的创业实体	符合条件的创业孵化基地承担政府补贴孵化服务的，应与所在地县级或县级以上人力资源社会保障部门签订协议（协议应明确孵化基地软硬件标准、提供服务内容、责任义务等内容）。签订协议的创业孵化基地按规定为创业者提供1年以上期限创业孵化服务的（不含场租减免），按实际孵化成功（在本省领取工商营业执照或其他法定注册登记手续）户数给予创业孵化补贴	每户3 000元标准	一次性	（1）入驻创业单位花名册、营业执照（或其他法定注册登记手续）复印件、税务登记证复印件； （2）与入驻创业人员签订的1年以上期限书面服务协议及提供相关服务的证明材料； （3）创业孵化基地的银行账户	

续表

序号	项目	主要内容	备注
22	专家帮扶创业补贴	根据《江门市创业导师管理暂行办法》(江人社发〔2014〕604 号)认定的创业导师，与创业孵化企业(或创业团队)签订“一对一”结对帮扶协议，免费为孵化企业提供日常创业指导和咨询服务，初创企业正常经营 1 年以上的，按 2 000 元 / 项目标准给予创业导师结对帮扶补贴。对经指导获得市政府部门以上奖励的，给予主要负责的创业导师 1 万元的工作奖励	
23	初创企业经营者素质能力提升	省按每人 1 万元标准，每年资助 500 名有发展潜力和带头示范作用突出的初创企业经营者，参加高层次进修学习或交流考察，提升初创企业经营者的素质能力	
24	优秀创业项目资助	省从各地推荐的优秀创业项目中评选一批省级优秀项目，每个项目给予 5 万元至 20 万元资助。省级政府对获得省级以上创业大赛(包括其他省市省级比赛)前三名并在广东登记注册的创业项目，每个项目给予 5 万元至 20 万元资助。由市政府财政投入及社会力量资助，举办创业训练营、创业创新大赛、创新成果和创业项目展示推介等活动的，选拔出一批成长性的项目，对优质项目市级政府每个给予 5 万元至 30 万元的资助	
25	风险担保补偿金	对担保公司、风投机构或保险公司等为创业者申请创业贷款提供担保或保险的，按照担保贷款额度的 3% 给予补贴，每笔补贴金额最高 5 万元	
26	安置“双困”毕业生就业工资补贴	乡镇(街道)、社区人力资源社会保障、民政、文化、司法、青少年服务等社会公共管理和社会服务岗位，吸纳毕业 3 年内的“双困”(家庭困难和就业困难)高校毕业生就业，可给予最长不超过 2 年的工资补贴。补贴标准原则上参照当地同条件事业单位工作人员工资水平确定。 各地级以上市人力资源社会保障局每年向省人力资源社会保障厅上报当年购买岗位安置计划，并由省人力资源社会保障厅会同省财政厅审定下达。各地级以上市人力资源社会保障部门根据省下达的岗位数量，通过公开招聘、竞争择优的原则确定安置人选，并报省人力资源社会保障厅备案	各地开展的政府购买基层公共管理和社会服务岗位吸纳的大学生属此类别

续表

序号	项目	主要内容	备注
27	税收优惠	对持《就业创业证》(注明“自主创业税收政策”或“毕业年度内自主创业税收政策”)或2015年1月27日前取得《就业创业证(就业失业登记证)》(注明“自主创业税收政策”或附着《高校毕业生自主创业证》)人员从事个体经营的，在3年内按每户每年9 600元为限额依次扣减其当年实际应缴纳的增值税、城市维护建设税、教育附加、地方教育附加和个人所得税。对商贸企业、服务型企业、劳动就业服务企业中的加工型企业和街道社区具有加工性质的小型企业实体，在新增加的岗位中，当年新招用的在人力资源社会保障部门公共就业服务机构登记失业半年以上且持有《就业创业证》或2015年1月27日前取得的《就业创业证(就业失业登记证)》(注明“企业吸纳税收政策”)人员，与其签订1年以上期限劳动合同并依法缴纳社会保险费的，在3年内按实际招用人数予以定额依次扣减增值税、城市维护建设税、教育附加、地方教育附加和个人所得税。定额标准为每人每年5 200元。上述人员是指：(1)在人力资源社会保障部门公共就业服务机构登记失业半年以上人员；(2)零就业家庭、享受城市居民最低生活保障家庭劳动年龄内的登记失业人员；(3)毕业年度内高校毕业生。高校毕业生是指实施高等学历教育的普通高等学校、成人高等学校应届毕业的学生；毕业年度是指毕业所在的自然年，即1月1日至12月31日。 [上述规定按照2017年财税〔2017〕49号和粤财法〔2016〕25号]	
28	领军人才创业项目资助	创业领军人才是指在我市行政区域范围内自主创办先进制造业、高新技术产业、先进服务业等现代产业企业，并担任所创企业的法定代表人或为企业最大个人股东且占股比例不低于30%的高端创业人才。对每名创业领军人才给予300万元创业项目资助	江门市领军人才是指根据《江门市高层次人才认定和评定办法》获得评定或认定，并带项目和技术到江门市创新创业的高层次人才

续表

序号	项目	主要内容	备注
29	留学归国人员创新创业资助	留学归国人员创新创业，是指留学归国人员以提供知识、技术、专利、信息等形式与我市用人单位合作或到我市用人单位任职，从事具体项目研究；或者是以独资或与国内外企业、个人或其他经济组织合资、合作的形式，在我市创办企业，从事高新技术产品的研制、开发、生产和服务、转化等项目。留学归国人员创新创业项目须同时符合以下条件：（1）创业人员所创办的企业或创新人员所在的用人单位在我市登记设立和纳税，且单位目前处于正常运作状态。（2）开展的创业或创新项目主要是高新技术产品的研制、开发、生产和服务、转化。创办企业的注册资金不低于50万元人民币；创新项目投资规模不低于50万元人民币。（3）留学归国人员拥有自主知识产权或发明专利，技术创新性强，具有市场潜力，预期经济效益较好。 重点项目资助50万元人民币；优秀项目资助20万元人民币；启动项目资助10万元人民币；特别优秀项目采取“一事一议”的办法，由专家评审团对项目进行详细考察评价确定资助额度，给予最高200万元的资助	本办法所称留学归国人员指符合以下条件之一的人员（包括中国国籍和非中国国籍）： （1）公派、自费出国（境）学习，并取得国外学士及以上学位； （2）在国内取得本科以上学历和学士以上学位或中级以上职称后，到国（境）外进修一年以上或作为访问学者工作半年以上，并在某些领域取得一定科研成果

资料来源：江门市人力资源与社会保障局

第四节 五邑侨乡创新创业的潜力与产业发展趋势

一、五邑侨乡创新创业潜力

20世纪80年代，江门还是以农耕经济为主，工业经济发展较为缓慢。1983年建市之初，全市国内生产总值仅为28.59亿元，改革开放初期，工业总产值也只有5亿元左右。市县共进的这30年，江门从一个农业市逐步发展成一个现代化工业城市，2012年全市实现GDP超1 910亿元，规模以上工业总产值超2 660亿元。①

《珠江三角洲地区改革发展规划纲要（2008—2020年）》将江门定位为“先进制造业重点发展区”。江门市提出了“以打造先进制造业为重点，构建现代产业体系”的重要发展任务：一手抓传统产业转型升级，一手抓战略性新兴产业培育。近年来，通过加强对各市（区）产业集群发展的扶持和引导，江门市进一步延伸和完善了三区四市的集群产业链，形成了以核电新能源、LED新光源、南车新装备、化纤新材料为先导，摩托车、纺织服装、造纸、造船、食品、包装材料、五金卫浴、印刷、机电等为支柱的、较完整的、基础雄厚的工业体系（图8–2）。

图8–2 江门市建设具有国际水平的LED产业核心聚集区

截至2012年，江门市共获得16个国家级产业基地称号、6个省级产业基地和5个省级产业集群升级示范区。② 因此，五邑侨乡创新创业应该伴随江门市经济产业结构的升级而适时调整，将创新创业的方向瞄准“传统产业转型升级”（运用高新技术、先进适用技术和现代信息技术，提升改造机电、电子信息、纺织服装、造纸、食品、建材等六大传统支柱产业）和“战略性新兴产业培育”，基本形成“两高三新”（高端装备制造业、高端电子信息、新光源、新能源、新材料）的发展格局。过去几年，江门市通过省

①② 邹浩. 传统产业与新兴产业齐飞珠江西岸崛起“航母战斗群”[N]. 江门日报，2013–8–5.

市联动，引进了中车、中广核、德力西、海信等一批龙头企业，成功拉动上下游产业发展，为江门市先进制造业发展注入了强大动力。

（一）绿色光源产业

绿色（半导体）光源产业是未来江门高新区和江门市重点扶持的战略性新兴产业。作为广东省战略性新兴产业（江门绿色光源）基地的核心区域，江门高新区相继出台一系列优惠政策，突出产业招商，加快推进 4 平方公里 LED 产业核心园区的开发建设，同时配合做好光博汇项目的招商引资等工作。截至 2011 年，共引进奥伦德、真明丽、德力光电、西铁城等 181 家绿色光源企业，其中已投产 115 家，总投资额数百亿元，基本形成了较为完整的“外延—芯片—封装—应用”产业链，其中上中游外延芯片不仅产量居全省前列，还拥有接近国际先进水平、国内领先地位的自主核心技术。2013 年江门市 LED 产业引进 40 个项目，产业总量已近 200 亿元，较 2012 年增长 18.2%，从事 LED 生产的企业有 300 多家，关联企业 1 000 多家，形成了从外延芯片到封装应用的上中下游一条龙产业链和完备的配套体系。目前，LED 产业实现产值已超 300 亿元，并培育出一批具有国际竞争力的绿色照明灯具、高亮半导体绿色照明以及封装、芯片企业，并在照明、景观、配套材料、控制电路等领域形成国际竞争优势，基本建成具有国际水平的 LED 产业核心集聚区（图 8–3）。

图 8–3　江门积极打造“绿色照明之都”

（二）新能源产业

江门市在建核电、风电、气电等清洁能源约 440 万瓦。投资超 1 450 亿元的台山核电引领核电产业发展，首期投资 500 亿元，单机容量为 175 万千瓦，是目前世界上单机容量最大的核电机组。目前，江门市已成功引进多个投资数十亿元甚至百余亿元的新能源项目，形成核电、风电、水电、太阳能等多种清洁能源共同发展的“千亿元”级别的产业集群雏形（图 8–4）。

图 8-4 江门形成以台山核电为引领发展“千亿元”级别的产业集群

（三）高端装备制造业

高端装备制造方面，中车集团进驻江门，首期投资 40 亿元的广东轨道交通车辆已然竣工。首列“江门造”动车组已于 2013 年 5 月底下线，已接到超 40 亿元订单，目前已有 17 家配套企业签订了进驻配套基地意向书，总投资额超 50 亿元，共同打造“千亿元”级别的产业链条（图 8–5）。

图 8-5 江门市以轨道交通制造业引领高端装备制造产业链

邑商的创新创业发展不是一成不变的，它跟随江门地区经济和产业结构的变化而变化，并不断做出调整。与此相适应，五邑创业文化是一个开放的体系，随着时代和社会的变迁，在不同的发展时期被赋予不同的文化内涵。因此，加强五邑侨乡创新创业文化建设，必须注重创业思想观念、价值取向和心理意识的培育，加强高校、企业、政府和地方侨乡的协同创新与发展，从创业的环境、内容、运行模式和保障机制等方面进行探索和实践五邑创新创业文化，进而为五邑侨乡创业者提供精神动力和智力支持，打造具有江门五邑侨乡特色的邑商品牌和邑商创新创业文化。

二、五邑侨乡创新创业的产业发展趋势

在“大众创业、万众创新”的国家战略部署下，江门市继续发扬“敢想敢为、先行先试”的时代发展精神，在国家部委、广东省委的领导和大力支持下，充分发挥良好的区位、坚实的产业基础和丰富的海内外侨胞资源等优势，用“拼”的干劲和“闯”的韧劲，上下内外联动，主动出击，积极实施“珠西战略”，打造珠江西岸先进装备制造产业带，推进“珠中江＋阳江”新型都市区经济发展圈，江门市将成为珠江西岸创新集聚地。在此基础上，江门市紧紧抓住全省唯一的全国小微企业创业创新基地示范城市和广东省小微企业创业创新综合改革试点的重要契机，制定实施了“雏鹰计划”及“1+15”小微双创扶持政策，全力推进12项改革，着力打造“江门特色、广东标杆、全国示范、国际平台”的全国小微双创基地、全国小微双创之都，全球华侨华人双创之城；江门市人才岛建设项目，将成为科技创新要素集聚、产业优势突出、基础设施完善、生态环境优美的现代化城区，打造成为珠三角高品质人才培养示范基地、粤港澳大湾区创新发展示范区和国际人才云基地，激发社会发展的原动力，形成新的合力和动能，推动经济改革与创新发展，为珠三角、全省乃至全国经济结构转型升级发展作改革探索。

（一）珠西智谷——“协同创新，梧桐引凤”

1. 从“江门智谷”到“珠西智谷”的历史演变

“珠西智谷”位于江门主城区中部，紧邻城市中心——北新区，北至北环路、福泉路，南至双龙大道、杜阮北路，东至天沙河，西至松园大道，约12.37平方公里。

作为江门市的中心城区，蓬江区创新创意产业在三区四市中起步较早，发展较快，近期更呈迅速发展的态势。2015年1月20日，蓬江区委八届六次全会报告中明确提出：“全面启动‘江门智谷’规划建设，着力打造集科技孵化平台、研发机构、设计基地、电商基地、企业总部为一体，配套完善的智慧产业集群区，力争建设成为江门五邑乃至全省科技创新高地。”2015年1月22日，蓬江区《政府工作报告》也明确提出：“推动创新创意产业发展，完成‘江门智谷’规划，争取年内启动核心区建设。”2015年2月15日，在江门市招商工作会议上，江门市明确提出：“蓬江区创新创意产业园，要从珠三角西部地区定位，在珠西地区树立标杆，做珠西地区最好的，努力成为珠西智谷。”这是“珠西智谷”最初的提法，江门市将成为珠江－西江创新智慧集聚地，国家自主创新示范区的重要节点，承接珠三角创新并辐射粤西地区。

2. “珠西数谷”立足江门，辐射东南亚

江门将利用连通珠三角和粤西的地理位置、交通和侨乡区位等优势以及本地产业经济发展特色，依托原生态自然环境，通过政府的政策鼓励和扶持，引导高端产业集群联动发展，形成现代服务业集聚发展的启动引擎和空间，推动产业经济升级转型，积极打造新一轮改革发展的“开放之门”、粤西进入珠三角的“方便之门”、珠三角向粤西甚至广西及大西南的“辐射之门”，形成珠西重要的研究开发技术服务中心、创新孵化集聚区、高端创新创业人才集聚区、科技金融创新中心和产业城市、产业社区融合示范区等五个功能区，重点发展知识密集型服务业、互联网、物联网产业、文化创意设计服务业以及金融服务业四个行业，以更全面、更深入的互联网、物联网为特征，重点发展高科技产业和生产性服务业，提升并发展创新、创意等产业，加快信息互联网与工业融合，以智慧产业创新驱动全产业发展（图 8–6）。

图 8–6　江门珠西智谷“群华科技园”

2015 年 8 月 7 日，江门市抓住成为广东省唯一的全国“小微双创”示范城市的重大机遇，按照国家“小微双创”示范城市的总体规划要求，结合江门五邑地区产业经济的实际情况，正式启动“雏鹰计划”，即《江门市国家小微企业创业创新基地城市示范工作方案（2015—2017 年）》。根据“雏鹰计划”，在 2015—2017 年，江门市瞄准了“大数据”产业发展机遇，围绕小微企业创业创新建设一批重点基地，率先在广东打造“珠西数谷”——包括众创空间、电商平台基地、侨乡特色基地等，其中重点打造“珠西创城”“珠西智谷”“冈州创客基地”“珠西数谷”和“中欧中小企业创业创新空间”五大核心基地，争取到 2017 年建成 1—3 个国家级小企业创业基地，新增 6 个省级小企业创业基地，打造一批国家级、省级创新产业化示范基地。[①] 此外，江门市将与佛山肇庆“抱团”融合，共同推进珠西交通枢纽建设，珠西交通枢纽将借助深茂铁路，在建的江门大道以及广珠铁路，接入佛山西站，将以高铁的形式与肇庆衔接，有利于解决往大西南地区、往沿海地区包括出南海地区的交通需求，进一步辅助打造世界级的珠三角城市群。

① 陶然. 江门：打造全国小微企业创业创新之都 [N]，南方日报 2015–10–19.

（二）侨乡双创——“先行先试，邑式标杆”

1. 敢想敢为，先试先行，打造富有侨乡特色的小微双创示范城市

作为著名的岭南侨乡和广东传统工业基地，江门市面积占珠三角的 1/4，东接广佛和深港澳“两大龙头”，是珠三角西进辐射大西南的重要枢纽，也是近年广东力推的珠西战略的策源地和主战场，拥有摩托车、纺织产业、水暖卫浴、绿色光源等 22 个国家级产业基地。

“中国侨都”江门，地理位置毗邻港澳，改革开放以来，深受海外及港澳创业思潮影响，小微企业蓬勃发展，截至 2015 年 7 月，江门市小微企业法人单位 31 895 个，占全市企业总数的 96%，营业收入占 47%，占据了江门经济半壁江山，从业人员 51.1 万，占二、三产业全部从业人员 55%。另一项数据表明，江门拥有 8 个省级小企业创业基地，11 个创新产业化示范基地，在广东省地级市中均排第二。江门市小微企业数量众多，呈现“满天星”状，与江门市政府的几招“先手棋”密不可分，市长将其概括为“江门敢想敢为、先行先试，促进投资便利化、服务便利化、融资便利化、贸易便利化。”[①]2015 年 5 月，在国家财政部、工信部、科技部、商务部、工商总局联合开展的全国小微企业创业创新基地城市示范竞标中，江门市在广东省评审会上脱颖而出，获总分第一名，代表广东省参加北京的全国竞争，并在全国评审会上，再次从 36 个省会城市和单列城市中脱颖而出，以全国第一名的成绩，成为全国 15 个“小微双创”示范城市之一。江门市“雏鹰计划”按照“全域拓展、突出重点、以点带面、全市覆盖”原则，提出通过实施小微企业创业创新载体建设、公共服务平台完善、环境优化三大工程，推动全市双创示范工作开展，目标到 2017 年实现就业目标、创业目标、创新目标“三大突破”，即小微企业就业人数累计增长 30%，营业收入、技术合同成交额、授权专利数分别增长 55%、300% 和 100%。[②]

2. 协同共融，邑式标杆，充分发挥侨乡区位的独特优势

江门市小微企业数量众多，发展基础扎实，发展水平与全国平均水平相当，在全国和省内具有可推广和复制的意义。与此同时，江门市结合五邑侨乡经济发展的实际情况，亮出“中国侨都”这一独特“侨”字招牌，把小微企业创业创新工作范围从一般认知的工商业，拓展到五邑地区具有优势的农业、旅游业等方面，覆盖范围广，这在全省也是独特的竞争优势。

广东省省长在江门调研时提出，“要紧紧依靠全面深化改革，释放小微企业大发展的动力和活力，在审批改革、商事制度改革、小微企业融资难等问题上，要拿江门作为全省试点，江门的各项改革都要走在前面。”在商事制度改革方面，江门在广

---

① 亓洪良，林洁．江门成小微企业创业创新示范城 [N]．中国青年报，2015-07-19（04）

② 陶然．江门：打造全国小微企业创业创新之都 [N]．南方日报，2015-11-19.

东省地级市率先实行工商登记“五证合一、一照一码”制度，在广东省率先实施四大工商业务“同城通办”，率先实行商事登记“双告知”模式，简化了程序、缩短了办事时限，方便企业办事和简化各种行政审批程序。在小微企业融资问题上，江门在广东省率先推行小微企业“政银保”信贷风险补偿机制，引导银行对工业、科技型、农业类小微企业提供贷款；在广东省率先成立首个小微企业贷款保证保险服务中心，为初创期和轻资产的小微企业提供无抵押、纯信用的融资贷款服务；在广东省率先开展小微企业外部信用评级，依托广东省唯一的国家级小微企业信用体系建设试验区，创新引入权威信用评级机构对中小微企业进行外部评级，有效实现了信用评级数据共享和评级工作的系统化、规范化，降低企业融资成本。在审批改革方面，江门市在广东省乃至全国首创“1+3+N”的开放型清单体系，规范了涉企收费，厘清了市、县两级政府以及各级政府内部的权责关系，明确了政府与企业、市场的活动边界。

为了充分发挥五邑侨乡区位和地缘经济的独特优势，江门市积极激活政府和企业的活力，政企协同共融，凝聚发展合力，在全国率先推出“邑门式”行政服务中心，融合社区网格化管理和网上办事，涉及公安、社保、民政等 15 个部门的 385 个行政服务事项，形成“线上线下、虚实结合”的全方位立体化公共服务模式，在珠三角地区乃至全省树立“邑式标杆”。在小微企业创业创新示范城市试点申报和实践探索过程中，为更好地服务小微企业，使众多小微企业能够“进得来、活下去、管得住”，在行政服务和政策优惠等方面，江门市政府在广东省乃至全国范围内实施了多个“第一”——江门市在全国内第一个开通“微市长”微信公众服务平台，为投资者和市民提供 24 小时的在线服务和办事服务；积极打造广东省第一个面向企业的政企信息互通平台，汇集全市 30 多个涉企政府部门为企业提供服务；率先实行工商四项业务“同城通办”，建立“黑名单”制度，打造了商事主体信息公示和管理平台，坚持放管结合，有效激发了市场活力；江门市还建成全国首个跨境电商“单一窗口”，实行关检合一、一站式作业，促使跨境电商呈现递进式增长。正如江门市市长所言：“这些探索和创新，最终目的是要为小微企业提供‘邑（一）门式’便捷服务，创造‘收费就低不就高、办事就简不就繁、服务就近不就远’的良好营商环境，以顺应小微企业对政府简政放权的期望和诉求，推动小微企业发展壮大。”[①]（图 8–7）

① 亓洪良，林洁. 江门成小微企业创业创新示范城 [N]. 中国青年报，2015–07–19（04）.

图 8-7　江门市推行“邑（一）门式”行政服务

以全国“小微双创”示范城市为发展契机，江门市将推动江门—深圳“双创”合作，计划建15个“小微双创”示范城市联盟。深圳作为我国首个国家创新型城市和国家自主创新示范区，与江门市全国小微企业创业创新基地城市示范，有着广阔的合作空间。位于深圳的深港产学研基地以及该市一些装备制造业企业，都与江门部分企业有着良好的合作基础，江门将推动江门市小微双创工作与全国“大双创”工作相衔接，促进深圳、江门两地在创业创新的资本、平台及人才等多方面展开对接，实现珠江东岸与西岸联动发展。江门市将通过建立名为“中国小微企业双创示范城市联盟”的在线联盟网上平台，积极探索推动全国15个小微双创示范城市成立跨地区发展联盟，建立起全方位战略伙伴关系，互相沟通政策举措，力争在江门举办全国小微企业创业创新示范基地工作推进会。

3. 内引外延，以侨创侨，携手共建五邑地区“华侨华人创业创新之都”

广东省“十三五”规划明确了江门的“五大定位”——珠三角西翼与粤西地区联系的交通门户（珠江西岸综合交通枢纽）、世界级轨道交通产业基地、珠江西岸先进装备制造产业基地、全国小微企业创业创新示范市及中国国际旅游目的地，要求江门打造成为广东的“开放之门、方便之门、辐射之门”，建设新的经济中心、创新中心和城市中心。

江门市将整合和打造“1+6+N”（园区＋基地）企业发展载体，加快广东省规划面积最大的经济开发区——广东大广海湾经济区的规划建设，对于入驻小微企业创业创新示范基地的企业给予更多的专项扶持，这些都成为中欧（江门）中小企业国际合作区的重要依托。江门还在积极申报广东第一个侨商产业和海归创业创新聚集区——“侨梦苑”，作为侨资源丰富的“中国侨都”，江门市积极向国侨办申报成为广东第一个“侨梦苑”，并突出“侨”和“小微双创”城市的特色，以“广东（江门）‘侨梦苑’创业创新聚集区”命名，将以建设“华侨华人创业创新之都”为发展愿景，聚焦科技创业创新和高端服务业，探索新一代华侨华人归国发展的新模式、新机制、新路径，着力打造“江门特色、广东标杆、全国示范、国际平台”的全球华侨华人双创之城，为广大侨青创业创新提供广阔空间和源源动力（图 8–8）。

图 8–8　中国江门创业创新聚集区“侨梦苑”

“侨”是江门五邑地区的“DNA”（文化基因），是海内外“两个江门”的亲缘血脉，江门五邑是包括海外华侨华人在内的“两个江门”人民共同的家。江门是“中国第一侨乡”，海外华人华侨、港澳台同胞众多，他们素有爱国爱乡的光荣传统，通过投资办实业，兴办公益事业，为家乡做出了重大贡献，对江门的社会进步、经济繁荣起到了举足轻重的作用。2016 年 9 月，江门市市长在第五届世界江门青年大会论坛上指出，“对于这个家如何建设，我们也在深入思考，特别是城市的核心是人，如何促进‘人产城’融合，使包括海外华侨华人在内的‘两个江门’人民更好地享受到城市发展的成果，是一个重点方向。”由此可见，江门市将五邑地区海外华侨华人的长远发展也纳入了未来“两个江门”发展规划之中。江门市非常重视五邑华侨华人海外创业和回国投资创业，着力在“聚侨智”“集侨资”和“引侨创”三方面下重功夫。

为凝聚广大五邑海外华侨华人的力量，充分发挥五邑华侨华人的智慧，江门市搭建了五邑侨智库、经纶侨都智库、江门人才研修院、江门市侨青创业孵化中心等一系列沟通和服务海外华侨华人创新创业平台。其中，五邑侨智库以侨界高端人才为主体，建立多方对接机制，与侨青合作构建全球化工作网络；江门市侨青创业孵化中心，是扶持大学生、留学归国人员、高层次人才等有志青年创新创业的政府公共服务平台，可同时容纳近 60 个创业团队入驻孵化，提供低租金、低费率的创业环境。此外，江门市实施“人才强市”战略，专门设立人才发展专项资金，大力支持海归青年和华侨华人创新创业，对留学归国人员双创项目最高给予 200 万元资助，对入选资助计划的双创项目，按

国家、省资助额的 1∶1 给予配套。更令人振奋的是，江门市还成为全国唯一的博士后创新示范中心试点，2016 年博士后创新实践基地新设数量达 15 家，暂列广东省第一，五邑地区海内外华侨华人人才集聚效应初显。

迄今为止，江门侨资企业达 4 093 家，投资总额达 201 亿美元，分别约占外资企业总数和总投资额的 80% 和 50%，以侨为桥，以侨创侨，海外华侨华人回国回江门投资兴办实业，商机无限。特别指出的是，江门市在依托"三大平台"、"1+6"园区，打造"4+1 产业体系""五大产业集群"方面，与海外华侨华人企业合作前景广阔。在具有"国家名片"标志的高铁、核电和航天航空等领域中，江门市在高铁和核电产业方面均有战略部署，广东中车（坐落在江门新会）与印尼首建国际有限公司在江门签署了框架合作协议，深化产业合作值得期待。与此同时，在大健康产业方面，江门市与印尼力宝集团、广东南粤集团，就粤港澳健康养老产业基地项目签署战略合作框架协议，积极打造教学、办医、养老"三合一"的示范基地。

江门市在创建全国小微双创之都、全球华侨华人双创之城的过程中，离不开五邑地区海外侨青的参与和支持。江门市将立足地方，辐射全国，放眼全球，努力创建中国（江门）"侨梦苑"华侨华人创新产业聚集区、世界江门青年大会、"中国青创汇"、南方教育装备创新产业城以及"江门海创空间"等一批全国、全球华侨华人双创平台，大力推动众创、众包、众扶、众筹等侨青创新创业服务平台建设。其中，"侨梦苑"包括江门高新区和大广海湾经济区两大启动平台，专门设立"侨之家"综合服务中心，为海外华侨华人和高层次人才回国创业发展提供项目对接、创业培训、市场开拓、融资保障等全链条便利服务。"世界江门青年大会"始创于 2008 年，至今已在江门、澳门、沙巴、香港和雅加达举行了五届，为海内外江门青年精英搭建了交流与合作的平台，增进亲情乡谊，汇聚力量，展现活力，合作共赢，促进江门市社会经济和海外青年事业的发展。"中国青创汇"是由江门市与中国青年报社联合创建的，着力打造"北有中关村，南有青创汇"的新格局。2016 年 7 月在江门举办的首届"中国青创汇"全国小微企业创业创新周系列活动，引起海内外各界的广泛关注，"创梦工场"作为"中国青创汇"首个服务工程，全球华侨华人青年的双创实力得到充分诠释。

…… 思考题

1. 请简述粤港澳大湾区创新创业平台的规划与建设？
2. 江门市打造具有侨乡特色的五邑创新创业文化平台有哪些？
3. 江门市大学生创业优惠政策有哪些？你最关注大学生哪方面的创业政策？
4. 五邑侨乡创新创业的潜力主要集中在哪些新兴产业？
5. 从五邑侨乡创新创业的产业发展趋势来看，江门市创新创业有哪些独特的优势？

6. 江门市人才岛建设在粤港澳大湾区发展中的定位和规划是什么？它给年轻的大学生带来怎样的发展机遇？

【参 考 文 献】

[1] 林先扬，谈华丽．粤港澳大湾区知识读本[M]．广州：广东人民出版社，2018.

[2] 江门市城乡规划局．江门市城市总体规划（2017—2035年）草案公示[R/OL]（2018-11-28）[2019-06-11]. http: //cdn.keyland.com.cn/news/52451.html.

[3] 中共中央，国务院．粤港澳大湾区发展规划纲要[R/OL].（2019-02-18）[2019-05-18]. https: //news.sina.com.cn/c/2019/02/18/doc-ihqfskcp6348944.shtml.

[4] 国家发展和改革委员会．珠江三角洲地区改革发展规划纲要（2008—2020年）[R/OL].（2009-01-08）[2019-04-18]. http: //www.china.com.cn/news/2009/01/08/content_17074210.htm.

[5] 广东省推进粤港澳大湾区建设领导小组．广东省推进粤港澳大湾区建设三年行动计划（2018—2020年）[R/OL].（2019-07-05）[2019-04-18]. https: //zs.focus.cn/zixun/151c3a506f95bcfc.html.

[6] 戴惠甜．世界江门青年大会：促进侨青交流 实现共赢发展[EB/OL].（2018-11-05）[2019-05-18].http: //news.southcn.com/gd/content/2018/11/05/content_183939890.htm.

[7] 陈志昌．第六届世界江门青年大会在洛杉矶成功举办[EB/OL].（2018-11-05）[2019-07-18]. http: //travel.haiwainet.cn/n/2018/11/05/c3542456-31429803.html.

[8] 钟哲．“中国青创汇”全国小微企业创业创新周正式启动[EB/OL].（2016-7-17）[2018-05-18]. http: //gd.people.com.cn/n2/2016/07/17/c123932-28680642.html.

[9] 叶田．“中国青创汇”大门开 “四众”平台等你来[N/OL]. 江门日报，2016-07-05[2019-05-18]. http: //gd.sina.com.cn/jm/2016/07/05/city-jm-ifxtsatn8125847.shtml.

[10] 王林．中青报与江门共同打造“中国青创汇”小微企业创业创新服务平台：全球华侨华人青年创梦工厂启动[EB/OL].（2016-03-04）[2019-05-18]. http: //www.people.com.cn/n1/2016/03/04/c401720-28173001.html.

[11] 江门市海归人员发展联合会．海创空间拟打造硅谷深圳江门三地创业创新论坛活动品牌[EB/OL].（2018-05-18)[2019-05-18]. http: //jrda.org.cn/index.php/Notify/View/id/27.html.

[12] 傅雅蓉，吕全．我市出台八项科技创新扶持政策 为创新驱动战略开足“马力”[N/

OL]. 2015-05-24[2019-05-18]. http: //www.jiangmen.gov.cn/zwgk/tpxw/2015/05/18/t20150524_197082.html.

[13]南方日报. 江门：打造全国小微企业创业创新之都（组图）[EB/OL].（2015-10-19）[2019-05-18]. http: //www.kaixian.tv/gd/2015/10/19/337407.html.

[14]亓洪良，林洁. 江门成小微企业创业创新示范城[N]. 中国青年报，2015-07-19（04）.

后　记

《五邑侨乡创新创业文化》是受江门职业技术学院委托，由马克思主义学院组织校内外人员编写的高校地方文化“创新创业教育”系列教材之一和思想政治理论课实践教学补充读物。

本书采用历史与现实相结合、全面与重点相结合、精英文化与大众文化相结合的方法，从 9 个专题全面介绍了五邑侨乡的创新创业文化。这 9 个专题是：粤港澳大湾区视域下的五邑侨乡创新创业文化概述、陈白沙思想文化创新、梁启超思想文化创新、开平碉楼创新创业文化与五邑银信创业文化、邑商创新创业文化、新会陈皮与五邑饮食文化、五邑非遗与旅游文化、五邑演艺文化、粤港澳大湾区创新创业规划与五邑创新创业文化。作者通过全景式的系统介绍粤港澳大湾区视域下的江门五邑侨乡创新创业文化的主要内容和特色，力求将江门五邑侨乡文化体系化、特色化和通俗化。

本书是在本人主编的《五邑侨乡文化读本》（高等教育出版社 2016 年 12 月第 1 版）的原有体系结构和部分内容基础上，重新编写的。本书由邓复群任主编，徐文勇、谭喜庆任副主编，苏瑞浓、宋敏锋任编委。

本书各章节编写分工如下：

绪　论　邓复群

第一章　徐文勇

第二章　徐文勇

第三章　邓复群、卢小花

第四章　谭喜庆、邓复群

第五章　苏瑞浓

第六章　苏瑞浓、邓复群

第七章　宋敏锋、何柳英

第八章　谭喜庆

本书插图中的大部分景点由黄冠雄（中国共产党江门市委宣传部）摄影（署名

部分）。

原《五邑侨乡文化读本》特邀五邑大学原副校长、五邑侨乡文化研究专家、广东“开平碉楼与村落”申报世界文化遗产和“侨批档案”申报世界记忆遗产首席专家张国雄教授，五邑大学广东侨乡文化研究中心专家刘进教授，江门市文化广播电视新闻出版局副局长余五一女士担任学术顾问，感谢专家们的热情支持和指导。感谢梁巨芬、厉明勤、卢小花（五邑大学）、何柳英（江门五邑影视文化协会）等老师参与原《五邑侨乡文化读本》的部分编写工作。

感谢中国共产党江门市委宣传部、江门市博物馆（江门五邑华侨华人博物馆）、江门职业技术学院对本书编写出版工作的大力支持，感谢校长刘智勇教授为本书作序。

感谢江门五邑籍香港著名导演及著名艺人黄百鸣、刘德华、梁朝伟、甄子丹、曾志伟、甄妮、麦嘉、陈启泰、张可颐等对本书第七章演艺文化编写工作的积极支持。

感谢高等教育出版社和广东省新华书店、江门市新华书店对本书出版的积极支持。

虽然本书力求有自己的部分创新观点、部分创新体系、部分原创内容和大部分原创摄影图片，但由于本书属于教材和地方文化推广普及读物，书中许多内容采用通说，并参考和引用了诸位专家的研究成果（已尽可能在文中和各章末尾列明出处）。为说明问题，也有部分资料和图片来源于有关网站和新闻媒体报道，限于篇幅有些未一一列明出处，在此一并表示诚心歉意、崇高敬意和衷心感谢！

由于水平有限，书中如有不当之处，敬请读者批评指正，以便下次修订时加以改正。

邓复群

2019 年 11 月 10 日于江门人才岛